Anwalt ohne Recht

Schicksale jüdischer Rechtsanwälte
im Bezirk des heutigen
Oberlandesgerichts Oldenburg

Anwalt ohne Recht

Schicksale jüdischer Rechtsanwälte im Bezirk des heutigen Oberlandesgerichts Oldenburg

mit Beiträgen von

Ulf Brückner
Elmar Schürmann
Peter Schulze

Rechtsanwalt Hans Calmeyer
von
Mathias Middelberg

Herausgeber: Rechtsanwaltskammer Oldenburg

ISENSEE VERLAG
OLDENBURG

Ein besonderer Dank gilt dem Bundesarchiv Berlin, dem Nds. Landesarchiv Hauptstaatsarchiv Hannover, dem Staatsarchiv Osnabrück, dem Staatsarchiv Oldenburg, dem Staatsarchiv Aurich sowie dem Stadtarchiv Bad Soden-Altendorf, dem Landgericht und Oberlandesgericht Oldenburg für die stets förderliche Unterstützung dieser Veröffentlichung.

Dank gilt auch dem Medienzentrum Osnabrück für Bildmaterial.

Die Gedenkstätte des Konzentrationslagers Sachsenhausen hat die Karteiunterlagen zu Dr. Albert Cohen beschafft.

Die Universität Göttingen öffnete die Promotionsunterlagen von
Dr. Cohen und Dr. Schulhof.

Dr. Helmut Steenken, Oldenburg, stellte viele Informationen und Fotos für den Bericht über Erich Schiff zur Verfügung.

Der Einbanddeckel zeigt einen Ausschnitt (linker unterer Bildrand) aus dem Werk des Osnabrücker jüdischen Künstlers Felix Nussbaum, „Triumph des Todes" das er im April 1944 im belgischen Exil abgeschlossen hat. Die blinde Justitia und die Waage liegen zerbrochen im Schutt. (Vgl. den Beitrag von Inge Jaehner in diesem Band).

Bibliografische Information Der Deutschen Bibliothek
Die Deutsche Bibliothek verzeichnet diese Publikation in der Deutschen Nationalbibliografie; detaillierte bibliografische Daten sind im Internet über <http://dnb.ddb.de> abrufbar.

ISBN 978-3-89995-415-9

© 2007 Alle Rechte, insbesondere das Recht der Vervielfältigung und Verbreitung, vorbehalten.
Kein Teil des Werkes darf in irgendeiner Form (durch Fotokopien, Mikrofilm oder ein anderes Verfahren) ohne schriftliche Genehmigung der Rechtsanwaltskammer für den Oberlandesgerichtsbezirk Oldenburg reproduziert oder unter Verwendung elektronischer Systeme verarbeitet, vervielfältigt oder verbreitet werden.

Gedruckt bei Isensee in Oldenburg

Inhalt

Geleitworte 7

Vorwort 17

    Elmar Schürmann
Geschichtliche Entwicklung in den ehemals preußischen Gebieten
Landgerichtsbezirke Aurich und Osnabrück 19

    Ulf Brückner
Die Besonderheiten im früheren Land Oldenburg 59

Einzelschicksale 63

LG-Bezirk Aurich
    Peter Schulze
Rechtsanwalt Dr. Ikenberg 65

LG-Bezirk Oldenburg
    Ulf Brückner
Rechtsanwalt Löwenstein 83
Rechtsanwalt Schiff 91

LG-Bezirk Osnabrück
    Elmar Schürmann
Rechtsanwalt Dr. Batschinski 105
Rechtsanwalt Bodenheim 107
Gerichtsassessor i.R. Rechtsberater Dr. Adolf Cohen 113
Rechtsanwalt Dr. Jacobson 123
Rechtsanwalt Dr. Netheim 131
Rechtsanwalt Dr. Schulhof 141

Emigrantenschicksale
    Elmar Schürmann
Familie des Rechtsanwalts und Notars Dr. Jacobson 149
Familie des Rechtsanwalts und Notars Dr. Netheim 105

Früherer Rechtsanwalt Hans Calmeyer, Osnabrück
    Mathias Middelberg
Hans Calmeyer – Schindler oder Schwindler? 161

    Inge Jaehner
Felix Nussbaum „Triumph des Todes" 191

    Elmar Schürmann
Anhang: Chronologie; Gesetze, Verordnungen und Erlasse 195

Autoren

Rechtsanwalt und Notar Dr. Ulf Brückner,
Süderloog 29, 26474 Spiekeroog

Direktorin Inge Jaehner, Felix-Nussbaum-Haus,
Lotter Straße 2, 49078 Osnabrück

Dr. Mathias Middelberg, Natruper Straße 83, 49078 Osnabrück

Vizepräsident des Landgerichts i.R. Dr. Elmar Schürmann,
August-Hölscher-Straße 71, 49080 Osnabrück

Dr. Peter Schulze, Harnischstraße 4, 30163 Hannover

Grußwort

„Anwalt ohne Recht" – diese dürren, scheinbar widersprüchlichen Worte geben eine Ahnung davon, welche dramatischen Folgen die Machtergreifung der Nationalsozialisten auch für den Berufsstand jüdischer Rechtsanwälte in Deutschland hatte.
Sie, die für die Unverbrüchlichkeit des Rechts eintraten, die auf Rechtstaatlichkeit und einen wirksamen Rechtschutz vertrauten und ihre Existenz auf dieses Vertrauen aufbauten, wurden grausam und willkürlich ihrer Standesrechte, ihrer Bürgerrechte und oft auch ihres Lebens beraubt.
Bereits mit der Verfügung des Reichskommissars für die Preußische Justizverwaltung Hanns Kerrl vom 31. März 1933 an die Präsidenten der Oberlandesgerichte, die Generalstaatsanwälte und die Präsidenten der Strafvollzugsämter begann die Entrechtung jüdischer Rechtsanwälte: Ihre berufliche Tätigkeit sollte entsprechend dem prozentualen Anteil der Juden an der Gesamtbevölkerung beschränkt werden, was dazu führte, dass sie – wie auch Richter und Staatsanwälte – schon ab Anfang April 1933 nicht mehr vor den Gerichten auftreten durften. Das „Gesetz über die Zulassung zur Rechtsanwaltschaft" vom 7. April 1933 enthielt dann ein generelles Berufsverbot für jüdische Rechtsanwälte. Ausnahmen galten nur für so genannte „Altanwälte", die schon vor dem 1. August 1914 als Rechtsanwalt tätig waren, für „Frontkämpfer" und für unmittelbare Hinterbliebene von im ersten Weltkrieg Gefallenen. Ein ausnahmsloses Berufsverbot erging schließlich in der Folge der „Nürnberger Gesetze" zum 30. November 1938.
Daneben wurden die jüdischen Rechtsanwälte auch in ihrem privaten Bereich – wie alle anderen deutschen Bürger jüdischen Glaubens – mehr und mehr ausgegrenzt, rechtlos gestellt und oft deportiert und ermordet.
An ihre Schicksale will dieses Buch erinnern. Es enthält – neben einem geschichtlichen Abriss über die Entwicklung vor und nach 1933 – biografische Darstellungen zu den Rechtsanwälten Dr. Ikenberg (Emden), Schiff (Oldenburg), Löwenstein (Oldenburg), Dr. Batschinsky, (Osnabrück), Bodenheim (Melle), Dr. Jacobson (Osnabrück), Dr. Netheim (Osnabrück), Dr. Schulhof (Osnabrück) sowie des Gerichtsassessors i.R. und Rechtsberaters Dr. Cohen (Osnabrück).
Da die Wanderausstellung „Anwalt ohne Recht" im Landgericht Osnabrück zudem durch die Ausstellung über den früheren Rechtsanwalt Hans Calmeyer in Osnabrück ergänzt wird, („Hans Calmeyer und die Judenrettung in den Niederlanden"), findet sich auch über ihn ein Beitrag in diesem Buch. Hans Calmeyer wurde 1992 in Anerkennung seiner Verdienste in die Ehrenliste „Gerechter der Völker" der Gedenkstätte Yad Vashem aufgenommen und im Jahr 1995 von der Stadt Osnabrück mit der Möser-Medaille geehrt.
Diese Art der Erinnerung ist richtig und wichtig: Nur durch eine Individualisierung des nationalsozialistischen Terrors können wir ansatzweise ermessen, wie groß das

vielen Einzelnen zugefügte Unrecht war, wie hilflos sie der staatlichen Willkür ausgesetzt waren und wie ungeheuerlich die Menschenverachtung, der sie sich nur wegen ihrer Religion, Rasse oder Herkunft gegenüber sahen.

Dem gegenwärtigen Standort der Wanderausstellung „Anwalt ohne Recht" (im Gebäude des Landgerichts Osnabrück) Rechnung tragend, wurden gezielt Lebensläufe und Schicksale von Rechtsanwälten ausgewählt, die ihre Tätigkeit in Osnabrück, Oldenburg, Emden, also im heutigen Oldenburger Oberlandesgerichtsbezirk, ausübten. Das damit verbundene „Lokalkolorit" ist durchaus gewollt, verstärkt es doch die Erkenntnis, wie nah das Unfassbare geschah und wie fragil ein scheinbar stabiles und friedliches Gemeinwesen sein kann, wenn Willkür und Rechtlosigkeit Platz greifen.

Auch wenn Worte – und seien sie noch so anschaulich – allein nicht ausreichen können, das Ausmaß der Entwürdigung und Entrechtung wirklich begreifbar zu machen, leistet dieses Buch – wie auch die Ausstellung – einen wichtigen Beitrag dazu, dass wir alle nicht nachlassen in dem Bemühen, menschenverachtendes Gedankengut und Gewalt gegen unsere Mitmenschen zu ächten und zu verhindern. Auch macht es bewusst, wie wertvoll – bei allen Unzulänglichkeiten – unser sozialer Rechtsstaat ist und wie wichtig es für unser aller Wohlergehen ist, eine funktionsfähige und unabhängige Justiz zu erhalten.

In diesem Sinne ist das Buch zum einen ein Gedenken an die Opfer, zum anderen aber auch ein Aufruf zu Zivilcourage, Menschlichkeit und Demut; den Autoren sei herzlich gedankt.

Osnabrück, im Juni 2007

Elisabeth Heister-Neumann
Justizministerin des Landes Niedersachsen
und Schirmherrin der Ausstellung „Anwalt ohne Recht" im Landgericht Osnabrück

Grußwort

Anwalt ohne Recht - ein nach heutigem Verständnis geradezu widersprüchlich anmutender Titel der Ausstellung. Es erscheint uns heute selbstverständlich, dass dieser Berufsstand, der anderen zur Durchsetzung ihrer Rechte verhelfen soll, selbst in besonderer Weise rechtlich geschützt wird.
Tatsächlich war dies in der deutschen Geschichte keineswegs immer selbstverständlich. Vor nunmehr über 70 Jahren begann in Deutschland die systematische Ausgrenzung, Entrechtung und schließlich Vernichtung der jüdischen Bevölkerung. Gerade Juristen haben durch oftmals eilfertige Umsetzung der menschenverachtenden nationalsozialistischen Rassenideologie in Verordnungen, Gesetze, Erlasse und Urteile dazu beigetragen, dass dies geschehen konnte.
Die unseren Rechtsstaat tragenden Konstitutionsprinzipien der Unantastbarkeit der Menschenwürde, des Bekenntnisses zu den Menschenrechten und schließlich die Bindung von Gesetzgebung, Rechtsprechung und Verwaltung an die Grundrechte als unmittelbar geltendes Recht waren dem Nationalsozialismus von Anfang an fremd. Im Gegenteil verfolgte man – etwa nachzulesen in der damaligen Kommentierung von Stucke/Globke zur deutschen Rassengesetzgebung aus dem Jahre 1936 – unverhohlen eine „Abkehr von dem liberalistischen Grundsatz, von der Gleichheit aller Menschen".
Das vorliegende Buch begleitet eine Ausstellung, die an eine Berufsgruppe erinnert, deren Schicksal unter der nationalsozialistischen Gewaltherrschaft lange Zeit in der öffentlichen Diskussion und geschichtlichen Aufarbeitung kaum Beachtung gefunden hat. Dabei gab es noch zu Beginn des vorigen Jahrhunderts in Deutschland eine große Zahl von Anwälten jüdischer Abstammung. Juden waren in unserem Land bereits über Generationen in ihrer Berufsausübung eingeschränkt. Lange Zeit blieb ihnen der ungehinderte Zugang zum Staatsdienst verwehrt. Mit der Entwicklung der freien Advokatur nach Gründung des Deutschen Reiches ergriffen daher viele jüdische Rechtsstudenten den Anwaltsberuf.
Sie gehörten gleichsam zu den ersten, an denen sich der nationalsozialistische Terror entlud. Bereits die Gesetze „zur Wiederherstellung des Berufsbeamtentums" sowie „über die Zulassung jüdischer Rechtsanwälte" vom 7. April 1933 bildeten die Grundlage für die Entlassung zahlreicher deutscher Juristen jüdischer Abstammung aus ihren Berufen. Auf diese Weise gerieten sie schon bald in wirtschaftliche Not und wurden – unter den Augen ihrer Mitbürger – aus ihrer bürgerlichen Existenz gedrängt.
Dabei waren gerade die jüdischen Anwälte häufig in besonderer Weise gesellschaftlich verwurzelt. Ernst Löwenstein etwa, von dem sowohl in diesem Buch als auch in der Ausstellung noch ausführlich die Rede sein wird, war von 1922 bis 1933 Vorstandsmitglied der Anwaltskammer in Oldenburg, von 1929 bis 1933 zudem Mit-

glied des Ehrengerichts. Dem ehedem geachteten Notar wurde am 1. Oktober 1935 die Fortführung seiner Amtstätigkeit untersagt. Löwenstein, Vater zweier minderjähriger Kinder, verarmte daraufhin. Sein Antrag, ihm, der im Ersten Weltkrieg für das Deutsche Reich in den Krieg gezogen war, wenigstens einen geringen Unterhaltszuschuss zu gewähren, wurde abgelehnt. Am 9. November 1938 wurde Rechtsanwalt Löwenstein verhaftet und in das Konzentrationslager Sachsenhausen deportiert. Anders als viele seiner Berufskollegen überlebte er glücklicherweise die braune Gewaltherrschaft.

Die deutsche Justiz und Anwaltschaft haben in dieser dunkelsten Zeit unserer jüngeren Geschichte in ihrer überwiegenden Mehrheit versagt. Sie ließen durchweg zu, dass insbesondere Kollegen jener Freiheitsrechte beraubt wurden, die man zuvor zusammen studiert und als unverbrüchlich bejaht hatte.

Die deutsche Justiz und Anwaltschaft steht daher in der besonderen Verantwortung, das – häufig in ihrem Namen – geschehene Unrecht und dadurch angerichtete unsägliche Leid vieler Mitbürger immer wieder erneut in das öffentliche Bewusstsein zu rücken, damit sich Ähnliches, gerade unter dem Eindruck einer gegenwärtig leider spürbaren neuen Welle rechtsradikaler Sympathien in Teilen der Bevölkerung, nicht wiederholt.

In diesem Sinne bin ich froh darüber, dass die Anwaltschaft diese wichtige Thematik aufgegriffen hat. Dass die Wanderausstellung zudem in Gebäuden der Justiz und damit an Orten stattfindet, an denen das Unrecht in beschämender Weise einst fruchtbaren Boden fand, werte ich als ein gutes Signal dafür, dass deutsche Juristen inzwischen aus der Vergangenheit gelernt haben.

Ich wünsche mir, dass die in der Ausstellung und in dem vorliegenden Buch nachgezeichneten Lebens- und Leidensgeschichten einen Beitrag dazu leisten, dass sich jeder einzelne berufen fühlt, den Rechtsstaat, in dem wir heute leben dürfen, gegen Anfeindungen jeglicher Art nach besten Kräften zu verteidigen.

Dr. Kircher
Präsident des Oberlandesgerichts Oldenburg

Grußwort

In der Ausstellung geht es um die „Säuberung" der Anwaltschaft, von der in erster Linie jüdische Rechtsanwälte betroffen waren, aber auch Sozialisten und engagierte Demokraten, die sich als Stütze der Weimarer Demokratie erwiesen hatten und die deshalb dem nationalsozialistischen Regime besonders missliebig waren. Namentlich die jüdischen Rechtsanwälte vereinigten wie kaum eine andere berufliche Gruppe so ziemlich sämtliche Feindbilder der Nationalsozialisten in sich und waren ihnen entsprechend verhasst.

So dürfte auch zu erklären sein, dass schon bald nach der Machtübernahme auch das Zulassungsrecht der Rechtsanwälte im Sinne der neuen Machthaber umgestaltet wurde. Insofern verlief die Entwicklung der Anwaltschaft parallel zu dem, was als Abstieg der Justiz zu einer der tragenden Säulen des NS-Herrschaftssystems bezeichnet wurde: Gleichzeitig mit dem Gesetz zur Wiederherstellung des Berufsbeamtentums vom 7. April 1933 erließ die Reichsregierung das „Gesetz über die Zulassung zur Rechtsanwaltsschaft", nach dem die Zulassung von Rechtsanwälten „nichtarischer Abstammung" zurückgenommen werden konnte und Personen, die sich "im kommunistischen Sinne" betätigt hatten, von der Zulassung zur Rechtsanwaltschaft ausgeschlossen werden sollten. Ausgenommen waren nur die sogenannten Altanwälte und die sogenannten Frontkämpfer.

Diese wurden schließlich durch die 5. Verordnung zum Reichsbürgergesetz vom 27. September 1938 ausgeschlossen, die alle noch bestehenden Zulassungen „nichtarischer" Rechtsanwälte aufhob und die Ausgeschlossenen zu „jüdischen Rechtskonsulenten" degradierte, die nur noch für jüdische Mandanten tätig werden durften und damit angesichts der sonstigen Restriktionen faktisch rechtlos gestellt waren.

Dieser Entwicklung stellte sich aber die Standesorganisation der Rechtsanwälte nicht etwa entgegen, sondern sie wurde von maßgeblichen Vertretern offenbar geradezu gefeiert. So heißt es bei dem damaligen Vizepräsidenten der Reichsrechtsanwaltskammer, Erwin Noack, in einem kleinen Aufsatz unter der Überschrift „Die Entjudung der deutschen Anwaltschaft" (JW 1938, Seite 2796 ff):

„Durch die 5. VO zum RBürgerG. vom 27. September 1938 ist die Entjudung der deutschen Anwaltschaft beendet. Eine Tatsache, deren ideelle Tragweite überhaupt nicht zu überschätzen ist. Denken wir daran, dass im Jahre 1933 4.500 Anwälte in Deutschland (ohne Österreich) Juden waren, bei einer Gesamtzahl von rund 19.200 Anwälten…

Die erste Maßnahme für ein Zurückdämmen des Judentums in der Anwaltschaft war das Gesetz über die Zulassung zur Rechtsanwaltschaft vom 7. April 1933…

Der Erfolg dieser Maßnahme war, dass bis Ende 1933 1.500 nichtarische Anwälte ausschieden, es verblieben aber immerhin noch 2.900 Juden in der Anwaltschaft.

Bestehen blieb jedoch das Problem der noch in der Anwaltschaft befindlichen jüdischen Frontkämpfer und jüdischen Altanwälte. Die Weiterentwicklung verlief so,

dass am 1. Januar 1938 von einer Gesamtanwaltszahl von 17.360 immer noch 1.753 Juden waren. Zehn Prozent der deutschen Anwaltschaft waren Juden! Jeder zehnte Rechtsanwalt ein Jude!

Für diese Tatsache gab es nur eine Bezeichnung: Unertragbar! Und daher ist die 5. VO zum RBürgerG. für das deutsche Volk, aber auch für uns im Besonderen eine Erlösung. ...

Allen ausscheidenden jüdischen Anwälten ist die Besorgung fremder Rechtsangelegenheiten untersagt. Ist so der deutsche Anwaltstand von jüdischen Elementen gereinigt, so musste umgekehrt dafür gesorgt werden, dass Juden, die vor deutschen Gerichten Recht suchen, eine ihrer Rasse entsprechende Vertretung gestellt wird. Man kann es einmal einem deutschen Rechtsanwalt nicht zumuten, für einen Juden tätig zu werden, er würde sich standesrechtlich vergehen, und auch ein Disziplinarverfahren vom NSRB zu erwarten haben ..."

Parallel zu dieser immer weitergehenden Ausschließung der jüdischen Rechtsanwälte verlief die zum Teil ausdrückliche, zum Teil schleichende Gleichstellung aller Rechtsanwälte mit den Berufsbeamten und ihre Unterwerfung unter die besonderen Treuepflichten dem Staat gegenüber. Auch daran hatten sich der Ehrengerichtshof und die Vertreter der Reichsrechtsanwaltskammer durch die besondere Betonung der Treuepflichten gegenüber dem Staat und der Pflichten „gegenüber der Volksgemeinschaft" maßgeblich beteiligt und so besonders konsequent an der Beseitigung anwaltlicher Freiheit und Unabhängigkeit mitgewirkt.

Als Ergebnis zog man im März 1943 schließlich die gesetzgeberische Konsequenz aus dieser Gleichstellung der Anwälte mit dem Berufsbeamtentum. Die eigene Ehrengerichtsbarkeit der Rechtsanwälte wurde beseitigt und die Überwachung der Anwälte den für Richter zuständigen Dienststrafgerichten zugewiesen, die Verfehlungen unter direkter Anwendung des Beamtenrechts aburteilten.

Was also mit der Ausschließung Missliebiger begann, endete schließlich de facto mit der Aufhebung einer ganzen Institution, der freien Advokatur.

Auch daran sollte die Ausstellung erinnern.

Horst Rudolf Finger
Generalstaatsanwalt

Grußwort

Die Reichsrechtsanwaltsordnung vom 01.07.1878 brachte den Rechtsanwalt aus dem in vielen Teilen Deutschlands vorherrschenden Beamtenstatus heraus und legte das einheitliche Bild des Rechtsanwalts als Träger eines freien Berufes fest. Dementsprechend sollte der Rechtsanwalt „der berufene, unabhängige Vertreter und Berater in allen Rechtsangelegenheiten" sein. Es wurde weiter definiert, dass er „kein Gewerbe, sondern Dienst am Recht" ausübe. Die Zulassung zur Rechtsanwaltschaft war grundsätzlich frei.

Für Teile deutscher Juristen, insbesondere jüdische Juristen, war diese Freiheit bereits 55 Jahre später wieder beendet. Ein Jude konnte und durfte nicht Rechtsanwalt werden, jüdische Rechtsanwälte wurden aus ihrem Beruf entfernt oder massiv an ihrer freien Berufsausübung gehindert. Gleiches galt für den Rechtsanwalt, der auch das Amt des Notars bekleidete.

Das, was 1878 erreicht wurde und schon 1933 während der Zeit der nationalsozialistischen Diktatur verloren ging, ist für uns heute wieder zu einer Selbstverständlichkeit geworden. In seiner täglichen Berufs- bzw. Amtsausübung wird sich sicherlich kaum ein Rechtsanwalt oder Notar mit den Regelungen des § 1 der Bundesrechtsanwaltsordnung und des § 1 der Bundesnotarordnung auseinandersetzen. Nach § 1 der Bundesrechtsanwaltsordnung ist der Rechtsanwalt „unabhängiges Organ der Rechtspflege" und nach § 1 der Bundesnotarordnung ist der Notar „unabhängiger Träger eines öffentlichen Amtes". Beides sind Selbstverständlichkeiten, kein Rechtsanwalt oder Notar würde zweifeln, dass diese Regelungen Gültigkeit haben.

Obgleich 1933 bereits vergleichbare Regelungen existierten, sah sich die Rechtsanwaltschaft in der Folgezeit der nationalsozialistischen Weltanschauung und Ideologie unterworfen. Die in diesem Werk hervorgehobenen Schicksale aus dem heutigen Bezirk der Rechtsanwaltskammer für den Oberlandesgerichtsbezirk Oldenburg können beispielhaft für die Situation der jüdischen Rechtsanwälte und Notare im damaligen Deutschen Reich stehen. Ihr Schicksal darf nicht in Vergessenheit geraten, sondern sollte vielmehr auch in der heutigen Zeit der Mahnung dienen.

Es ist daher zu hoffen, dass das vorliegende Werk und die Ausstellung in den Räumen des Landgerichts Osnabrück der Erinnerung und Mahnung dient. Insbesondere sollten sich auch die heutigen Rechtsanwälte und Notare der Tragweite und inhaltlichen Bedeutung der Tatsache bewusst bleiben, dass sie unabhängige Organe der Rechtspflege und unabhängige Träger eines öffentlichen Amtes sind.

Meiertöns
Präsident der Notarkammer Oldenburg

Grußwort

Mit dem dunkelsten Kapitel der jüngeren deutschen Geschichte konfrontiert die Ausstellung „Anwalt ohne Recht - Schicksale jüdischer Rechtsanwälte in Deutschland nach 1933" die Besucher. Im Landgericht Osnabrück informiert die Wanderausstellung über das Schicksal jüdischer Rechtsanwälte im Dritten Reich. Bemerkenswert ist, dass diese Ausstellung an den verschiedenen Standorten um lokale Bezüge erweitert wird. Seit 2000 war sie in 35 Städten Deutschlands zu sehen. Auch in Osnabrück zeichnet sie Schicksale einzelner jüdischer Anwälte und ihrer Familien nach, die in dieser Region gelebt haben. Für die Recherche danke ich der Rechtsanwaltskammer für den Oberlandesgerichtsbezirk Oldenburg und dem Landgericht Osnabrück, denn dadurch wird deutlich, dass jüdische Mitbürgerinnen und Mitbürger in keiner Region Deutschlands der Verfolgung und dem Terror der Nationalsozialisten entkommen konnten - es sei denn, sie sind rechtzeitig ausgewandert. Mit der Machtübernahme der Nationalsozialisten begann die Diskriminierung und Verfolgung jüdischer Bürgerinnen und Bürger. Darunter litten auch die freiberuflich arbeitenden Rechtsanwälte. Schon 1933 wurden Gesetze erlassen, die jüdische Juristen aus ihren Berufen drängten. Dass besonders Rechtsanwälte unter der Diktatur zu leiden hatten, verwundert kaum, war es doch ihre Aufgabe, Angeklagte gegen ein mörderisches System zu verteidigen. Nicht nur mit ihren Mandanten wurde oftmals „kurzer Prozess" gemacht, sondern die Anwälte selbst wurden ausgegrenzt und verleumdet. Sie waren „Anwälte ohne Recht", die nicht nur ihren Beruf, sondern oft auch ihr Leben verloren.

Diese Ausstellung ist als Mahnung zu verstehen, auch heute Diskriminierungen in jedem Lebensbereich entgegenzutreten, um unsere demokratische Gesellschaftsordnung zu schützen. Durch die exemplarische Darstellung des Schicksals einzelner Menschen macht diese Schau auch die in der Region Osnabrück von Terror und Grauen bestimmte Zeit vor über 60 Jahren sichtbar und nachvollziehbar.

Boris Pistorius
Oberbürgermeister

Grußwort

Schon im Jahre 1933 entledigte sich der NS-Staat Deutschland seiner jüdischen Rechtsanwälte.
Gerade die Verfechter und Verteidiger des Rechts wurden gleich zu Beginn der nationalsozialistischen Machtübernahme entrechtet.
Tor und Tür standen den Nationalsozialisten offen, sich linientreuer Anwälte zu bedienen, um das menschenfeindliche System mit ihren rassistischen und inhumanen Ideologien rasch zu etablieren.
Es ist keine Seltenheit, dass Epochen der Geschichte gerne relativiert, beschönigt oder gar verfälscht werden, wenn sie denn zu unbequem sind und zu aufwendig werden, wenn der Anspruch besteht, dass sie aufgearbeitet werden sollen.
Diese Ausstellung zeigt die Schicksale jüdischer Rechtsanwälte u. a. in der Region Osnabrück.
Die Berufsgruppe der Rechtsanwälte und Notare übernimmt eine besondere Verantwortung, indem sie detailliert und unverfälscht das Schicksal ihrer jüdischen Kollegen, das Schicksal ihrer Familien, deren existentielle Not bis hin zu Auswanderung oder Tod während des Nazi-Terrors darstellt. Insbesondere durch den Ort der Ausstellung – in den Räumen des Landgerichts Osnabrück – haben Besucher die Möglichkeit, sich den Wahnsinn und das menschenverachtende Denken der Nazis anhand der Leidenswege der Opfer noch einmal vor Augen zu führen und sich bewusst zu machen.
Diskriminierungen entwachsen einer niedrigen geistigen Gesinnung und sollten in einer Demokratie geahndet werden, wann immer man ihnen begegnet.
Sich öffentlich gegen Diskriminierung zu stellen, erfordert Mut.
Diese Ausstellung dient uns als Mahnung und Hinweis darauf, wie wichtig es ist, für demokratische Rechte und gegen jeden Ansatz von Diskriminierung einzutreten.

Jüdische Gemeinde des ehemaligen
Regierungsbezirks Osnabrück KdöR

Michael Grünberg

Vorwort

Die Ausstellung „Anwalt ohne Recht" soll das Andenken an jüdische Rechtsanwälte und jüdische Mitbürger aus der Zeit des Nationalsozialismus wachhalten. Mehr als 70 Jahre nach 1933 gilt es deutlich zu machen, was Organe der Rechtspflege aus unserem heutigen Kammerbezirk erlebt und durchlitten haben, die Opfer der nationalsozialistischen Gleichschaltung des damaligen Rechtssystems geworden sind. Der verbrecherische Vernichtungswille der Nationalsozialisten hatte diese Berufsgruppe sehr bald und gründlich in den Blick genommen. Bereits kurz nach der Machtübernahme der Nationalsozialisten im Jahr 1933 hat ein übermächtiger Staat in den Händen einer verbrecherischen Partei alle Machtmittel eingesetzt, das Recht zu instrumentalisieren, die Justiz zu beherrschen und jüdische Rechtsanwälte in ihrer persönlichen und beruflichen Existenz zu vernichten. Diese am Beispiel der rechtsberatenden Berufe aufgezeigte Entwicklung ist zugleich symptomatisch für andere Bevölkerungskreise, die ebenfalls auf diese politischen Bedingungen gestoßen sind.
Die in diesem Buch dargestellten Einzelschicksale, die vieles gemeinsam haben, berühren sofort unser Gewissen und sind Anlass zur Warnung, dass sich derartiges in Deutschland nie wiederholen darf. Dabei sprechen und schreiben wir über unsere Mitbürger, Nachbarn und Kollegen, die vor uns im hiesigen Kammerbezirk für die Bürger und Rechtsuchenden tätig waren.
Die dargestellten Schicksale sind sehr unterschiedlich. Es gibt Kollegen, die ihr Leben gelassen haben und andere, die Freiheitsentzug, sonstige Verfolgung, administrative Repressalien und berufliche Vernichtung erdulden mussten.
Als die Barbarei des Nationalsozialismus ausbrach, waren jüdische Rechtsanwälte geschockt. Man muss sich in die Lage der jüdischen Kollegen versetzen, die sich Angriffen auf ihre Ehre, ihre wirtschaftliche Existenz, ihre Lebensgrundlage und im Extremfall auf ihr Leben ausgesetzt sahen. Alle Kollegen hatten geglaubt, in einem Staat zu leben, der sich zu den Kulturnationen der Welt zählt. Viele werden wie in einem Tagtraum gelebt haben, als die Erniedrigungen, Verfolgungen und später die grausamen Vernichtungen begannen. Die Hoffnung, aus einem solchem Albtraum aufzuwachen, wird besonders solche Juristenkollegen erfüllt haben, die es nicht für möglich hielten, wie das ihnen vertraute Rechtssystem so pervertiert werden konnte. Es kann nicht Aufgabe der Ausstellung der Kammer und der sie begleitenden Veranstaltungen sein, alle Quellen und Gründe zu erörtern, die zur Zerstörung des Rechtssystems und ihrer Organe geführt haben. Über Antisemitismus und Rassismus ist nach dem Kriege viel geforscht, gesprochen und geschrieben wurden. Hier geht es darum, Gründe und Ereignisse zu kennzeichnen, die jüdische Anwälte rechtlos gestellt und ihre persönliche oder berufliche Existenz zerstört haben.
Da alle diese Ereignisse viele Jahrzehnte zurückliegen, sind manche Schicksale jü-

discher Anwälte aus jener Zeit nur noch unvollkommen aufzuklären. Besonders berührt wird der Leser sein, wenn er erkennt, dass heute – trotz erheblicher Bemühungen nicht nur der Autoren – nicht einmal Fotos einzelner betroffener Personen aufzufinden waren. Schulen, Universitäten, frühere Nachbarn, Lagerunterlagen und viele andere Hilfsmittel der Recherche haben in diesem Punkt nicht immer zum Erfolg geführt. Das ist zu bedauern.

Das Thema dieser Ausstellung im regionalen Teil wurde ausgeweitet, weil der Zusammenhang dies nahe legte. Der nicht jüdische Osnabrücker Rechtsanwalt Hans Calmeyer gibt hierzu Veranlassung. Er zählt zu denen, die auf ganz andere und eindrucksvolle Weise mit dem Schicksal jüdischer Mitbürger in Berührung gekommen sind. Das Interesse an seinem Leben und seiner Arbeit soll hier und weit über unseren Kammerbezirk hinaus aufrechterhalten und geweckt werden. Sein Wirken ist ein hervorragendes Beispiel für Zivilcourage und Vorbild für nachfolgende Generationen. Calmeyer zählt durch sein Eintreten für die Verfolgten des Nationalsozialismus neben Justus Möser zu den bedeutendsten Juristen unseres Kammerbezirks.

Graf
Präsident der Rechtsanwaltskammer
für den Oberlandesgerichtsbezirk Oldenburg

Elmar Schürmann

Geschichtliche Entwicklung in den ehemals preußischen Gebieten Landgerichtsbezirke Aurich und Osnabrück

Vorboten des Unheils für jüdische Rechtsanwälte und Notare
Zur Erläuterung der gesetzlichen und administrativen Zuständigkeiten ist eine Vorbemerkung zur Geschichte des Oberlandesgerichts Oldenburg notwendig. Das Oberappellationsgericht – Oberlandesgericht – Oldenburg besteht seit 1814[1]. Seine ereignisreiche Geschichte ist eng mit der Entwicklung des Großherzogtums Oldenburg verknüpft[2]. Die Bezirke der Landgerichte Aurich und Osnabrück wurden erst durch Erlass des Reichsministers der Justiz vom 20.07.1944 [3] vom Bezirk des Oberlandesgerichts Celle getrennt und dem Bezirk des Oberlandesgerichts Oldenburg hinzugefügt. Die Spekulationen darüber, was die Gründe für diese Maßnahme kurz vor Ende des Krieges waren[4], mögen vielfältig sein. Eine „Gleichlagerung der Verwaltung mit den Grenzen der Gauleitung" Weser Ems [5] wird nicht ganz überzeugen, weil zum Bezirk der Gauleitung auch Bremen gehörte.

Die Vorbemerkung dient folgender Klarstellung: Abgesehen von der allgemeinen Entwicklung im Reichsgebiet werden die Ereignisse in diesem Abschnitt bis zur Gleichschaltung des Landes Preußen mit dem Reich sich orientieren an dem, was durch die preußische Administration über das Oberlandesgericht Celle an die Landgerichtsbezirke Aurich und Osnabrück weitergegeben wurde.

In Preußen war der Anteil jüdischer Studenten, die an den Universitäten Rechtswissenschaft studierten, sehr hoch. Während der Bevölkerungsanteil jüdischer Mitbürger 1880 etwa 1,3 % betrug, waren 8,22 % aller Jurastudenten jüdische Mitbürger[6]. Nach Abschluss der Ausbildung wurden viele von ihnen Rechtsanwälte. Die Staatslaufbahn (Richterdienst, Staatsanwaltschaft und diplomatisches Korps) schottete sich ab, achtete auf ihre Privilegien; jüdische Juristen wurden sozusagen in die Rechtsanwaltschaft abgedrängt[7].

Als am 01.10.1879 die Rechtsanwaltsordnung in Kraft trat, wurde zugleich der Grundsatz der freien Advokatur festgeschrieben[8]. Die einheitliche Berufsbezeichnung „Rechtsanwalt" war geschaffen und die Befähigung zum Richteramt Voraussetzung der Zulassung.

Die Zahl der Anwälte wuchs stetig. Im Deutschen Reich waren am 01.01.1880 rund 4.000 Rechtsanwälte zugelassen. Um die Jahrhundertwende gab es einen Anstieg auf 6.000[9]. Keineswegs war im gleichen Umfang die Gesamtbevölkerung gestiegen. Schon damals sprach man von einer Rechtsanwaltsschwemme (wenngleich nicht im

Volumen unseres Jahrhunderts). Nicht erst seit 1911, als die Zahl der Anwälte über 10.000 betrug, wurde erstmals ein „Numerus clausus" für die Anwaltschaft diskutiert. Das Durchschnittseinkommen der Rechtsanwälte sank. Bis 1932 kam die Diskussion um eine Beschränkung der Zulassung nicht zur Ruhe, zumal sich Anfang der dreißiger Jahre die Zahl der zugelassenen Anwälte im deutschen Reich bis auf 18.000 gesteigert hatte. Angesichts dieser wirtschaftlichen Situation[10] war immer wieder davon die Rede, die Zulassung jüdischer Anwälte dem Anteil jüdischer Mitbürger an der Gesamtbevölkerung anzupassen.

Für diese Entwicklung gibt es sicher auch weitere Gründe: Jüdische Rechtsanwälte galten im Urteil der Bevölkerung als fachlich besonders klug und geschickt. In Berlin, der Hochburg jüdischer Anwälte, war dies in den zwanziger und dreißiger Jahren allgemeine Auffassung. Der Doktortitel (Dr.) wurde im Volksmund salopp als „jüdischer Vorname" von Rechtsanwälten bezeichnet. Rechtswissenschaft ist zugleich Textwissenschaft. Sprachliche Kompetenz zeichnete viele jüdische Mitbürger aus und ist bis auf den heutigen Tag auf erstaunliche Weise ausgeprägt bei solchen, die in jungen Jahren aus Deutschland haben emigrieren müssen und dennoch die Sprache ihrer Unterdrücker bestens beherrschen.

Die weitere Untersuchung wird zeigen, dass nahezu alle jüdischen Rechtsanwälte und Notare – auch solche „in der Provinz" – ausgesprochen erfolgreich beruflich tätig waren und zu den bestverdienenden Rechtsanwälten ihrer Bezirke gehörten. Der „Neidkomplex" trat in aller Deutlichkeit hervor, als sogenannte Vertrauensleute der nationalsozialistischen Rechtsanwaltskammer in Celle ihre Stellungnahmen abgaben[11]. Der berufliche Erfolg jüdischer Rechtsanwälte und Notare, die große Zahl ihrer Klienten und ihre ausgesprochen günstige Vermögenslage waren häufig offensichtlich. Der beruflich erfolgreiche, verbal geschickte und allseits bekannte Rechtsanwalt stach oft gegen die im heimatlichen Dialekt und Denken Befangenen deutlich hervor.

Vorurteile - nicht nur gegen jüdische Anwälte - gab es in der Bevölkerung vielfach gegen die Berufsgruppe der Juristen allgemein und die Rechtsanwälte im besonderen. Sie eignen sich, zum Gegenstand öffentlichen Spotts und allgemeiner Verachtung gemacht zu werden. Das war in der Geschichte so – z.B. schon zu Zeiten der Rezeption des römischen Rechts. Die Teilnehmer der Bauernkriege hatten die Advokaten ins Visier genommen[12]. „Beutelschneider, Rabulisten, Rechtsverdreher, Haarespalter" mit solchen – damals nicht immer ernst gemeinten – Charakteristiken kommt man schneller in den Mittelpunkt öffentlicher Abneigung und Massenhysterie. Es mag auch bis zum heutigen Tag viele Gründe geben, die für die „Unbeliebtheit der Juristen"[13] sprechen. Die nationalsozialistische Bewegung, die ausgesprochen antiintellektuell auftrat und deren Straßenherrschaft schon zu Beginn auf lederbekleidete Rabauken und kritiklose Hurra-Schreier aufbaute, machte sich sol-

che Vorurteile sicher zunutze. Jüdische Intellektuelle – besonders die Rechtsanwälte – standen immer auch im Mittelpunkt gezielter Agitation und Boykottaufrufe der Nationalsozialisten. Das wird die weitere Entwicklung zeigen.

Darüber hinaus hatten jüdische Rechtsanwälte jedenfalls bei der gesetzlichen und administrativen Verfolgung durch die Machthaber einen speziellen Nachteil, der sich daraus ergab, dass ihre Peiniger die Instrumente bestens kannten, die man für die Unterdrückung einsetzen musste. Die gemeinsame juristische Ausbildung machte in diesem Sektor die Täter besonders gefährlich und die Opfer besonders bedroht. Der Staat bestimmt die juristische Ausbildung. Sie war und ist monopolistisch angelegt. Man muss durch das Nadelöhr staatlich regulierter Ausbildungen und Prüfungen gehen, um beruflich tätig sein zu können. Eine solche Prägung schafft Nähe und Abhängigkeit zum Staat. Die Rechtssoziologen der sechziger und siebziger Jahre dieses Jahrhunderts haben festgestellt[14], Persönlichkeiten, die durch das schmale Tor dieser Ausbildung „gekrochen seien", könnten durch sie „verprägt" sein.

Jedenfalls war eine solche Qualifizierung häufig das Sprungbrett, im Guten wie im Schlechten Macht auszuüben. Die Serie der Täter des Nationalsozialismus – auch in der Justiz – ist lang[15]. Die „furchtbaren Juristen"[16] sind vielfach beschrieben. Selbst in der Zeit nach 1945 waren viele dieser Täter tatsächlich oder vorgeblich unersetzlich (nicht nur Staatssekretär Globke im Bundeskanzleramt). Die lange Diskussion nach dem Krieg über fortgesetzte Karrieren verdeutlicht das.

Alle diese Gründe sind Vorzeichen für das heraufziehende Unheil, verblassen allerdings gegenüber Antisemitismus und Rassismus als Wurzel des späteren Geschehens. Antijüdische Propaganda und Demagogie gegen jüdische Rechtsanwälte entstand lange vor 1933. Schon gleich nach Einführung der freien Advokatur gab es nicht nur in der Presse Stimmen, die Rechtsanwaltschaft sei als „Stand dem Judentum preisgegeben"[17]. Behörden begannen schon in den zwanziger Jahren, ihre Fälle nichtjüdischen Rechtsanwälten anzuvertrauen. Es war populär, eine zahlenmäßige Beschränkung jüdischer Rechtsanwälte zu verlangen und danach zu fragen, ob diese „anwaltswürdig" seien[18]. Einen „Numerus clausus" verlangte aus fadenscheinigen Gründen auch der deutsche Studententag 1929.

Nach dem verlorenen 1. Weltkrieg gab es viele Versuche, nach Schuldigen zu suchen. Jüdische Mitbürger, die in vorderster Front für Deutschland gekämpft hatten, wurden von Demagogen und Propagandisten nicht verschont. Bei sich verschlechternden wirtschaftlichen Umständen und zerfallenden Strukturen der Weimarer Republik war ein Nährboden für Antisemitismus und Rassismus gelegt.

Die Nationalsozialisten machten sich alle diese Umstände zunutze. Der spätere Reichskanzler und „Führer" Adolf Hitler hat von vornherein keinen Zweifel daran gelassen, welche Auffassungen ihn in Bezug auf jüdische Mitbürger und Intellektuelle umtrieben, zu denen aus seiner Sicht deutlich auch die Rechtsanwälte zählten.

Als Adolf Hitler am 01.04.1924 aufgrund eines Urteils des Münchener Volksgerichts Festungshaft in Landsberg am Lech antreten musste, begann er alsbald mit den Arbeiten an „Mein Kampf", um „das Grundsätzliche" und seine „große Bewegung" zu beschreiben[19].

Seine Ausführungen triefen von Antisemitismus und Judenhass.[20] Er meinte, die „Judenfrage" müsse zum „...treibenden Motiv einer großen Volksbewegung umgewandelt werden" und „dem deutschen Volk den einigenden Kampfgeist" geben.[21]

Weitere Zitate verbieten sich teils aus den Grundsätzen des guten Geschmacks. Wer sich die Mühe gemacht hätte, diese Publikation durchzuarbeiten, wäre auf ganz unverkennbare Anzeichen für die spätere Entwicklung gestoßen und hätte mindestens Zweifel daran gehabt, welche Machtinstrumente auch immer in die Hand einer solchen Person gelegt werden konnten. Allerdings gibt es gründliche Untersuchungen darüber, dass unsere damaligen Mitbürger sich der Mühe nicht unterzogen haben, dieses demagogische Machwerk gründlicher zu lesen[22]. Der schwülstige, umständliche und unsachliche Schreibstil[23] mag einer der Gründe dafür gewesen sein, sich in dieses Schreibwerk nicht zu vertiefen. Darüber hinaus wird es verharmlosende Deutungen dahin gegeben haben, die Auslassungen eines Strafgefangenen seien kaum zu vergleichen mit dem, was ein in Freiheit lebender Politiker würde äußern wollen.

Der Irrtum vieler bürgerlicher Kreise über die wahren Absichten eines solchen Verführers tritt später zu Tage.

In allen Bezirken des späteren Oberlandesgerichts Oldenburg war schon vor 1933 Demagogie und Propaganda gegen jüdische Mitbürger an der Tagesordnung. Der Antisemitismus gehörte „sozusagen zur politisch-sozialen Grundausstattung der gesamten deutschen Gesellschaft."[24]

Weit bevor der Antisemitismus in Deutschland offiziell die Regierungspolitik war, gab es in Publikationen und in der öffentlicher Meinung klare Ansätze dazu. Das gilt für Ostfriesland[25], für Oldenburg[26] und für Osnabrück[27]. Schon vor dem Tag der Machtergreifung hatte die NSDAP keinen Zweifel an ihrer Einstellung zum Judentum gelassen, hieß es doch in ihrem Parteiprogramm:

Punkt 4: „Staatsbürger kann nur sein, wer Volksgenosse ist. Volksgenosse kann nur sein, wer deutschen Blutes ist, ohne Rücksicht auf die Konfession. Kein Jude kann daher Volksgenosse sein."
Punkt 5: „Wer nicht deutscher Staatsbürger ist, soll nur als Gast in Deutschland leben können und muss unter fremder Gesetzgebung stehen."

In Ostfriesland waren die Juden eine kleine Minderheit, die dort über 400 Jahre gelebt hatten[28]. Es gab viele Viehhändler unter ihnen, aber auch jüdische Bankiers – etwa in Emden –, die in Geld- und Kreditgeschäften engagiert waren. Diese Minderheit war ein „kultureller und wirtschaftlicher Farbtupfer"[29]. Viele kleine Synagogen in einer Reihe von Städten und Gemeinden waren geduldet und anerkannt, bis die Nationalsozialisten den unheilvollen Einfluss gewannen[30].

In Osnabrück gab es schon vor 1933 eine politische und publizistische Sonderbewegung, die seit 1929 mit dem Wochenblatt „Der Stadtwächter" begann und in der Kommunalpolitik Einfluss gewann. Die Geschichte der „Stadtwächter"-Bewegung ist vielfach beschrieben[31]. Unter dem Gesichtspunkt von Justiz und Rechtsanwaltschaft soll hier diese Bewegung gekennzeichnet werden.

„Der Stadtwächter" bezeichnete sich als Organ des Mittelstandes und gab vor, das Zeitgeschehen und Missstände in der Region Osnabrück zu kritisieren. Herausgeber dieses Wochenblattes war Dr. phil. Schierbaum, ein Heilpraktiker, der sich allerdings keineswegs in erster Linie gesundheitspolitischen Themen zuwandte. Die Auflage betrug bis zu 17.000 Exemplare. Sie erreichte einen erheblichen Teil der Osnabrücker Wählerschaft[32]. Eine solche Publikation, die noch näher zu beschreiben sein wird, wäre kein Signal für aufziehendes Unheil, wenn nicht ihre Resonanz sich auch in Wählerstimmen ausgedrückt hätte. Im Stadtparlament erreichte die „Stadtwächterpartei" 14,9 % der Wähler und erhielt damit die drittgrößte Zahl aller Stimmen[33]. Man mag Dr. Schierbaum und seine korrupten Redakteure als „Querulanten"[34] bezeichnen. Diese Kennzeichnung ist allerdings eher verharmlosend, wenn man ihren Einfluss im so genannten Mittelstand betrachtet.

Dr. Schierbaum, ein praktizierender Heilpraktiker, wird als Eiferer mit Sendungsbewusstsein und mit psychopathischen Zügen beschrieben[35]. Auf seinem Feld bekämpfte er die „Staatsmedizin", erklärte die „Lehre vom Blutkreislauf" für unsinnig und verkündete, das gesamte deutsche Volk in „drei Monaten von allen Geschlechtskrankheiten zu befreien". Solche Thesen mag man als das Hirngespinst eines Spinners abtun; die sonstige Tendenz seiner Publikation war weitaus gefährlicher: Die Grundlinie aller Artikel des „Stadtwächters" war chauvinistisch, antisemitisch, rassistisch und demagogisch. Rechtsanwälte und die Justiz hatte das Wochenblatt schon aus einem ganz vordergründigen Motiv ins Visier genommen: 1929-1930 gab es noch effektiven Rechtsschutz gegen Verleumdungen und Diskriminierungen. Jüdische Mitbürger und andere Diskriminierte – wie ein Bürgervorsteher des Zentrums – setzten sich erfolgreich zur Wehr und bescherten dem Herausgeber und seinen Redakteuren Misserfolge vor Gericht.

„Der Stadtwächter" beschrieb den „jüdischen Geist als Gespenst in der deutschen Justiz"[36], beklagte sich über „Jüdinnen am Richtertisch" und diskriminierte in vie-

51

Einzelpreis: 20 Pfg.

Der Stadt-Wächter

Erscheint jeden Sonntag. Preis: 1,50 RM. vierteljährlich, 0,50 RM. monatlich. — Postzeitungsliste 8. Nachtrag. — Unverlangt zugesandte Manuskripte werden nicht zurückgesandt.

Schriftleiter: Dr. phil. Heinrich Schierbaum, Osnabrück.
Verlag: Drei-Stern-Verlag, Osnabrück.

Anzeigenpreis: 10 Reichspfennig je mm, Reklamen 35 Reichspfennig je mm. Für Anzeigen an bestimmter Stelle übernehmen wir keine Gewähr.

Geschäftsstelle: Osnabrück, Großestraße 66.
Postscheckkonto Hannover 70 399. — Telefon Nr. 6607.

Unabhängiges Organ für freie Meinung in Stadt und Land

Nummer 27 | Osnabrück, Sonntag, den 27. Oktober 1929. | 1. Jahrgang

Senator Schulte und die Erwerbslosen.

Der jüdische Geist als Gespenst in der deutschen Justiz.

Herr Senator Schulte und die Erwerbslosen.

Kaum glaublich ist es, mit welcher Leichtfertigkeit bei den Behörden oft die Interessen der Erwerbslosen wahrgenommen werden.

Beim hiesigen Wohlfahrtsamte hat die Leitung Herr Direktor Henz, der mit Hilfe eines großen Stabes von Beamten und Beamtinnen den Riesenapparat der Wohlfahrtssorge erledigt. Die „rechte Hand" des Direktors ist der städtische Obersekretär Herr Pottebaum. Diese beiden Beamten, der Direktor also und der Obersekretär, hatten nun nach reiflicher Überlegung und nach einer äußerst gründlichen Vorkalkulation einen neuen Erwerbszweig ausfindig gemacht, der die Aussicht bot, einigen Dutzend erwerbslosen Familienvätern tariflich bezahlte Arbeit zu verschaffen. Ihr Plan war gut und aus den Köpfen geübter Fachbeamten entsprungen, besonders aber sei hervorgehoben **der Wille zur Hilfe!**

Die beiden Herren hatten ein Reinigungsinstitut zur Sauberhaltung der Bürgersteige ins Leben gerufen. Es sollten nach Bedarf Kolonnen von Arbeitslosen zusammengestellt werden, die täglich vor Beginn des Verkehrs und bei eintretendem Schnee- und Eiswetter nach Bedarf säubern sollten. Zur Werbung von Abonnenten wurde ein Akquisiteur losgeschickt, dem es gelang, die Hausbesitzer trotz übler Erfahrungen bei früheren Privatreinigungsinstituten für die Sache zu gewinnen, **sodaß bereits in den ersten zehn Tagen ein Jahresabonnement von mehr als tausend Mark zustandekam.** Nach diesem Resultate und nach den bei der Akquisition in Bezug auf Interesse der Hausbesitzer gemachten Erfahrungen mußte jede Befürchtung auf Durchführbarkeit der Sache von selbst schwinden, und zwar um so mehr, als bei Eintritt des wirklichen Winters die interessierten Straßenanlieger von selbst sich der Sache angeschlossen und aus sozialem Verständnis gern das Abonnementsgeld angewandt hätten, wodurch sie eine lästige Pflicht los wurden. Zu bemerken ist noch, daß mit der Reinigung die Haftpflicht übertragen wurde und nach dieser Richtung bereits mit einer Versicherungsgesellschaft ein weitgehender Abschluß gemacht ist. Man erkennt daraus, daß die beiden vorgenannten Beamten in jeder Weise **besonnen ans Werk** gegangen sind! Weiter war ins Auge gefaßt worden, niemandem Konkurrenz zu machen, vielmehr etwaige Konkurrenten als Arbeitskräfte zu übernehmen und ihnen eine bessere und sichere Existenz dadurch zu verschaffen, und der Akquisiteur hat jedesmal sein Angebot sofort zurückgezogen, wenn er beim Hausbesitzer erfuhr, daß dieser schon eine Arbeitskraft mit der Reinigung beschäftige.

Die Reinigung der Bürgersteige erfolgte mit Beginn des Abonnements und es wurden entsprechend der Anzahl Abonnenten bereits Erwerbslose damit beschäftigt. **Ein Risiko für die Stadt war völlig ausgeschlossen, da die Abonnementsbeträge für die Ausgaben maßgebend waren,** und einige Katastrophentage im Winter reichlich durch den Sommer wett gemacht werden konnten. Die Sache hatte den Anschein, ins Große auszuwachsen, und es bot sich die Aussicht, vielleicht **sechzig bis hundert arbeitswillige Familienväter während des Winters bei Verdienst zu erhal**

Aber benannte Beamten hatten bei ihrer Kalkulation einen großen Fehler begangen, einen Fehler, der **nur** für Osnabrücker Verhältnisse überhaupt erst ein Fehler war resp. ist. Sie hatten die Sache ins Leben gerufen, hatten sich ehrlich gefreut über die durch die Erfolge gewährleistete Zukunft, hatten auch wohl als sicher angenommen, daß der Magistrat aus voller Seele und mit großem Verständnis sich dafür erwärmen würde, und hatten — — — **einen gewissen Herrn Senator!!** vorher nicht um Erlaubnis gefragt!!!

Das war aber überhaupt garnicht möglich gewesen; denn der Herr Senator war ja während der Zeit auf Urlaub gewesen! **Trotzdem** aber hat er es bitter übel genommen und schleunigst eine Magistratssitzung von seinen „Bedenken" gegen die gute Sache „überzeugt", auch wohl zur Evidenz bewiesen, daß die Stadt Osnabrück unfähig ist, ein Unternehmen risikofrei zu führen, **das** in anderen Städten trotz Konkurrenz den Privatunternehmern eine auskömmliche Existenz gibt, vielleicht auch darauf hingewiesen, daß die Unterbringung von Erwerbslosen für Osnabrück nur nebensächliche Bedeutung hat? Oder sollte vielleicht nur gekränkte Eitelkeit der Grund zu der Stellungnahme des Herrn Senator sein, ein Antagonismus zwischen ihm und dem Direktor des Wohlfahrtsamtes? Wir wissen es nicht, **aber das wissen wir, daß es ein gefährliches Experiment ist, das man mit der Not der Erwerbslosen durch Ablehnung dieser Arbeitsmöglichkeit getrieben hat. Und auch das wissen wir, daß in den Kreisen der Erwerbslosen eine gefährliche Spannung herrscht, die durch derartige Beschlüsse wahrlich nicht verbessert wird.** Nun, dieser Winter und das kommende Frühjahr wird wohl mancher Behörde unliebsame Ueberraschungen bringen!

Die gesamte Bürgerschaft unserer Stadt aber hat das größte Interesse daran, den Erwerbslosen — und zwar jedem einzelnen — Arbeit zu verschaffen und sie nicht dem Geldbeutel der Steuerzahler zur Last fallen zu lassen! Merken Sie sich das, Herr Senator Schulte!

Juristisch liegt die Sache aber sehr zu Gunsten der Abonnenten, die ohne Weiteres auf Erfüllung der Abonnementsabschlüsse bestehen können! Auch das merken Sie sich, Herr Senator Schulte!

Barkas.

NB. Dem Nebeneinander- und Gegeneinanderregieren der Amtsstellen werden wir ein Ende machen. Wir haben uns diese Sache genau vortragen lassen. Wir stehen der Handlungsweise des Herrn Senators Schulte vollkommen verständnislos gegenüber. Man weiß gar nicht, was man dazu sagen soll. Vielleicht klärt Herr Senator Schulte auch uns einmal auf über seine Bedenken. Wir stellen ihm den „Stadt-Wächter" zur Verfügung. Diese Angelegenheit muß im öffentlichen Interesse schnellstens geklärt werden.

Redaktion des „Stadt-Wächter".

Der jüdische Geist als Gespenst in der Justiz.

Um von vornherein mit einer irrigen Meinung unserer Leserschaft aufzuräumen, sei hiermit erklärt, daß weder Dr. Schierbaum noch einer seiner Mitarbeiter der Nationalsozialistischen Partei angehört!!! Die bisherige Stellungnahme des „Stadt-Wächters" entspringt nur rein sachlichen Motiven, die unbedingt zu einer näheren Betrachtung dieser in ihren Tendenzen rein deutschen Partei führen mußten!

*

Der Fluch für den Mord auf Golgatha wirkte sich mit unheimlicher Schnelligkeit aus, und vierzig Jahre genügten, um das große und einst so mächtige Volk der Juden in alle Winde zu zerstreuen! Unstet und flüchtig irrte es auf der Erde umher und zerstreute sich unter die Völker der ganzen Welt. Die Eigenschaften eines geschlossenen Staatenvolkes, deren Grundlagen Kraftgefühl und Edelsinn sind, schwanden bei den Juden und an ihre Stelle traten Habgier, gestützt auf dunklen Krämergeist, und schleichende, lauernde Gier, gepaart mit Brutalität, die es dem Juden ermöglichten, sein Opfer zu erspähen, zu umgarnen und dann schonungslos zu vernichten zu eigenem Profit. Mit der ihr eigenen Geschicklichkeit hat die Judenschaft zu jeder Zeit gar schnell herausgefunden, wo für ihre düsteren Machenschaften der günstigste Boden war, und das waren stets die Völker in Not. Und die Geschichte beweist das unwiderlegbar! Als Polen damals zerfiel, flutete ein ganzer Strom ausländischer Juden hinein und setzte sich dort fest bis auf unsere Zeit, das Gleiche geschah mit Rußland, und jetzt ist Deutschland an der Reihe — das fleißige, gebildete Volk der Deutschen,**in das seit der Zeit der Not einige Hunderttausend fremdländischer Juden eingewandert sind und sich dort festgesetzt haben für immer.** (Für immer, deutsches Volk???).

In keinem der Völker aber gingen die Juden auf. Geschmeidig wußten sie sich wohl anzupassen, aber sie blieben ein Volk für sich, blieben ihre eigene Rasse und hielten streng darauf, sich nicht mit ihren Gastvölkern zu vermischen, nicht in ihnen aufzugehen, wobei einzelne Ausnahmen verschwinden, denn es sind ihrer zu wenig, die Juden blieben Fremdkörper in jedem Volke, blieben ein eigenes Volk in fremdem Volke, und daß ein fremdes Volk es gutmütig zuließ, bei ihm zu bleiben, gab dem Juden mit erstaunlicher Dreistigkeit den Mut, zu erklären: dies Land ist mein Vaterland! Und weil er selbst kein festes Vaterland mehr hat, nennt er jedes Land so, in dem er sich gerade niederläßt — vorgestern Polen, gestern Rußland, **heute Deutschland!** Und der kluge, der scharfdenkende Deutsche?? — er gibt ihm recht, er ist überzeugt, daß ausgerechnet Deutschland das echte und rechte Vaterland dieser orientalischen Rasse ist, ja sein muß! Grund? Weil der Jude ja sonst kein Vaterland hat!!!

Wie stellen sich denn andere Völker zu den Gedanken, daß nicht die Rasse, sondern der Aufenthalt des Fremdlings grundlegend für die Idee seines Vaterlandes sei!? Nun, so, **daß während des Weltkrieges die Deutschen in der ganzen Welt interniert wurden ihrer Rasse wegen, auch die, welche schon von Kindheit an in dem fremden Staate lebten, auch die, die sich in dem Staate hatten naturalisieren lassen, ja auch genügend solche, die nie Deutschland gesehen hatten, die nicht ein einziges deutsches Wort sprechen konnten — alles ihrer Rasse wegen!** Und dabei handelte es sich um die Rasse, der von der ganzen Welt ihre Tätigkeit, ihr Fleiß, Ordnung und Harmlosigkeit belobt wurde!

Und das Volk der Juden ist eine Rasse, und zwar eine Rasse, von der die Geschichte lehrt und einwandfrei nachweist, daß sie immer und immer wieder die Völker ihrer Zuflucht in schamlosester Weise ausgebeutet, betrogen und verraten hat, bis sich diese Völker in Verzweiflung Luft machten und zur Niedermetzelung ihrer Peiniger schritten. In der Geschichte aller Völker finden wir das Eindringen dieses Volkes als „Pest" oder „Seuche" bezeichnet. **Bei allen Völkern der Welt ist es zu Judenpogromen gekommen, bei Türken, Griechen, Armeniern, bei Ungarn, Böhmen, Polen, bei Spaniern, Deutschen, Russen, und bei allen war der Grund die betrügerische Ausbeutung der Völker durch die Juden und deren politische, heimtückische, dem Gastvolke verderbliche Treibereien.**

Undank, Habgier, Herrschsucht, Brutalität, Untreue, das waren die Eigenschaften, die die Völker den Juden von jeher vorwarfen und die noch heute aufgeklärte und weitschauende Geister ihnen vorhalten!

Noch recht gut können wir uns an die Judenhetzen in Rußland kurz vor dem Kriege erinnern. Sie entstammten einzig und allein nur der Volkswut gegen die jüdischen Ausbeuter, aber in der den Juden so wohlfeilen nichtrussischen Presse, besonders in Deutschland, dem „Vaterlande" der hier lebenden Juden, wurden diese Schlächtereien so dargestellt, als seien sie von der russischen Regierung angezettelt zur Ablenkung von innenpolitischen Vorgängen. **Daß das heutige Rußland völlig unter der Herrschaft der Juden steht und daß es total verarmt, ruiniert ist, weiß die ganze Welt, die ganze Welt weiß aber auch, daß jeder Tag die Erhebung des gequälten russischen Volkes bringen kann, und dann wehe seinen Quälgeistern!**

Gern und mit besonderer Betonung wird von den Juden und ihren deutschen gefühlsduseligen Mitfolgern angeführt, daß die Juden auch mit in den Krieg gezogen seien. Nun, das war Zwang! Unter den Freiwilligen waren jedenfalls recht wenig Juden, und wenn sich welche meldeten, so waren es oft genug solche, deren Ablehnung als unbrauchbar von vornherein feststand. **Das wäre ja noch schöner gewesen, wenn die Juden in Deutschland nicht hätten Kriegsdienste tun müssen!** Wie aber sahen denn diese „Kriegsdienste" in Wirklichkeit aus? Nun, wir, die wir aus dem Schützengraben ins Vaterland zurückkamen in die Lazarette und Ersatzbataillone, wir waren entrüstet, daß es in den Schreibstuben wimmelte von felddienstfähigen Juden, daß an der Spitze der Einkaufsgesellschaften für Kriegslieferungen felddienstfähige Juden standen und in der Heimat blieben, während fast fünfzigjährige, noch nicht völlig ausgeheilte Familienväter schonungslos in den Schützengraben zurück mußten!

Und auch das ist bemerkenswert, ja ist besonders wichtig, daß es zu jeder Zeit, und auch in unserer jetzigen wieder!, Juden gegeben hat, die die Judenschaft dringend warnten vor ihrem Tun, sogar hervorhoben, daß die Vergeltung der Völker den Juden gegenüber eine fürchterliche sein wird, wenn diese Völker erst mal hinter die Machenschaften der Juden gekommen sind!

len Ausgaben von 1930 Justiz und Judentum. Die antisemitische und rassistische Grundhaltung ist derartig primitiv und entwürdigend, dass es schwer fällt, Bürgern unserer Tage Originalzitate aus dem Stadtwächter zuzumuten. Man muss sich fragen dürfen, was die große Zahl von Lesern bewegt haben mag, wenn sie in der Ausgabe vom 17. August 1930 auf einer ganzen Seite unter der Überschrift „Herkunft und Halbmenschentum der Juden" (Untertitel „Die widerliche Tragödie einer entarteten Rasse") gedanklich, inhaltlich und sprachlich abstoßende Ausführungen zur Kenntnis nehmen konnten, wie man sie nur Wirren oder Kranken zuordnen kann. Dort heißt es unter anderem:

„Die Juden ... dachten, durch Wegfall der weiteren Vermischung mit Tier- und niedrigem Menschenblut werde das jüdische Blut von selbst geläutert. Sie übersahen dabei, dass durch die Reinzucht das fremde Blut nicht beseitigt werden kann, sondern erst recht im Volke verbleibt, dass die Inzucht kein Heilmittel, sondern ein Krankheitserreger ist ... er ist dazu verdammt, bis ans Ende der Zeiten „Halbmensch" zu bleiben."

Die Seite endet mit folgendem:

„Die größte Schmach aber trifft das Weib, dass sich öffentlich Arm in Arm mit dem jüdischen Liebhaber zeigt und damit frech vor aller Welt bekundet, dass es sich als gut bezahlte Unterlage für einen Köter hergibt."

Es kostet Überwindung, derartige Texte zu zitieren, weil sich bei jedem in einer Kulturnation aufgewachsenen Menschen Empörung und Widerwille dagegen einstellt. Die Osnabrücker sollten nicht vergessen, dass bis zu 17.000 Bürger ein solches Wochenblatt abonniert hatten. Was mögen jüdische Mitbürger angesichts solcher antisemitischen und rassistischen Schlammschlachten gedacht haben!

Das Ende der Bewegung kam 1931. Im Mai 1930 versammelten sich mehr als 8.000 Neugierige in der überfüllten Stadthalle, um den Redakteuren des „Stadtwächters" zuzuhören. Es kamen Forderungen auf, den Oberbürgermeister abzulösen und Neuwahlen für das kommunale Parlament durchzuführen. Diese Bemühungen scheiterten. Zwei Redakteure des Stadtwächters (Jursch und Simoneit) wurden als korrupt und als Straftäter entlarvt[37]. Der Redakteur Jursch war ohnehin erheblich vorbestraft. Simoneit hatte versucht, 20.000 Reichsmark von den jüdischen Geschäftsleuten dadurch zu erpressen, dass er gegen Zahlung dieses Betrages versprach, die antisemitische Propaganda eine Zeit lang einzustellen. Der „Stadtwächter" erschien nicht mehr. Der Herausgeber Schierbaum, den Nationalsozialisten inzwischen ein Dorn im Auge, wurde festgenommen und in das Polizeigefängnis eingeliefert. Er starb kurz nach seiner Entlassung ein Jahr später[38]. Die Nationalsozialisten nahmen zweifelsfrei Wähler der Stadtwächterpartei auf. Sie bereiteten den Wahlkampf für die nächste Reichstagswahl am 14.09.1930 mit großem Aufwand vor. Im Wahlkreis Osnabrück-Stadt bekamen sie 27,6 % der Stimmen[39].

In den folgenden beiden Reichstagswahlen von 1932 wuchs ihr Stimmenanteil in Osnabrück auf 35,8 % bzw. 32,9 % der Wählerstimmen, während im gesamten Reich die Stimmenanteile auf 37,4 % gestiegen waren.

„Der Stadtwächter" als regionale Publikation unterschied sich in einem wesentlichen Punkt nicht von dem „Nürnberger Wochenblatt", „Blatt zum Kampfe um die Wahrheit" des Julius Streicher „Der Stürmer": Militanter Antisemitismus und Rassismus prägten das im ganzen deutschen Reich verteilte Kampfblatt von vornherein. Schon 1928 wurde zum „antisemitischen Weltkampf" aufgefordert. Jedes Titelblatt trug in Fettdruck die Zeile „Die Juden sind unser Unglück!"

In nahezu jeder Ausgabe machte „Der Stürmer" Rassenschande und Blutschande schon vor den Nürnberger Gesetzen[40] zu einem dominanten Thema. Eine ganze Reihe von Beispielen zeigt den für heutige Leser kaum glaublichen Umgang mit rassistischen und antisemitistischen Parolen.. Immer wieder griff „Der Stürmer" auch jüdische Mitbürger aus den Bezirken an, die diese Ausstellung betrifft.

Darüber hinaus fällt auf, dass sehr häufig Rechtsanwälte und Notare Ziel der demagogischen Denunziationen waren. Die teils mehrseitigen Beiträge sind fast immer begleitet von entwürdigenden Karikaturen, die Unterschriften wie diese tragen:
„*Die Rassenfrage ist der Schlüssel zur Weltgeschichte. Sperrt auf das Schloss, dann wird euch klar, wer Schuld an allem Unglück war.*"[41]

In einem Leitartikel unter der Überschrift „Notar als Rasseschänder" heißt es:
„*Getarnt durch Lug und Trug erschlich er sich die Macht, die ihm zerfällt, indem die Welt erwacht.*"

In einem weiteren Beitrag über einen Rechtsanwalt mit dem Untertitel „Rassenschande im nationalsozialistischen Deutschland" heißt es unterhalb der Karikatur:
„*Wer alles vergisst, was gewesen ist, verdient, dass ihn der Jude frisst.*"

Eine ganze Reihe von Ausgaben verunglimpfen und verleumden Rechtsanwälte.

Diese Beispiele sollen zugleich zeigen, dass die dem Osnabrücker Rechtsanwalt und Notar Dr. Netheim widerfahrene Verleumdung und Denunziation im „Stürmer"[42] zu den damals in solchen Publikationen üblichen, heute unvorstellbaren Diffamierungen und Verleumdungen gehörten.

Es gab weitere Vorboten des Unheils für jüdische Rechtsanwälte und Notare. Der Beginn der dreißiger Jahre des vorigen Jahrhunderts war von krisenhaften Spannungen begleitet. 6.000.000 Arbeitslose deuteten auf einen wirtschaftlichen Zusammenbruch der Weimarer Republik. Öffentliche Unterstützung gab es in Ostfriesland, Oldenburg und Osnabrück in großer Zahl. Konkurse, Preisverfall, Bankenzusammenbrüche waren an der Tagesordnung. Es war die Zeit, in der die ersten Notverordnungen als politisches Mittel eingesetzt wurden, Haushaltsnotlagen und wirtschaftliches Chaos abzuwenden.

Zugleich nahm der Kampf der politischen Parteien von der Linken bis zur Rechten zu. Großveranstaltungen mobilisierten die Massen. Beispielsweise fand in Osnabrück am 17.07.1932 vor fast 40.000 Teilnehmern – darunter allein 3.000 SA-Männern – auf dem Klushügel eine Veranstaltung mit Adolf Hitler als Hauptredner statt, auf der dieser frenetischen Beifall seiner Zuhörer erntete[43]. Aufmärsche und Demonstrationen waren an der Tagesordnung. Zwar wurden jüdische Mitbürger in ihrer beruflichen Betätigung um diese Zeit noch nicht massiv behindert; aus den Demonstrationszügen tönte allerdings immer häufiger der Ruf „Juda, verrecke!"[44].

Die Entwicklung ab 1933

Am 27.02.1933 brannte der Reichstag in Berlin. Für die Nationalsozialisten war die Ursache bald gefunden: „Das Verbrechen des Bolschewismus". Als Schuldige wurden „die Juden" ausgemacht. Parolen in „Der Stürmer" wie „Richtet den Weltverbrecher", „der Spuk ist zu Ende" und „der Tag ist erwacht" deuteten auf die kommenden Ereignisse hin. Am 30.01.1933 übertrug Reichspräsident von Hindenburg dem Führer der NSDAP Adolf Hitler die Bildung des Reichskabinetts. Am 24.03.1933 beschloss der Reichstag mit Mehrheit das so genannte Ermächtigungsgesetz. Die Regierung wurde mit diesen Maßnahmen ermächtigt, Gesetze zu erlassen. Damit war die Gewaltenteilung abgeschafft und letztlich auch jede demokratische Hoffnung erloschen.

Die Nationalsozialisten ließen von vornherein keinen Zweifel daran, dass sie nicht gewillt waren, die Macht je wieder abzugeben. Ihre gesetzgeberischen und administrativen Maßnahmen nach einer kurzen Phase der Etablierung dieser Macht sind beispiellos, was die schnelle Umsetzung der politischen Ziele gegen jüdische Intellektuelle – insbesondere Rechtsanwälte und Notare – angeht. Die Zeittafel[45] verdeutlicht den Aktionismus und das Programm von Boykottierung, Entrechtung, Verfolgung und Vernichtung.

Schon aus Anlass des Reichstagsbrandes Ende Februar 1933 war es zu Ausschreitungen und Verhaftungen gegen jüdische Rechtsanwälte und Notare gekommen[46].

Bevor es die ersten flächendeckenden Maßnahmen gegen jüdische Rechtsanwälte und Notare gab, seien hier einige Zahlen zur Verdeutlichung genannt: In Preußen waren 1933 zu Beginn 3.370 jüdische Anwälte tätig. Das entsprach 28,5 % der

Anwaltschaft[47]. Bis zum 01.05.1934 reduzierte sich die Zahl der nicht arischen Rechtsanwälte im deutschen Reich auf 2.009[48].

Der Boykott Ende März/Anfang April 1933

Der Reichskommissar für die Justiz, Hanns Kerrl, sandte in den Abendstunden des 31.03.1933 einen Funkspruch an alle Oberlandesgerichtspräsidenten und Generalstaatsanwälte, der als Erlass an „sämtliche Justizbehörden in Preußen zur weiteren Bekanntgabe und Veranlassung" bestimmt war. Dieser Funkspruch gelangte an alle Landgerichte und Amtsgerichte im Bezirk des heutigen Oberlandesgerichts Oldenburg. Da es sich um den ersten Schritt einer gezielten Maßnahme der Justizverwaltung handelte, sei dieser Funkspruch in voller Länge wiedergegeben (Vgl.Anhang 2, Seite 200)

> „Die Erregung des Volkes über das anmaßende Auftreten amtierender jüdischer Rechtsanwälte und jüdischer Ärzte hat Ausmaße erreicht, die dazu zwingen, mit der Möglichkeit zu rechnen, dass besonders in der Zeit des berechtigten Abwehrkampfes des deutschen Volkes gegen die alljüdische Gräuelpropaganda das Volk zur Selbsthilfe schreitet. Das würde eine Gefahr für die Aufrechterhaltung für die Autorität der Rechtspflege darstellen. Es muss daher Pflicht aller zuständigen Behörden sein, dafür zu sorgen, dass spätestens mit dem Beginn des von der NSDAP geleiteten Abwehrboykotts die Ursache solcher Selbsthilfeaktionen beseitigt wird. Ich ersuche deshalb, umgehend allen amtierenden jüdischen Richtern nahe zu legen, sofort ihr Urlaubsgesuch einzureichen und diesem sofort stattzugeben. Ich ersuche ferner, die Kommissarien jüdischer Assessoren sofort zu widerrufen. In allen Fällen, in denen jüdische Richter sich weigern, ihr Urlaubsgesuch einzureichen, ersuche ich, diesen kraft Hausrecht das Betreten des Gerichtsgebäudes zu untersagen. Jüdische Laienrichter (Handelsrichter, Schöffen, Geschworene, Arbeitsrichter usw.) ersuche ich nicht mehr einzuberufen. Wo etwa hierdurch die Gefahr einer Stockung der Rechtsprechung herbeigeführt wird, ersuche ich, sofort zu berichten. Jüdische Staatsanwälte und jüdische Beamte im Strafvollzug ersuche ich umgehend zu beurlauben. Besondere Erregung hat das anmaßende Auftreten jüdischer Anwälte hervorgerufen. Ich ersuche deshalb mit den Anwaltskammern oder örtlichen Anwaltsvereinen oder sonstigen geeigneten Stellen, noch heute zu vereinbaren, dass ab Morgen früh 10.00 Uhr nur noch bestimmte jüdische Rechtsanwälte, und zwar in einer Verhältniszahl, die dem Verhältnis der jüdischen Bevölkerung zur sonstigen Bevölkerung etwa entspricht, auftreten. Die danach zum Auftreten autorisierten Rechtsanwälte ersuche ich im Einvernehmen mit dem Gaurechtsstellenleiter der NSDAP oder dem Vorsitzenden der Gaugruppe des Bundes nationalsozialistischer deutscher Juristen auszuwählen und zu bestimmen. Wo eine Vereinbarung dieses Inhaltes in Folge Obstruktion der jüdischen Anwälte nicht zu erzielen ist, ersuche ich, dass

Betreten des Gerichtsgebäudes diesen zu verbieten. Mir scheint es selbstverständlich zu sein, das die Beiordnung jüdischer Anwälte als Armenanwälte oder Bestellung von solchen als Pflichtverteidigern, zu Konkursverwaltern, Zwangsverwaltern usw. ab Morgen 10.00 Uhr nicht mehr erfolgt, da solche Maßnahmen ein Vergehen gegen die Boykottpflicht des deutschen Volkes enthalten. Aufträge zur Vertretung von Rechtsstreitigkeiten des Staates an jüdische Anwälte ersuche ich sofort zurückzuziehen und nicht jüdische Anwälte mit der Vertretung des Staates zu betrauen. Dabei bitte ich, mit den neuen Vertretern zu vereinbaren, dass diese die bei den bisherigen Prozessvertretern entstandenen Gebühren nicht nochmals berechnen. Meine Auffassung geht dahin, dass das Einverständnis hiermit gegen die Standespflicht des Anwalts verstößt. Den Gesamtrücktritt des Vorstandes der Anwaltskammern ersuche ich durch entsprechende Verhandlungen herbeizuführen. Mit der vorläufigen Wahrnehmung der Geschäfte der Anwaltskammer ersuche ich einen Kommissar zu beauftragen, der nach Anhörung der nationalsozialistischen oder sonstigen nationalen Anwaltsorganisationen zu bestellen ist. Verweigert der Vorstand und Vorstandsmitglieder die Durchführung der oben angegebenen Maßnahmen, ist im verständnisvollen Zusammenwirken mit der Bevölkerung für die Aufrechterhaltung einer geordneten und würdigen Rechtspflege unter Einsatz aller geeigneten Mittel Sorge zu tragen. Wenn von den Gau- und Kreisleitungen der NSDAP der Wunsch geäußert wird, durch uniformierte Wachen die Sicherheit und Ordnung innerhalb des Gerichtsgebäudes zu überwachen, ist diesem Wunsch Rechnung zu tragen und damit die dringend erforderliche Beachtung der Autorität der Gerichtsbehörden sicherzustellen. Ich hoffe, dass dadurch die unbedingt erforderliche Aufrechterhaltung der Autorität der Rechtspflege gesichert ist."

Dieser Funkspruch war Teil von Aktionen des überall in Deutschland am folgenden Tag (01.04.1933) von der NSDAP angezettelten „antijüdischen Abwehrboykotts"[49]. Er entsprach den im gesamten Reichsgebiet erlassenen Richtlinien des „Zentralkomitees zur Abwehr jüdischer Greuel- und Boykottpropaganda", initiiert vom berüchtigten Herausgeber des „Stürmers" Julius Streicher[50].

Der Funkspruch des Reichskommissars für die Justiz Kerrl ist ein Musterbeispiel für propagandistische und demagogische Verkehrung der Opfer- und Täterrolle. Unter dem dreimal geäußerten Vorwand, die Autorität einer „würdigen Rechtspflege" schützen zu müssen, greift er in das Gefüge einer geordneten Justiz ein, um „der Selbsthilfe des Volkes" zuvorzukommen. Es kann keine Rede davon sein, dass die Mehrheit des Volkes zu einer solchen Selbsthilfe hätte greifen wollen. Vielmehr waren es die Organisationen der Nationalsozialisten, die im ganzen Deutschen Reich die Boykottvorbereitungen trafen und die Aktionen organisierten[51]. Auch im Bezirk des Oberlandesgerichts Celle kam es zu Beurlaubungen von Assessoren und Richtern[52] und Vertretungsverboten für Rechtsanwälte.

Der Preußische Justizminister
I 6522.

Berlin W 8, den 1. April 1933.
Wilhelmstr. 65.

Betrifft: Ausübung des Notariats.

Aus den in meinem Funkspruch vom 31. März d. Js. angegebenen Gründen muß damit gerechnet werden, daß die Aufrechterhaltung der öffentlichen Ordnung und Sicherheit ernstlicher Gefahr ausgesetzt ist, wenn Deutsche sich im Rechtsverkehr weiterhin Urkunden entgegenhalten lassen müssen, die von jüdischen Notaren aufgenommen oder beglaubigt worden sind. Mit Rücksicht hierauf ersuche ich, den jüdischen Notaren in ihrem eigenen Interesse dringend zu empfehlen, sich bis auf weiteres der Ausübung ihres Amtes zu enthalten. Dabei sind die Notare darauf hinzuweisen, daß sie im Falle ihrer Weigerung sich mit Rücksicht auf die erregte Volksstimmung erheblichen Gefahren aussetzen. Die Notare sind anzuweisen, dem zuständigen Landgerichtspräsidenten umgehend anzuzeigen, daß sie sich bis zu einer anderweiten Regelung der Verhältnisse der Notare der Ausübung ihres Amtes enthalten werden. Von der Verpflichtung zur Amtsausübung werden die in Betracht kommenden Notare hierdurch entbunden.

Der Kommissar des Reiches
Im Auftrage.

An
1. den Herrn Kammergerichtspräsidenten
und sämtliche übrigen
Herren Oberlandesgerichtspräsidenten,
2. sämtliche Herren Landgerichtspräsidenten.

Erlass des Preußischen Justizministers vom 1.4.1933 im Anschluss an den Funkspruch vom 31.3.1933 zur „Erhaltung der Ausübung ihres Amtes".
Quelle: Nds. Landesarchiv Staatsarchiv Osnabrück Rep. 440 Aktz 2004/043 Nr. 58.

Es gab keine „jüdische Gräuelpropaganda", sondern überall ausufernde Propaganda der Nationalsozialisten. Das angeblich „anmaßende Auftreten jüdischer Rechtsanwälte" ist widerlegt durch das, was etwa aus Anlass der Zulassung zum Notariat die für eine solche Beurteilung maßgeblichen Landgerichtspräsidenten über sie ausgeführt hatten[53].

Alle angesprochenen Maßnahmen, Verlust von Beiordnungen als Armenanwälte, von Mandaten als Pflichtverteidiger, Bestellung als Konkurs- und Zwangsverwalter und der Entzug von Staatsmandaten wurden in den Folgejahren durch Erlasse und Verordnungen durchgesetzt.

Die Gleichschaltung der Rechtsanwaltskammer in Celle folgte auf dem Fuße. Der ministerielle Erlass (Funkspruch) vom 31.03.1933 erging ohne jede rechtliche Grundlage. Man kann sich vorstellen, dass ein solcher Erlass auf jüdische Rechtsanwälte eine niederschmetternde Wirkung gehabt haben wird.

Im preußischen Justizministerium fiel einen Tag später auf, dass mit dem Funkspruch die Amtsausübung jüdischer Notare noch nicht geregelt worden war. Deshalb beeilte man sich,[54] am 01.04.1933 eine ganz ähnliche Regelung für Notare zu treffen. Darin heißt es auszugsweise:

„...dass die Aufrechterhaltung der öffentliche Ordnung und Sicherheit ernstlicher Gefahr ausgesetzt ist, wenn Deutsche sich im Rechtsverkehr weiterhin Urkunden entgegenhalten müssen, die von jüdischen Notaren aufgenommen oder beglaubigt worden sind. ...die Notare sind anzuweisen, dem zuständigen Landgerichtspräsidenten umgehend anzuzeigen, dass sie sich bis zu einer anderweitigen Regelung der Verhältnisse der Notare der Ausübung ihres Amtes enthalten werden."

Der Reichskommissar für die Justiz Hanns Kerrl hatte zwei Tage vor seinem Erlass vom 31.03.1933 in einer Rundfunkrede angedeutet, was er zu regeln beabsichtigte. Ein jüdischer Kollege aus Berlin notierte aus Anlass dieser Rede folgendes[55]:

„Er[56] plappert für mehr als eine Stunde den fürchterlichsten Unsinn über Recht und Rechtsprechung, den man je gehört hat. Am Schluss seiner Rede geht es gegen die Juden. Die Juden seien Ungeziefer, Wanzen, die man ausräuchern, zerknacken und vertilgen müsse. Das war der einzige klar ausgesprochene Gedanke seiner einstündigen Rede."

Der Erlass vom 31.03.1933 und der weitere Erlass vom 01.04.1933 zeigen alle Kennzeichen von Überrumpelung und deuten auf einen Aktionismus hin, der nicht davon ausgehen konnte, dass „ab Morgen 10.00 Uhr"[57] Maßnahmen des angekündigten Boykotts von allen Justizbehörden hätten durchgesetzt werden können. Den Erlass sandten die Landgerichtspräsidenten der Bezirke unter dem 01.04.1933 an die ihnen zugeordneten Amtsgerichte. Er war das Feigenblatt für Mitglieder der NSDAP und der SA, den Boykott in die eigene Hand zu nehmen, indem sie vor Gerichten, Rechtsanwaltskanzleien und Geschäften Stellung bezogen.

Der Boykottaufruf zum 01.04.1933, einem Samstag, war von den vielen Aktionskomitees der SA im Reich etwa wie folgt an ihre Untergliederungen weitergegeben worden[58]:
„*Deutsche Volksgenossen und Volksgenossinnen!*
Meidet die mit dem Boykottzeichen gekennzeichneten Häuser!
Zur Abwehr der jüdischen Greuel- und Boykotthetze!
Boykottiert alle jüdischen Geschäfte!
Kauft nicht in jüdischen Warenhäusern!
Geht nicht zu jüdischen Rechtsanwälten!
Meidet jüdische Ärzte!
Die Juden sind unser Unglück!
Kommt zu den Massenversammlungen!"

Große Versammlungen gab es in München und Berlin. Zu gewalttätigen Auseinandersetzungen und Ausschreitungen war es auf Weisung der Parteigliederung nicht gekommen[59].

Auch in Osnabrück waren vor jüdischen Geschäften und Rechtsanwaltskanzleien SA- und SS-Leute in Uniform aufmarschiert. In Schaufenstern waren Boykottplakate angebracht. Ein Teil der Geschäfte hatte geschlossen. Bilder von Menschen, die dennoch jüdische Geschäfte oder Kanzleien aufgesucht hatten, wurden auf der Georgstraße ausgestellt[60].

Die in der Justizverwaltung handelnden Personen

Der Reichskommissar für die Justiz in Preußen Hanns Kerrl wurde am 21.04.1933 zum preußischen Justizminister ernannt. Einer seiner emsigsten Ministerialbeamten war der spätere Präsident des Volksgerichtshofs Roland Freisler, den er bald zu seinem Staatssekretär und zum Vorsitzenden im Justizprüfungsamt in Berlin machte.

Reichskommissar Kerrl hatte ursprünglich als Oberrentmeister[61] in Peine begonnen und war als frühes Parteimitglied der NSDAP bis Mai 1932 zum Präsidenten des preußischen Landtages aufgestiegen. Sein Dauerthema war das „Übergewicht jüdischer Rechtsanwälte und Juristen". Es kann keinem Zweifel unterliegen, dass Kerrl diese Berufsgruppe von vornherein ausschalten wollte.

Der Präsident des Oberlandesgerichts in Celle, zuständig auch für die Landgerichte Aurich und Osnabrück, war in der ganzen Zeit des Nationalsozialismus Adolf von Garßen. Nach Tätigkeit als Amts- und Landrichter kam er 1921 in das preußische Justizministerium[62]. Schon vor der Machtergreifung wurde er 1931 zum OLG-Präsidenten in Celle ernannt. Im Mai 1933 trat er mit vielen anderen Richtern des OLG der NSDAP bei. Seine Biographie zeigt aber, dass er im Urteil seiner Richterkollegen und vieler Menschen, die ihn kannten, der nationalsozialistischen Bewegung eher kritisch gegenüberstand und seine Aufgaben in dem Bestreben vorsah, Schlimmeres zu verhüten[63]. Es gibt allerdings differenzierte Analysen seines Wirkens[64], die den bereitwilligen Vollzug der Vorhaben der Nazi-Machthaber nahelegen.

Nach dem Zusammenbruch wurde von Garßen durch die Engländer verhaftet, weil sie annahmen, er sei mitverantwortlich für die Massaker im Konzentrationslager Bergen-Belsen. Er starb 1946 in einem Internierungslager in Belgien.

Weiter zu erwähnen ist der Präsident der Rechtsanwaltskammer in Celle Meiborg, der – wie diese Untersuchung zeigen wird[65] - ein eifriger Parteigänger der NSDAP war und ihr seit 1932 angehörte. Als Rechtsanwalt beim OLG Celle stand er jedenfalls in dem Ruf, „politisches Engagement" zu zeigen[66].

Das Gesetz zur Wiederherstellung des Berufsbeamtentums vom 07.04.1933

Eine Woche nach den Erlassen des Justizministeriums vom 31.03.1933 und 01.04.1933 wurde das Gesetz zur Wiederherstellung des Berufsbeamtentums (BBG) verkündet[67]. Die Bezeichnung des Gesetzes war eine propagandistische Verzerrung seines Inhalts. In Wahrheit ging es darum, zwei Zielgruppen zu eliminieren: In § 3 des Gesetzes heißt es:

„ (1) Beamte, die nicht arischer Abstammung sind, sind in den Ruhestand zu versetzen. Soweit es sich um Ehrenbeamte handelt, sind sie aus dem Amtsverhältnis zu entlassen."

§ 4 lautet:

„Beamte, die nach ihrer bisherigen politischen Betätigung nicht die Gewähr dafür bieten, dass sie jeder Zeit rückhaltlos für den nationalen Staat eintreten, können aus dem Dienst entlassen werden."

Der Gesetzgeber versäumte nicht, an demselben Tag entsprechende Regelungen für die Angehörigen der Rechtsanwaltschaft zu erlassen, nämlich das Gesetz über die Zulassung zur Rechtsanwaltschaft vom 07.04.1933[68].
§ 1 dieses Gesetzes lautet:

„Die Zulassung von Rechtsanwälten, die im Sinne des Gesetzes zur Wiederherstellung des Berufsbeamtentums vom 07.04.1933 nicht arischer Abstammung sind, kann bis zum 30.09.1933 zurückgenommen werden."

Es heißt weiter in § 2:
„Die Zulassung zur Rechtsanwaltschaft kann Personen, die im Sinne des Gesetzes zur Wiederherstellung des Berufsbeamtentums vom 07.04.1933 nicht arischer Abstammung sind, versagt werden, auch wenn die in der Rechtsanwaltsordnung dafür vorgesehene Gründe nicht vorliegen."

Vielen Rechtsanwälten wurde auch § 3 dieses Gesetzes zum Verhängnis, und zwar auch dann, wenn sie nur Personen linker Parteigruppierungen vor Gericht verteidigt hatten.
§ 3 lautet:
„Personen, die sich im kommunistischen Sinne betätigt haben, sind von der Zulassung zur Rechtsanwaltschaft ausgeschlossen. Bereits erteilte Zulassungen sind zurückzunehmen."

Diese beiden Gesetze bedeuteten das Ende der freien Advokatur. Sie hatten einschneidende Folgen.

Ausnahmeregelungen – die der greise Hindenburg initiert hatte - gab es für so genannte Frontkämpfer. § 1 Abs. 2 des Gesetzes über die Zulassung zur Rechtsanwalt formuliert:
„Die Vorschrift des Absatz 1 gilt nicht für Rechtsanwälte, die ... im Weltkriege an der Front für das deutsche Reich oder für seine Verbündeten gekämpft haben und deren Väter oder Söhne im Weltkrieg gefallen sind."

Beamte und Richter hatten Fragebögen[69] auszufüllen, in denen die arische Abstammung und politische Betätigung im Einzelnen darzustellen waren.

Die Folgen dieser Gesetzeslawine zur Ausschaltung jüdischer Rechtsanwälte lassen sich in Zahlen ausdrücken. Eines der Sprachrohre nationalsozialistischer Justiz, die Deutsche Juristenzeitung stellt 1934 folgendes fest:
„Nichtarische Anwälte gab es am 07.04.1933 noch 3.370, am 01.05.1934 noch 2.009. Ausgeschieden sind also 1.361 jüdische Anwälte[70]."

Das Sprachrohr nationalsozialistischer Juristen beeilt sich anzumerken, die ausländische „Hetze" gegen antijüdische Maßnahmen sei fehl am Platze, gehe es doch nur darum, den Anteil jüdischer Juristen dem Anteil jüdischer Einwohner anzupassen. Worum es dann wirklich ging, werden die 1933 folgenden Jahre in aller Deutlichkeit zeigen.

Die Zulassung jüdischer Anwälte in Preußen entwickelte sich folgendermaßen[71]:

Daten	Zahl
„Ende 1933	2.050
01.05.1934	2.009
01.01.1935	1942
01.01.1936	1839
01.01.1937	1647
01.01.1938	1344
Ende 1938	Ausschaltung aller jüdischen Rechtsanwälte."

Im Mai 1933 meldete das OLG Celle für seinen Bezirk insgesamt 74 jüdische Anwälte, deren Zulassung überprüft werden musste (Frontkämpfer eingeschlossen). 36 von ihnen erhielten noch im Mai vorläufige Vertretungsverbote gem. § 4 des Gesetzes über die Zulassung zur Rechtsanwaltschaft.

Der juristische Nachwuchs

Auf den ersten Blick ohne jede Chance, als Anwalt zugelassen zu bleiben, waren jüngere Rechtsanwälte, denn sie konnten das Frontkämpferprivileg nicht für sich anführen. Beispielsweise war der Osnabrücker Rechtsanwalt Dr. Martin Batschinski erst 1905 geboren[72]. Für ihn war infolgedessen völlig klar, dass er keine weitere berufliche Perspektive hatte. Deshalb ist er alsbald ausgewandert. Das werden viele andere in seiner Lage gleichfalls erwogen haben[73].

Studenten der Rechtswissenschaft müssen voller Schrecken festgestellt haben, dass sie nicht nur ein falsches Fach gewählt hatten, sondern in Deutschland eine ihren Fähigkeiten angemessene Ausbildung nicht mehr erhalten konnten.

Besonders anrührend dürfte sein, was den Referendaren geschehen ist.

Unter dem 13.04.1933 führte der Präsident des OLG Celle[74] aus, die Beschäftigung von jüdischen Referendaren könne zu Störungen der öffentlichen Ruhe und Ordnung führen. Am 18.05.1933 berichtet der Präsident des Landgerichts Osnabrück Haasemann an den OLG-Präsidenten[75], es gebe im Bezirk Osnabrück drei jüdische Referendare/innen. Unzuträglichkeiten hätten sich nicht ergeben. Er habe die Osnabrücker Referendare am 01.04.1933 zunächst bis zum 08.04.1933 und bis auf weiters beurlaubt. Die jüdische Referendarin Weinmann aus Meppen sei alsbald auf eigenen Antrag ausgeschieden.

Oberlandesgericht und Generalstaatsanwalt in Celle verfügten an alle Gerichte und Staatsanwaltschaften ihres Bezirks unter dem 20.05.1933:

Der Oberlandesgerichtspräsident Celle, den 20. Mai 1933.
und
der Generalstaatsanwalt.

VIII 8.

Amtsgericht Melle
25 MAI 1933

An

die Herren Landgerichtspräsidenten,
die Herren Oberstaatsanwälte,
den Herrn Ersten Staatsanwalt in Wesermünde,
die Amtsgerichte und
die Herren Leiter der Amtsanwaltschaften.

Betr. die Beschäftigung nichtarischer Referendare.

Wir ersuchen, bei der Beschäftigung nichtarischer Referendare im Vorbereitungsdienst —soweit sie noch nicht beurlaubt sind— dafür Sorge zu tragen, dass sich aus dieser Beschäftigung keine Unzuträglichkeiten, vor allem in Bezug auf die Störung der öffentlichen Ruhe und Ordnung, ergeben. Ich, der mitunterzeichnete Oberlandesgerichtspräsident, ersuche insbesondere, die Referendare nichtarischer Abstammung bis auf weiteres nicht als Richter kraft Auftrags heranzuziehen. Ich, der mitunterzeichnete Generalstaatsanwalt, ersuche insbesondere, die Referendare nichtarischer Abstammung bis auf weiteres nicht zu Sitzungsvertretern zu bestellen.

Wir ersuchen, hiernach das weitere zu veranlassen.

gez. von Garssen. Bach.

Beglaubigt:

Gottschalk
Justizsekretär.

Eingetragen:
-2. Juni 1933

Verfügung zum Einsatz nichtarischer Referendare.
Quelle: Nds. Landesarchiv Staatsarchiv Osnabrück Rep. 950 Mel Nr. 1095.

> „Wir ersuchen bei der Beschäftigung nichtarischer Referendare im Vorbereitungsdienst – soweit noch nicht beurlaubt – dafür Sorge zu tragen, dass sich aus dieser Beschäftigung keine Unzuträglichkeiten, vor allem im Bezug auf die Störung der öffentlichen Ruhe und Ordnung ergeben. Ich, der mitunterzeichnende Oberlandesgerichtspräsident, ersuche insbesondere die Referendare nichtarischer Abstammung bis auf weiteres nicht als Richter Kraft Auftrages heranzuziehen. Ich, der mitunterzeichnende Generalstaatsanwalt, ersuche insbesondere, die Referendare nichtarischer Abstammung bis auf weiteres nicht zu Sitzungsvertretern zu bestellen."

Die beiden jüdischen Referendare im Landgerichtsbezirk Osnabrück haben bald die Konsequenzen gezogen und einen Entlassungsantrag gestellt[76].

Was diesen Referendaren erspart geblieben ist, hat am eindrucksvollsten Sebastian Haffner[77] beschrieben, der im April 1933 Referendar am Kammergericht in Berlin war. Er saß mit anderen Referendaren in der dortigen Bücherei und berichtet:

> „Draußen der Lärm wurde stärker. Einer sagte in die vorhaltende Stille hinein „SA". Darauf sagte ein anderer: „Die schmeißen die Juden raus" ... Gleich hörte man von draußen wie zur Illustration rufen „Juden raus!" Eine Stimme antwortete: „Sind schon raus!" Ich hörte zwei Lacher aufjuchzen. Es waren Referendare wie ich. ...
> Die Tür wurde aufgerissen, braune Uniformen quollen herein und einer, offenbar der Anführer, rief mit schallender strammer Ausruferstimme: „Nichtarier haben sofort das Lokal zu verlassen!" ...Ich senkte mich auf mein Aktenstück.
> Indem kam eine braune Uniform auf mich zu und machte Front vor mir: „Sind Sie arisch?" Ehe ich mich besinnen konnte, hatte ich geantwortet: „Ja.". Ein prüfender Blick auf meine Nase – und er retirierte - ... welche Schande, damit zu erkaufen, dass ich hier hinter meinem Aktenstück in Frieden gelassen würde!"

Es sei zur Information über den Ungeist der Zeit ein Ausbildungsziel für Referendare erläutert, das mit der nationalsozialistischen Machtergreifung definiert wurde. Der preußische Justizminister Hanns Kerrl hatte schon 1933 ein „Gemeinschaftslager" für alle Kandidaten eingeführt, die sich dem zweiten Staatsexamen stellen mussten. Es dauerte acht Wochen. Unmittelbar im Anschluss daran war die Prüfung im zweiten Staatsexamen. Am 23.02.1934[78] hat der preußische Justizminister Hanns Kerrl folgendes Interview über Sinn und Zweck dieses Gemeinschaftslagers gegeben:

> „Am 27.03.1933 habe ich als politischer Soldat Adolf Hitler's die Leitung der preußischen Justizverwaltung übernommen. Schon am gleichen Tage eröffnete ich dem damaligen Präsidenten des Prüfungsamtes[79], dass ich es für meine erste Pflicht halten werde, sofort grundlegende Änderungen der Prüfungsordnung für die große Staatsprüfung zu verfügen. Für die Ausbildung der Referendare sowohl wie für ihre Prüfung seien bisher naturgemäß Grundsätze bestimmend ge-

wesen, die der liberalistischen Weltanschauung entstammten. Nachdem nun die liberalistische sowohl wie die Weltanschauung der politischen Parteien überhaupt als irrig erkannt und für immer überwunden sind, sei die nationalsozialistischen Weltanschauung zu d e r deutschen Staatsauffassung geworden. Nichts ist natürlicher als die Anwendung der Grundsätze der nationalsozialistischen Staatsauffassung für die Ausbildung... ...das derzeitige Geschlecht, wenn ihnen auch der Wille nicht mangeln mochte, voll in die nationalsozialistische Staatsauffassung hinein wachsen werde. Das Hineinwachsen in die nationalsozialistische Staatsauffassung setzt nun einmal eine völlig innere Revolution voraus, d.h. eine grundlegende Änderung des geistigen Standpunktes und der geistigen Blickrichtung ... Umso notwendiger erweist es sich, den jungen heranwachsenden Geschlechter das Augenmerk zuzuwenden und dafür Sorge zu tragen, dass dieses Geschlecht, dem einmal von uns die Führung übertragen werden muss, in das nationalsozialistische Gedankengut gewissermaßen natürlich hineinwächst. Ich eröffnete dem damaligen Präsidenten des Prüfungsamtes, dass mir – nationalsozialistischer Auffassung gemäß – weniger daran läge bei den jungen Richtern festzustellen, ob sie über eine ungeheure Menge positiven Wissens in der Rechtsgeschichte und der Gesetzestechnik verfügten, als daran, ob sie Männer wären, mit aufrechtem Charakter und gesunder Urteilskraft und der Fähigkeit, sich dem Zwecke der nationalsozialistischen Volksführung willig und freudig unterzuordnen. Deshalb genüge mir unter keinen Umständen die bisherige Art rein theoretischer Wissensprüfung, sondern es müssten mit ihr Hand in Hand eine Prüfung des Charakters der jungen Richter auf jene Eigenschaften hingehen. Der Nationalsozialismus gipfele in der Erkenntnis, dass der Einzelne für sich nichts sei, sondern dass er von Gottes wegen durch sein Blut naturgesetzlich zu einem Teile des organischen Ganzen, nämlich seiner Nation, bestimmt sei. ... Deshalb hätte ich ins Auge gefasst, die Referendare zum Zwecke ihrer Prüfung in ein Gemeinschaftslager zu legen. ... Ich hatte daher die Absicht, die Referendare vor ihrer Prüfung in einem Lager unter soldatischen Bedingungen zusammenzulegen, weil ich aus eigener Erfahrung weiß, dass der Soldat das sicherste Gefühl für Kameradschaft hat. Es ist selbstverständlich, dass dereinst die Justizverwaltung von jedem jungen Juristen verlangen wird, dass er jenen Organisationen angehört haben muss[80]. ... Ich habe mir aber als Justizminister Gewissheit zu verschaffen, dass meine jungen Staatsanwälte, Richter und Rechtsanwälte zu ihrem Berufe außerdem bei positivem Wissen auch die charakterliche Eignung besitzen, und zu diesem Zwecke schaffe ich mir selbst die dazu erforderliche Einrichtung. ... Voraussetzung ist das Gemeinschaftslager ... Hier sollen sie sich untereinander als Menschen kennen lernen und nicht in juristischer Fachsimpelei, wie sie es sonst gewöhnt sind.
Die bisher gemachten Erfahrungen haben praktisch den Beweis gebracht, dass meine Idee des Gemeinschaftslagers sich als richtig und nutzbringend bewährt hat. Bisher hatten die Referendare die acht Wochen vor der Prüfung bei Repeti-

Reichskommisar für die Justiz Hanns Kerrl vor den Toren des Gemeinschaftslagers der Referendare in Jüterborg.
Quelle: Foto verschickt an die Tagespresse.

toren verbracht und unnützen Gedächtniskram in sich hineingewürgt. Als bleiche und verwirrte Gestalten kamen sie in die Prüfung hinein, in eine bange Examenspsychose verfallen, und die Prüfenden waren nur in der Lage festzustellen, wie gut ihr Gedächtnis funktionierte, gewannen aber nie einen Eindruck darüber, wie sich die jungen Leute nach dem Examen bewähren würden. Heute benutzen die Referendare die letzten acht Wochen vor der Prüfung im Gemeinschaftslager zur körperlichen Ertüchtigung und vergessen in dieser Zeit alles das, was sie sonst acht Wochen nach der Prüfung vergessen haben würden und kommen mit roten Backen, frisch und ausgeruht in die Prüfung, und die Prüfenden haben die Gewissheit, dass die Referendare auch nach der Prüfung über das Wissen verfügen, von dem sie in der Prüfung Zeugnis ablegen."

Gegen Ende des Interviews verspricht der preußische Justizminister, dass das Gemeinschaftslager schon in wenigen Tagen zur „Reichseinrichtung" gemacht werden solle, verbindlich für alle juristischen Referendare des Deutschen Reiches.

In derselben Publikation stimmt Adolf Hitler dem Justizminister Kerrl in allen Belangen zu.

Der schwadronierende Politiker und plappernde Justizminister Kerrl zeigte jedenfalls eins: Er war entschlossen, den Nachwuchs mit allen Mitteln zu indoktrinieren, sei es auch auf Kosten fachlicher Eignung. Es ist nicht zynisch gemeint, wenn man feststellt, dass wenigstens ein solches Gemeinschaftslager dem unglücklichen und geschundenen jüdischen juristischen Nachwuchs erspart geblieben ist.

Mitarbeiter jüdischer Rechtsanwälte und Notare

Der Entzug von Zulassungen und ausgesprochene Berufsverbote vernichteten die wirtschaftliche Existenz vieler jüdischer Rechtsanwälte und Notare. Sie hatten – je nach Dauer und Art der gegen sie verhängten Maßnahmen - entweder ihre Kanzleien ganz zu schließen oder doch jedenfalls ihr Personal zu reduzieren. Dies entfachte im Bezirk des Oberlandesgerichts Celle umfangreiche Maßnahmen, die Arbeitslosigkeit solcher Angestellten aufzufangen. Angeregt waren diese Aktivitäten durch einen Erlass des Reichsjustizministers vom 19.04.1934[81]. Es wurde eine Zentralstelle für jeden Bezirk bei den Arbeitsämtern gebildet. Zunächst gab es Empfehlungen, entlassene Angestellte bevorzugt einzustellen. Schließlich verfügte der Reichsminister der Justiz unter dem 17. April 1935[82], dass jeder neu zugelassene Rechtsanwalt oder Notar sich schriftlich verpflichten müsse, neu einzustellende Angestellte aus der Zahl der arbeitslos gewordenen Angestellten, „kommunistischer oder jüdischer" Rechtsanwälte und Notare auszuwählen. Diese Maßnahmen blieben auch in den Folgejahren aufrechterhalten. Da die Zahl der noch amtierenden jüdischen Notare und Rechtsanwälte sich fortlaufend reduzierte, rechnete der Oberlandesgerichtspräsident in Celle mit weiteren Entlassungen und verfügte deshalb unter dem 17.10.1935: [83]

> „Die Erfassung der betroffenen Angestellten und ihre Zuführung zu den Arbeitsämtern wird durch die örtlichen Dienststellen der deutschen Arbeitsfront erfolgen. Bei Arbeitsämtern werden diese Angestellten in der Vermittlungskartei mit besonderer Kennzeichnung und in einer besonderen Liste geführt. Wer seine Ernennung zum Notar oder um seine Zulassung zur Rechtsanwaltschaft nachsucht, hat sich künftig schriftlich zu verpflichten, die erste von ihm einzustellende Bürokraft …. darüber hinaus 50% der von ihm einzustellenden Angestellten .. der Liste der früheren Angestellten jüdischer Notare zu entnehmen."

Die Ausschaltung jüdischer Notare

Im Oberlandesgerichtsbezirk Celle gab es das Anwaltsnotariat. Mit dem Verlust der Anwaltszulassung war deshalb auch das Notariat erloschen.
Mit seinem Funkspruch vom 31.03.1933 und in den von seinem Staatssekretär Freisler am 01.04.1933 angeordneten Maßnahmen, war den Notaren „empfohlen" worden, sich der Ausübung ihres Amtes zu enthalten[84]. Unter dem 07.10.1933 ließ der Justizkommissar Kerrl eine weitere Weisung folgen, nach der solche Notare „bis zu einer anderweitigen Regelung der Verhältnisse als verhindert" anzusehen seien, ihre Geschäfte wahrzunehmen.

Diese Regelung wurde später aufgehoben. Im Landgerichtsbezirk Aurich gab es 1933 keinen jüdischen Notar[85]. Die drei Osnabrücker jüdischen Notare verloren ihre Zulassung entweder aufgrund der Konsequenzen des Gesetzes zur Wiederherstellung des Berufsbeamtentums oder wegen Zurücknahme der Zulassung zur Rechtsanwaltschaft.

Alle Bemühungen, eine erneute Zulassung als Notar zu erhalten, waren endgültig gescheitert nach dem Erlass der so genannten Nürnberger Gesetze [86], nämlich des „Reichsbürgergesetzes" vom 15.09.1935 und des „Gesetzes zum Schutze des deutschen Blutes und der deutschen Ehre", das an demselben Tag erlassen worden ist. Das Reichsbürgergesetz regelte die Staatsangehörigkeit dahin, dass nur Personen „deutschen oder artverwandten Blutes alleiniger Träger der vollen politischen Rechte" werden könnten (§ 2). Das Gesetz zum Schutze des deutschen Blutes und der deutschen Ehre verbot Eheschließungen zwischen Juden und deutschen Staatsangehörigen (§ 1) ebenso wie außerehelichen Verkehr zwischen Juden und Staatsangehörigen (§ 2). Es wurden Zuchthausstrafen bei einem Verstoß gegen die Vorschriften angedroht (§ 5).
Alsbald entspannen sich Debatten darüber, wer als Jude zu gelten habe und wer so genannter „jüdischer Mischling" war[87].

Die erste Verordnung zum Reichsbürgergesetz vom 14.11.1935[88] regelte dann die umstrittene sog. „Mischlingsfrage". In § 2 Abs. 2 der Verordnung heißt es:
> „Jüdischer Mischling ist, wer von einem oder zwei der Rasse nach jüdischen Großeltern abstammt, sofern er nicht nach § 5 Abs. 2 als Jude gilt. Als Volljüdisch gilt ein Großelternteil ohne weiteres, wenn er der jüdischen Religionsgemeinschaft angehört hat.

§ 5 Abs. 1 und Abs. 2 der Verordnung:
> „Jude ist, wer von mindestens drei der Rasse nach volljüdischen Großeltern abstammt.
> Als Jude gilt auch der von zwei volljüdischen Großeltern abstammende Staatsangehörige jüdische Mischling."

Beherrschender Grundsatz war der folgende:

> „Die rassische Einordnung eines Menschen wird grundsätzlich allein nach den Großeltern beurteilt."[89]

Ein Staatsbürger unserer Zeit nimmt angewidert zur Kenntnis, was die Kommentatoren über das Gesetz zum Schutze des deutschen Blutes und der deutschen Ehre meinten zu Papier bringen zu müssen. Die „Gefährdung der Reinheit des deutschen Blutes"[90] und das Verbot des außerehelichen Verkehrs zwischen Juden und Deutschen wird mit der grauenhaften Gründlichkeit der Kommentatoren wie folgt erläutert:

> „Der Begriff des außerehelichen Verkehrs in § 2 des Gesetzes wird durch § 11 Satz 1 der Ausführungsverordnung dahin bestimmt, dass hierunter nur der Geschlechtsverkehr zu verstehen ist. Das Verbot erstreckt sich nicht auf den gesellschaftlichen oder geschäftlichen Verkehr; es bleibt dem Rassebewusstsein jedes Volksgenossen überlassen, den Verkehr dieser Art mit Juden zu unterlassen.
> Durch § 2 des Gesetzes werden ferner nicht alle unzüchtigen Handlungen erfasst, sondern nur der Geschlechtsverkehr im eigentlichen Sinne; denn nur durch ihn kann eine rassisch unerwünschte Blutmischung vermittelt werden."[91]

Im Bezirk des OLG Celle haben viele der vom wirtschaftlichen Ruin bedrohten jüdischen Notare unter Berufung auf § 3 der ersten Verordnung zum Reichsbürgergesetz vom 14.11.1935[92] versucht, wenigstens für eine Übergangszeit weiter tätig bleiben zu dürfen. Dazu hat der Präsident des OLG Celle im Februar 1936 an den Reichsjustizminister berichtet:

> „Ich halte es nicht im Interesse der Allgemeinheit für erforderlich, dass einem jüdischen Rechtsanwalt ... das Amt eines Notars gelassen bzw. von neuem verliehen wird.
> Ich kann daher in Übereinstimmung mit dem Gaupersonalamt der NSDAP keines der anliegenden Gesuche befürworten und bitte, dem Herrn Reichs- und preußischen Minister des Inneren vorzuschlagen, sämtliche Gesuchssteller abschlägig zu bescheiden[93]."

Für die verbliebenen als Rechtsanwälte zugelassenen jüdischen Juristen ergingen spätestens nunmehr die Maßnahmen, die schon der Reichskommissar für die Justiz Kerrl am 31.03.1933 in seinem Funkspruch angekündigt hatte[94]. Im Gefolge der „Nürnberger Gesetze" wies der Reichsjustizminister am 19.12.1935 alle Gerichte an:

> „In Ausübung des richterlichen Ermessens ist künftig zu beachten, dass es nicht im Sinne dieser Regelungen liegen würde, Juden als Armenanwälte, als Pflichtverteidiger, Konkursverwalter usw. zu bestellen."[95]

Immer wieder findet sich in den Verfügungen des OLG-Präsidenten in Celle eine verräterische Passage, die darauf hindeutet, dass die Untersagung der Berufsausübung an jüdische Rechtsanwälte und Notare nicht an die große Glocke gehängt werden sollte. In einer Verfügung vom 03.10.1935, gerichtet an alle Landgerichtspräsidenten seines Bezirks[96], erteilt der OLG-Präsident von Garßen aus Celle die Weisung, Papiere und Stempel „der jüdischen Notare" in amtliche Verwahrung zu nehmen. Weiter seien die jüdischen Notare an ihre „Treupflicht" zu erinnern, ihre Klienten darauf hinzuweisen, dass sie an der weiteren Ausübung ihres Amtes gehindert seien. Schließlich heißt es:

> *„Von einer Veröffentlichung der getroffenen Maßnahmen in irgendeiner Form ist auf jeden Fall abzusehen."*

Neue Boykottaufrufe gegen jüdische Geschäftsleute und Rechtsanwälte

Wohl unter dem Eindruck der Nürnberger Gesetze kam es 1935 zu Massenveranstaltungen, die von der nationalsozialistischen Partei und ihren Untergliederungen organisiert waren. Solche Veranstaltungen hatte es schon früher in allen Bezirken des heutigen OLG Oldenburg gegeben[97]. Sie nahmen aber 1935 an Aggressivität zu. Parolen wie „Kauft nicht bei jüdischen Händlern" und „Geht nicht zu jüdischen Rechtsanwälten" wurden sozusagen „sanktionsbewehrt". Auf der Georgstraße in Osnabrück wurden weiterhin – wie schon zuvor – in den Schaufenstern des Ortsgruppenleiters von SA-Leuten aufgenommene Fotos von Mitbürgern ausgestellt, die jüdische Geschäfte oder die Kanzleien jüdischer Rechtsanwälte aufgesucht hatten.

Am 20.08.1935 kam es auf dem Ledenhof in Osnabrück zu einer Veranstaltung, bei der sich bis in die Seitenstraßen hinein 30.000 Menschen (einschließlich der aufmarschierten Parteigruppierungen) eingefunden hatten. Redner war Kreisleiter Münzer der NSDAP[98].

Der Kreisleiter hatte seine Rede unter das Thema „Osnabrück und die Judenfrage" gestellt. Der Beginn seiner Rede hält sich an den damals üblichen Begriffsdrill solcher Auftritte:

> *„Was heute in Osnabrück vor sich geht, ist kein Antisemitismus im üblichen Sinne, ist kein Kampf gegen die Juden als solche, sondern ist ein Kampf um die deutsche Seele. ... Es ist richtig, wenn hier und dort gesagt wird, wer beim Juden kauft ist ein Volksverräter ... und schädigt das deutsche Volk."*

Der Kreisleiter geht dann dazu über, einzelne fotografierte Mitbürger namentlich zu nennen, die jüdische Geschäfte oder Kanzleien aufgesucht hatten, und sie auf übelste Weise zu beschimpfen. Dieser Attacke entging auch nicht der damalige Osnabrücker Landgerichtspräsident Haasemann. In der Rede heißt es:

Abmarsch der SA zum Reichsparteitag 1935 in Nürnberg. Die Parade zieht auf dem Neumarkt in Osnabrück an dem Gebäude des Landgerichts vorbei.
Quelle: Medienzentrum Osnabrück (Foto Harms).

„Noch erschütternder ist, wenn ich jetzt eine Anfrage beantworte, ob die Familie des Landgerichtspräsidenten Haasemann von Juden kauft. Es stimmt leider Gottes und ist umso verwerflicher, weil gerade in der Justiz der Anschauungsunterricht praktisch vollzogen ist."[99]

Was war geschehen? Die Ehefrau des Landgerichtspräsidenten war beobachtet worden, 1934 zwei Gegenstände von geringem Wert bei einer jüdischen Putzmacherin eingekauft[100] zu haben. Haasemann hatte – wie er in dem folgenden Verfahren immer wieder beteuerte – von der Angelegenheit nichts gewusst und seinen Familienangehörigen verboten, bei Juden einzukaufen.

Die Personalakte des Landgerichtspräsidenten Haasemann[101] belegt den Stellenwert, den die Nationalsozialisten und die Öffentlichkeit damals einer solchen Anprangerung beimaßen: Der Vertreter des Landgerichtspräsidenten berichtete noch am Tage der Veröffentlichung mit allen Kennzeichen von Beflissenheit über das, was dem Landgerichtspräsidenten vorgeworfen worden war, der sich im Urlaub befand.

Schon im Deckblatt seiner Personalakte finden sich die Verdienste, die der Präsident anschließend selbst noch einmal aufführte:
Weltkriegsteilnehmer, Frontkämpfer, Eisernes Kreuz I. und II. Klasse, Mitglied des NS Rechtswahrerbundes seit 1933, Mitglied der NSDAP seit dem 01.05.1933[102]*, förderndes Mitglied der SS seit 1933, SA-Reserve seit 1934.*

Dies alles bewahrte ihn nicht vor einem Verfahren des „Gau-Ehrengerichts" des NS-Rechtswahrerbundes, das aber 1937 in zweiter Instanz mit einem Freispruch endete.

Die britische Militärregierung entließ ihn als Behördenleiter im August 1946[103]. Ihm wurde unter anderem vorgeworfen, zahlreiche Justizbeamte und Angestellte zum Eintritt in die NSDAP bewogen zu haben[104].

Die Boykottaufrufe gegen jüdische Gewerbetreibende und Rechtsanwälte im Jahre 1935 wurden nicht nur auf öffentlichen Veranstaltungen propagiert. In Ostfriesland schalteten sich auch die Polizeibehörden ein, um Justizbedienstete auf die „selbstverständliche Pflicht" hinzuweisen. Der Bürgermeister „als Ortspolizeibehörde der Stadt Aurich" schrieb am 12.07.1935 an den Landgerichtspräsidenten in Aurich:
„Hierbei bin ich darauf aufmerksam gemacht worden, dass noch immer Beamte und Angestellte bei Juden einkaufen … Besonders unangenehm ist es aufgefallen, dass die Besteller sich Waren von Juden ins Haus schicken lassen.
Mit Rücksicht darauf, dass bei der SA als auch bei der SS die Absicht besteht, die Namen der hier in Frage kommenden Volksgenossen durch Beobachtungen festzustellen, bitte ich, die Ihrer Dienstaufsicht unterstehenden Beamten und

Angestellten noch einmal besonders darauf hinzuweisen, dass es für einen Staatsbediensteten selbstverständliche Pflicht ist, bei seinen Einkäufen die jüdischen Geschäfte zu meiden."[105]

Der Landgerichtspräsident in Aurich beeilte sich, dieses Schreiben allen Behördenangestellten zur persönlichen Abzeichnung „in Umlauf" zu geben.

Nach dieser Welle der Schikanen gab es 1936 für die verbliebenen jüdischen Rechtsanwälte eine Phase „vor dem Sturm", der nur deshalb nicht entfacht wurde, weil am 1. August 1936 die Olympischen Spiele in Berlin begannen. Man wollte sich in den Augen einer interessierten Weltöffentlichkeit nicht den Anschein geben, propagandistisch und demagogisch gegen jüdische Mitbürger zu agieren.

Gesetz zur Verhütung von Missbräuchen auf dem Gebiet der Rechtsberatung

Dieses am 13.12.1935 verkündete Gesetz trat Ende 1935 in Kraft[106]. Seiner Überschrift nach diente es der Verhütung von Missbräuchen. In Wahrheit war es Hauptanliegen des Gesetzes, jüdische ausgeschiedene Rechtsanwälte auf dem Gebiet der Rechtsberatung auszuschalten. Das ist bis heute allgemeine Meinung. Wenn es eines Beweises bedürfte, liefert sie jedenfalls die „Verordnung zur Ausführung des Gesetzes zur Verhütung von Missbräuchen auf dem Gebiet der Rechtsberatung" vom 13.12.1935. Dort heißt es in § 5 der Verordnung lapidar:
   „Juden wird die Erlaubnis nicht erteilt."

Die Besorgung fremder Rechtsangelegenheiten, blieb erlaubnisgebunden, sofern dies geschäftsmäßig geschah (§ 1 des Gesetzes). Infolgedessen war ausgeschiedenen jüdischen Richtern und Rechtsanwälten ab Anfang 1936 dieser Umweg verschlossen, sich juristisch zu betätigen[107].

Ausschaltung der beruflichen und wirtschaftlichen Existenz verbliebener jüdischer Rechtsanwälte

Am 01.01.1935 waren im Deutschen Reich noch 2.736 nichtarische Rechtsanwälte tätig. Bis Anfang 1938 hatte sich die Zahl um rund 1.000 auf 1.753 Rechtsanwälte vermindert[108]. In Preußen waren Anfang 1938 noch 1.344 jüdische Anwälte zugelassen[109].
Es handelte sich in fast allen Fällen um Ausnahmeregelungen (sog. Frontkämpferprivileg).

1938 wurde das Jahr ihres endgültigen Ausscheidens aus der beruflichen Betätigung und zugleich die mit ungeheurer Regelungswut betriebene Vernichtung der wirtschaftlichen Existenz.

Die Verordnung über die Anmeldung des Vermögens von Juden vom 26.04.1938[110] wies den Weg, wie man sich das Vermögen von jüdischen Mitbürger beschaffen wollte. §1 regelte die Verpflichtung, das gesamte in- und ausländische Vermögen nach dem Stande von April 1938 anzumelden. In § 7 heißt es vieldeutig:
„*Der Beauftragte für den 4-Jahres-Plan kann die Maßnahmen treffen, die notwendig sind, um den Einsatz des anmeldepflichtigen Vermögens im Einklang mit den Belangen der deutschen Wirtschaft sicherzustellen.*"

War schon der Entzug des Notariats im Jahre 1935 für viele Rechtsanwälte finanzielle ruinös, standen sie schließlich mit der 5. Verordnung zum Reichsbürgergesetz vom 27.09.1938[111] vor dem Aus.
§1 Satz 1 lautet:
„*Juden ist der Beruf des Rechtsanwalts verschlossen.*"

Die Zulassung war zum 30.11.1938 zurückzunehmen.
Die Entwicklung bis zu dieser Verordnung hatte sich lange abgezeichnet. Viele Forderungen auf Ausschaltung aller Juden in der Rechtspflege gab es lange vorher, und sie erreichten nunmehr ihren Höhepunkt[112]. Die „Entjudung der deutschen Rechtsanwaltschaft"[113] war vollzogen.

Man muss sich das Entsetzen der ausgeschiedenen Rechtsanwälte vorstellen, die keine Chance hatten, sich beruflich anders zu orientieren, und die auch in der Auswanderung keine Perspektive für weitere berufliche Betätigung als Juristen sehen konnten.

Die 5. Verordnung zum Reichsbürgergesetz hatte eine letzte juristische Betätigung offen gelassen, die eine vollkommene Einbahnstraße für jeden jüdischen Rechtsanwalt war. Gemäß § 8 dieser Verordnung waren zur rechtlichen Beratung und Vertretung von Juden durch die Justizverwaltung jüdische Konsulenten zugelassen. Sie bedurften einer jederzeit widerruflichen Erlaubnis und waren unter Strafandrohung verpflichtet, die Bezeichnung „Rechtsanwalt" nicht zu führen. Jede andere Tätigkeit als die Beratung von jüdischen Mitbürgern war ihnen gleichfalls strengstens untersagt. Im Deutschen Reich gab es Ende 1938 noch 200 jüdische Konsulenten[114]. Es ist nicht bekannt, wann auch der letzte von ihnen diesen Strohhalm einer aussichtslosen juristischen Betätigung loslassen musste.

Aus der Geschichte der Entstehung dieser 5. Verordnung zum Reichsbürgergesetz[115] ist folgendes bemerkenswert: Das hinausgeschobene Inkrafttreten (nämlich auf den

Plünderung eines jüdischen Geschäftes am 10.11.1938.
Quelle: Medienzentrum Osnabrück (Foto Harms).

30.11.1938) entspricht keineswegs einer Rücksichtnahme auf jüdische Kollegen. Vielmehr geht die Verschiebung des Inkrafttretens zurück auf eine Überlegung des Chefs der Reichskanzlei, der bestimmt hatte, „dass die Verkündung der Verordnung wegen des Andauerns der jetzigen außenpolitischen Hochspannung unterbleiben" sollte.

Gemeint war damit, die Münchener Konferenz zwischen Großbritannien, Frankreich, England, Italien und dem Deutschen Reich abzuwarten, die zum Abkommen über die Abtretung der Sudetengebiete führte. Nachdem sich die Spannung auf die bekannte Weise verflüchtigt hatte, konnten die entsprechenden Rücknahmen aller Zulassungen für jüdische Anwälte zum 30.11.1938 wirksam werden. Öffentliches Aufsehen war unerwünscht.

Inzwischen war es in der Nacht vom 09. zum 10.11.1938 zu den Brandstiftungen und Schändungen jüdischer Synagogen und zu Pogromen und Verhaftungen gekommen. Über diese schrecklichen Ereignisse ist umfangreich berichtet worden[116]. Anlass war der Mord an einem deutschen Diplomaten in der Pariser Botschaft durch den Juden Grynszpan. Die Berichterstattung über dieses Attentat wurde alsbald umgemünzt in heftige Beschimpfungen und antisemitische Tiraden. Die oldenburgische Volkszeitung titelte „jüdische Mordbanditen"[117].

Die in diesem Buch zu Wort kommenden Emigranten[118] schildern diese Nacht und die anschließenden Vorkommnisse im Zusammenhang damit als die schrecklichsten Ereignisse in ihrem Leben. Fast 100 Menschen wurden ermordet, viele schwer misshandelt. Mehr als 26.000 männliche Juden wurden in Konzentrationslager verschleppt. In ganz Deutschland gab es zerstörte Synagogen, Geschäfte, Kanzleien und Wohnhäuser. Wie zum Hohn bestimmte die „Verordnung zur Wiederherstellung des Straßenbildes", dass jüdische Gewerbebetriebe die aus Anlass der Ereignisse vom 09./10.11.1938 angerichteten Schäden auf eigene Kosten zu beseitigen hatten.

Im Gefolge des staatlich organisierten Pogroms in der so genannten „Reichskristallnacht" kam es in kurzer Folge zu hektischer Betriebsamkeit, um das Vermögen jüdischer Mitbürger dem nationalsozialistischen Staat einzuverleiben und um weitere Entrechtungen vorzunehmen. Der Beauftragte für den Vier-Jahres-Plan, Generalfeldmarschall Göring erließ am 12.11.1938 die „Verordnung über die Sühneleistung der Juden deutscher Staatsangehörigkeit"[119]. Sie lautet:
„Die feindliche Haltung des Judentums gegenüber dem deutschen Volk und Reich, das auch vor feigen Mordtaten nicht zurückschreckt, erfordert entschiedene Abwehr und harte Sühne."
§1:
„Den Juden deutscher Staatsangehörigkeit in ihrer Gesamtheit wird die Zahlung einer Kontribution von 1.000.000.000 Reichsmark an das Deutsche Reich auferlegt."
Hermann Göring kommentierte seine Maßnahmen mit dem Satz:
„Ich möchte kein Jude in Deutschland sein"[120].

Mit einer weiteren Verordnung zur „Ausschaltung der Juden aus dem deutschen Wirtschaftsleben" bestimmte Göring an demselben Tag, dass Juden ab 01.01.1939 der Betrieb von Einzelhandelsverkaufsstellen, Versandgeschäften, Bestellkontoren sowie der selbstständige Betrieb eines Handwerks untersagt wurde[121].
Der Finanzminister erließ noch im November 1938 entsprechende Durchführungsverordnungen „über die Sühneleistung der Juden[122]".

Den Schlusspunkt dieser Maßnahmen zur Entrechtung und entschädigungslosen Enteignung bildete die „Verordnung über die Zwangsveräußerung jüdischer Gewerbebetriebe, Geschäfte" usw. vom 13.12.1938. Jüdisches Eigentum musste zu einem billigen Preis verkauft und der Erlös auf ein Sperrkonto eingezahlt werden. Das Vermögen wurde im Krieg durch das Deutsche Reich konfisziert.

Parallel dazu ergingen Verordnungen, mit denen jüdische Kinder vom allgemeinen Schulbesuch ausgenommen wurden. Die Bewegungsfreiheit jüdischer Mitbürger in der Öffentlichkeit war beschränkt.

Deutsche Justiz
Rechtspflege und Rechtspolitik

Berlin, den 28. August 1942 — Ausgabe A Nr. 35

Erlaß des Führers über besondere Vollmachten des Reichsministers der Justiz

Zur Erfüllung der Aufgaben des Großdeutschen Reiches ist eine starke Rechtspflege erforderlich. Ich beauftrage und ermächtige daher den Reichsminister der Justiz, nach meinen Richtlinien und Weisungen im Einvernehmen mit dem Reichsminister und Chef der Reichskanzlei und dem Leiter der Partei-Kanzlei eine nationalsozialistische Rechtspflege aufzubauen und alle dafür erforderlichen Maßnahmen zu treffen. Er kann hierbei von bestehendem Recht abweichen.

Führer-Hauptquartier, den 20. August 1942

Der Führer
Adolf Hitler

Der Reichsminister und Chef der Reichskanzlei
Dr. Lammers

Die weitere Chronologie der Entrechtung und Verfolgung von 1939-1945 führt über die Wannsee-Konferenz vom 20.01.1942 und ihrem Ziel, der „Endlösung" der Judenfrage, bis zum Holocaust, den Arno Lustiger[123] „Schatten über der ganzen Welt" genannt hat.

Verbrechen, Terror, Demagogie und Propaganda der Machthaber haben das persönliche und berufliche Leben der jüdischen Rechtsanwälte ab 1933 bestimmt. In stetiger Steigerung von Boykott, Sanktionen, Entrechtung, Enteignung, Verfolgung und Vernichtung haben viele von ihnen schicksalhaft durchlitten, was die Nationalsozialisten aus nachträglicher Betrachtung von vornherein geplant hatten. Ihre Apologeten ließen von vornherein keinen Zweifel daran[124]. Das Recht war auf der Strecke geblieben. Selbst solche, die man für weniger gefährlich gehalten hatte, stellten sich in den Dienst des Nationalsozialismus[125] und verwendeten den Begriff „Rechtsstaat" zu Unrecht, indem sie erklärten:

„Für die Anwendung und Handhabung der Generalklauseln durch den Richter, Anwalt, Rechtspfleger oder Rechtslehrer sind die Grundsätze des Nationalsozialismus unmittelbar und ausschließlich maßgebend."

Der Rechtsstaat hatte mit dem Ermächtigungsgesetz geendet. Die völlige Instrumentalisierung des Rechts für die Zwecke des Unrechtsstaates war evident. Der Führer des Staates ließ es sich nicht nehmen, dies auch 1942 in einem Erlass zu dokumentieren, in dem er den Reichsjustizminister ermächtigte „von bestehendem Recht abzuweichen"[126].

Jedem Fachkundigen ist klar, dass alle Maßnahmen gegen jüdische Rechtsanwälte und Notare ab 1933 ohne rechtmäßige Ermächtigungsgrundlage und damit im rechtsfreien Raum ergingen. Wie war es möglich, dass in einem Land mit Rechtstradition solche Ereignisse möglich wurden?

Es ging darum, Geschehnisse zu beschreiben, die Fragen aufwerfen, wie es dazu hat kommen können. Dieses Bemühen wird überlagert von dem Wunsch, in allen Zeiten schon erste Anzeichen einer ähnlichen Entwicklung zu bekämpfen.

Vor allem aber ist wichtig: Das Schicksal der Opfer darf kein „namenloses" bleiben. Es soll vorstellbar gemacht und als menschliches Leid im Einzelschicksal vor die Augen des Betrachters und Lesers treten.

Anmerkungen

1 Kodde, 175 Jahre Oberlandesgericht Oldenburg, Seite 3ff, 10.
2 Kodde, a.a.O., Seite 3.
3 Reichsgesetzblatt I, Seite 163.
4 Kodde, a.a.O., Seite 11/12.
5 Zitiert nach Generalakten des OLG Oldenburg, Kodde, a.a.O., Seite 12.
6 Krach, Jüdische Rechtsanwälte in Preußen, München 1991 Seite 15.
7 Krach, a.a.O., Seite 405.
8 Ostler, NJW 1979, Seite 1959 ff.
9 Krach, a.a.O., Seite 40.
10 Diesen Grund nennt auch Ladwig-Winters, Anwalt ohne Recht, 1998, Seite 26.
11 Vgl. Abschnitt über Rechtsanwalt und Notar Dr. Netheim in Osnabrück, Seite 134.
12 Mitteis-Lieberich, Deutsche Rechtsgeschichte, 18. Auflage, Seite 126 ff.
13 Westermann, Über die Unbeliebtheit und Beliebtheit von Juristen, Köln, 1987.
14 Lautmann, Justiz die stille Gewalt, Frankfurt/Main 1972, S. 11, 12, der drängende Reformen juristischer Berufsausbildung anmahnt.
15 Friedrich, Freispruch für die Nazijustiz 1988, Michelberger, Berichte aus der Justiz des dritten Reiches, 1989.
16 Ingo Müller, Furchtbare Juristen, 1989.
17 Krach, a.a.O., Nachweise, Seite 27.
18 Weißler, JW 1911, 474.
19 Adolf Hitler „Mein Kampf", Vorwort, 304. Auflage; die Gesamtauflage dieses Werkes hatte 1938 schon 3.550.000 Exemplare erreicht. Das Buch wurde in vielen Standesämtern den Eheleuten als Geschenk gemacht.
20 Hitler a.a.O., Seite 313 ff., 327 ff.
21 Mein Kampf, a.a.O., Seite 628.
22 Karl Lange, Hitler´s unbeachtete Maximen, Mein Kampf und die Öffentlichkeit.
23 Lange, a.a.O., Seite 9 ff.
24 Rürup, Zwischen Integration und Entrichtung, Journal für Geschichte 1981, Seite 21.
25 Marianne Claudi, Reinhard Claudi, Goldene und andere Zeiten, Emden, Stadt in Ostfriesland.
26 Görtz, Juden in Oldenburg 1930-1938, Seite 19 ff.
27 Kühling, Die Juden in Osnabrück, Seite 77 ff.
28 Reyer, Friesia Judaica, a.a.O., Seite 12.
29 Reyer, a.a.O., Seite 13.
30 Von Reeken, Heimatbewegung, Kulturpolitik und Nationalsozialismus, Seite 99 ff.
31 Hoffmeyer, Chronik der Stadt Osnabrück, Ausgabe 1995, Seite 530 ff.; Junk, Sellmeyer, Stationen auf dem Weg nach Auschwitz, Seite 39 ff.; Steinwascher, Geschichte der Stadt Osnabrück, 2006, Seite 707 ff.; Kühling, Osnabrück 1925-1933 von der Republik bis zum Dritten Reich, Seite 91 ff.; Kühling, Die Juden in Osnabrück, Seite 77 ff.
32 Steinwascher, a.a.O., Seite 709.
33 Hoffmeyer, a.a.O., Seite 530.
34 Junk, Sellmeyer,a.a.O., Seite 39.
35 Kühling, Osnabrück 1925-1933, Seite 93.
36 Ausgabe vom 27.10.1929.
37 Kühling, Osnabrück 1925-1933, Seite 110 ff.
38 Junk, Sellmeyer, a.a.O., Seite 45.
39 Hoffmeyer, a.a.O., Seite 532.
40 Anlagen 6 und 7, Seiten 210, 211.
41 Ausgabe von Juni 1933 betreffend einen Rechtsanwalt.
42 Seite 135.
43 Kühling, Osnabrück 1925-1933, Seite 148.
44 Kühling, Die Juden in Osnabrück, Seite 80.
45 Seite 195, Chronologie.
46 Krach, Jüdische Rechtsanwälte in Preußen, Seite 165.
47 Krach, a.a.O., Seite 416; die Zahl der im Justizdienst Beschäftigten (Richter und Assessoren) betrug dagegen nur 5,7%.
48 Deutsche Justiz 1934, 1062 ff., 1063.
49 Kregel, Diss.jur. Göttingen 1986, Seite 9.
50 Kühling, Die Juden in Osnabrück, a.a.O., Seite 80.
51 Krach, a.a.O., Seite 180 ff.
52 Hamann, 275 Jahre Oberlandesgericht Celle, Das Oberlandesgericht Celle im dritten Reich, Justizverwaltung und Personalwesen, Seite 152 ff.
53 Seite 123, 131.

54 Wie viele Veröffentlichungen in der deutschen Justiz 1933-1934 zeigen, war er ein großer Bewunderer des Reichskommissars Kerrl.
55 Jüdische Rechtsanwälte im dritten Reich, Dokumentation der Veranstaltungen des Bonner Anwaltsvereins vom 28.10.1992 Seite 28.
56 Gemeint ist Reichskommissar Kerrl.
57 Wörtliches Zitat aus dem Erlass Anlage 2, Seite 200 (Mitte).
58 Benz, Die Juden in Deutschland 1933 – 1945: Leben unter nationalsozialistischer Herrschaft, Seite 278.
59 Benz, a.a.O., Seite 277.
60 Kühling, Osnabrück Stadt im dritten Reich, Seite 46 ff.; Steinwascher, a.a.O., Seite 726.
61 Kerrl war kein examinierter Volljurist.
62 Dazu und zu dem folgenden Werdegang des OLG-Präsidenten: Hamann, a.a.O., Seite 146 f.
63 Hamann, a.a.O., Seite 147 f.
64 Michelberger, Berichte aus der Justiz des Dritten Reiches, Seite 62 ff., 50 ff.
65 Vgl. Rechtsanwalt. und Notar Dr. Netheim, Seiten 136,137.
66 Hamann, a.a.O., Seite 155.
67 Anlage 3, Seiten 202 ff.
68 Anlage 4, Seite 205.
69 Anlage 5, Seiten 206 f.
70 DJZ 1934, Seite 1062 f.
71 Krach, a.a.O., Seite 419.
72 Seite 105.
73 Ladwig-Winters, a.a.O., Seite 45 allgemein -.
74 Staatsarchiv Osnabrück, Rep. 940 Akz.: 2004/043, Nr. 48, Seite 51.
75 Staatsarchiv Osnabrück, a.a.O., Seite 52.
76 Haack, Das Landgericht Osnabrück, Seite 60.
77 Sebastian Haffner, Geschichte eines Deutschen, die Erinnerung 1914-1933, Seite 144 ff.
78 Deutsche Justiz 1934, Seite 237 ff.
79 Der bald abgelöst wurde durch den Staatssekretär Freisler, dem späteren Präsidenten des Volksgerichtshofs.
80 Bedeutet im Zusammenhang: Hitlerjugend und SA.
81 Staatsarchiv Aurich, Rep. 107, 369 Seite 10.
82 Staatsarchiv Aurich, Rep. 107, 369 Seite 13.
83 Staatsarchiv Aurich, Rep. 107, 369, Seite 14.
84 Seite 31.
85 Hamann a.a.O., Seite 190.
86 Anlagen 6 und 7, Seiten 210 f.
87 Kommentierungen bei Maßfeller JW 1935, Seite 3417 ff.
88 Anlage 8, Seiten 212 f.
89 Maßfeller, a.a.O., Seite 3418.
90 Maßfeller a.a.O., Seite 3426.
91 Maßfeller, a.a.O., Seite 3427.
92 Anlage 8, Seite 212.
93 Zitiert nach Hamann, a.a.O. Seite 191.
94 Anlage 2, Seiten 200 f.
95 Deutsche Justiz 1935, Seite 1858.
96 Staatsarchiv Aurich Rep. 107, Nr. 459.
97 von Reeken, Heimatbewegung, Kultur, Politik und Nationalsozialismus, Seite 104 f.
98 Der volle Wortlaut seiner Rede ist abgedruckt im Osnabrücker Tageblatt vom 21.08.1935, Seite 3.
99 Osnabrücker Tageblatt vom 21.08.1935, Seite 3.
100 Haack, a.a.O., Seite 103.
101 Staatsarchiv Osnabrück, Rep. 940 Akz. 2004/037 Nr. 9.
102 Anders und später datiert bei Haack, a.a.O., Seite 102.
103 Haack, a.a.O., Seite 104.
104 Dem Verfasser liegen Unterlagen des verstorbenen Rechtsanwalts und Notars Heino Haarmann aus Osnabrück vor, aus denen sich ergibt, dass Präsident Haasemann dem damaligen Referendar Heino Haarmann eine auf wenige Tage bemessene Frist gesetzt hatte, in eine von den Nationalsozialisten geführte Organisation einzutreten; anderenfalls werde der Referendar „entlassen".
105 Staatsarchiv Aurich, Rep. 107 Nr. 446, Seite 151.
106 Abgedruckt auszugsweise, Anlage 10, Seite 214 f.
107 Siehe das Schicksal des früheren Richters Dr. Cohen in den Folgeabschnitten, S. 117 f.
108 Benz, Die Juden in Deutschland 1933-1945, Seite 287, 288.
109 Krach, a.a.O., Seite 419.
110 Reichsgesetzblatt Jahrgang 1938 Teil I., Seite 414.
111 Anlage 13, Seite 216.

112 Buch, Deutsche Justiz 1938, 1657 ff., 1660.
113 Titel eines Aufsatzes von Noack, JW 1938, 2796.
114 Benz, a.a.O., Seite 288.
115 Näheres bei Krach, a.a.O., Seite 392.
116 Dieter Obst, Reichskristallnacht, Ursachen und Verlauf des antisemitischen Pogroms im November 1938; Reyer, Friesia Judaica.
117 Oldenburgische Volkszeitung, Ausgabe vom 08.11.1938.
118 Seiten 150, 156.
119 Anlage 14, Seite 221.
120 Jan Philipp Reemtsma, Wie hätte ich mich verhalten?, 2001, Seite 178.
121 Anlage 15, Seite 222.
122 Reichsgesetzblatt 1938 Teil I., Seite 1638 ff.
123 Rede zum Gedenken an die Opfer des Nationalsozialismus vor dem Hessischen Landtag am 26.01.2007.
124 Freisler, Die Einheit von Partei und Staat in der Personalpolitik in der Justiz, Deutsche Justiz 1935, Seite1685.
125 Carl Schmitt, JW 1933, 2793 ff.
126 Adolf Hitler im Deckblatt der Deutschen Justiz vom 28.08.1942.

Literaturverzeichnis

Arbeitsgruppe des Graf-Stauffenberg-Gymnasiums, Osnabrück	Ein anderer Stadtführer, Verfolger und Verfolgte zur Zeit des Nationalsozialismus 6. Auflage, 2004
Benz, Wolfgang	Die Juden in Deutschland 1933-1945 Leben unter nationalsozialistischer Herrschaft
Bonner Anwaltverein	Jüdische Rechtsanwälte im Dritten Reich, Dokumentation der Veranstaltung des Bonner Anwaltsvereins vom 28.09.1992 zum Gedenken an das Schicksal der jüdischen Rechtsanwälte
Brückner, Ulf	Vom Schicksal jüdischer Anwälte in: Rechtsanwälte links der Weser, 50 Jahre Rechtsanwaltskammer für den OLG Bezirk Oldenburg, Wenner 1999
Buch	Juden in der Justiz, Deutsche Justiz 1938, 1657 ff
Claudi, Marianne, Claudi, Reinhard	Die wir verloren haben, Lebensgeschichten Emder Juden
Dies.	Goldene und andere Zeiten, Emden, Stadt in Ostfriesland
Freisler, Roland	Die Einheit von Partei und Staat in der Personalpolitik der Justiz, Deutsche Justiz 1935, Seite 1685
Friedrich, Jörg	Freispruch für die Nazi-Justiz, die Urteile gegen NS-Richter seit 1948 eine Dokumentation
Goertz, Dieter	Juden in Oldenburg 1930-1938 Struktur, Integration und Verfolgung
Haack, Gerhard	Das Landgericht Osnabrück, Werden und Wirken, 1989
Haffner, Sebastian	Geschichte eines Deutschen, Die Erinnerungen 1914 – 1933
Hamann, Ulrich	275 Jahre Oberlandesgericht Celle, Das Oberlandesgericht Celle im Dritten Reich – Justizverwaltung und Personalwesen
Hirsch, Majer, Meink,	Recht, Verwaltung und Justiz im Nationalsozialismus Köln 1984
Hitler, Adolf	Mein Kampf, 4. Auflage, München 1938
Hoffmeyer	Chronik der Stadt Osnabrück, bearbeitet von Bäte, Koch und Henrichvark, 6. Auflage 1995
Junk, Peter, Sellmeyer, Martina	Stationen auf dem Weg nach Auschwitz, Entrichtung, Vertreibung, Vernichtung - Juden in Osnabrück 1900 - 1945
Kerrl, Harms	Die Bedeutung des Gemeinschaftslagers der Referendare in Preußen, Deutsche Justiz 1934, Seite 237 ff.
Knigge	Bericht über den Verschönerungs- und Verkehrsverein Melle von 1883-1933, 1939
Kodde, Michael	Oberappellationsgericht – Oberlandesgericht – Abriss der Geschichte von 1814-1989, in 175 Jahre Oberlandesgericht Oldenburg, Seite 3 ff.
Krach, Tillmann	Jüdische Rechtsanwälte in Preußen, über die Bedeutung der freien Advokatur und ihre Zerstörung durch den Nationalsozialismus, München 1991
Ders.	Strafverteidigung durch jüdische Rechtsanwälte in der NS-Zeit NJW 1995, Seite 1384 ff.
Kregel, Volker	Diss.jur., Göttingen 1986, Die Personalpolitik der Justiz im Dritten Reich dargestellt am Beispiel der Personalwirtschaft für den höheren Dienst im Oberlandesgericht Celle
Kühling, Karl	Osnabrück 1933-1945 Stadt im Dritten Reich 1980

Ders.	Die Juden in Osnabrück, 1969
Ders.	Osnabrück 1933-1945, Von der Republik bis zum Dritten Reich, 1965
Ladwig-Winters, Simone	Anwalt ohne Recht Das Schicksal jüdischer Rechtsanwälte in Berlin nach 1933
Lange, Karl	Hitlers unbeachtete Marximen, Mein Kampf und die Öffentlichkeit
Lautmann, Rüdiger	Justiz – die stille Gewalt, teilnehmende Beobachtung und entscheidungssoziologische Analyse, Frankfurt/Main 1972
Maßfeller	Das Reichsbürgergesetz und das Gesetz zum Schutze des deutschen Blutes und der deutschen Ehre NJW 1935, Seite 3417 ff.
Michelberger, Hans	Berichte aus der Justiz des Dritten Reiches
Mitteis-Lieberich	Deutsche Rechtsgeschichte, 18. Auflage
Müller, Ingo,	Furchtbare Juristen, Knauer 1989
Niebaum, Peter	Ein Gerechter unter den Völkern, Hans Calmeyer in seiner Zeit (1903-1972)
Noack	Die Endjudung der Deutschen Rechtsanwaltschaft, NJW 1938, Seite 2796 ff.
Obst, Dieter	Reichskristallnacht, Ursachen und Verlauf des antisemitischen Pogroms von November 1938
Ostler, Fritz	Rechtsanwälte in der NS-Zeit Anwaltsblatt 1983, Seite 5 ff.
Ders.	100 Jahre Rechtsanwaltsordnung, NJW 1979, Seite 1959 ff.
Rademacher, Michael	Wer war wer im Gau Weser-Ems, Die Amtsträger der NSDAP und ihre Organisation in Oldenburg, Bremen, Ostfriesland sowie der Region Osnabrück-Emsland
Reemtsma, Jan-Philipp	Wie hätte ich mich verhalten? Und andere nicht nur Deutsche fragen 2001
Reyer, Herbert	Frisia Judaica, Beiträge zur Geschichte der Juden in Ostfriesland, Aurich 1988
Rürup	Zwischen Integration und Entrechtung, Journal für Geschichte, 1981
Rüthers, Bernd	Rechtslehren und Kronjuristen im Dritten Reich, Entartetes Recht
Schmitt, Carl	Neue Leitsätze für die Rechtspraxis NJW 1933 Seite 2793 ff.
Schütt	Schriftenreihe aus dem Stadtarchiv Bad Sooden-Allendorf, Heft 8, Jüdische Familien in Sooden und Allendorf
Steinwascher, Gerd	Geschichte der Stadt Osnabrück, 2006
Teuger, Werner	Alle guten Untertanen und Bürger geduldet und verfolgt, vertrieben, ermordet, Jüdische Schicksale 1350-1945 Dokumentente und Materialien zur Geschichte und Kultur des Oldenburger Münsterlandes
Thieler, Kerstin	Das Tragen eines deutschen akademischen Grades unwürdig, Die Entziehung von Doktortiteln an der Georg-August-Universität Göttingen im „Dritten Reich"
von Reeken, Dietmar	Heimatbewegung, Kulturpolitik und Nationalsozialismus, Die Geschichte der „ostfriesischen Landschaft" 1918-1949, Aurich 1995
Voßgröne, Gabriele	Dr. Ernst Jacobson, Schicksal eines jüdischen Osnabrücker Bürgers – Vom Kaiserreich zum Nationalsozialismus
Westermann, Harm Peter	Unbeliebtheit und Beliebtheit von Juristen, Köln 1987

Ulf Brückner

Die Besonderheiten im früheren Land Oldenburg

Im November 1921 wird in Oldenburg erstmals die NSDAP gegründet, 1925 stößt Carl Röver zu dieser Partei (dritte Parteigründung).
Bei der Reichstagswahl vom 5. Mai 1928 erzielt die NSDAP im Freistaat Oldenburg 8, 2 % der abgegebenen Stimmen. Das ist für diese Partei das beste Ergebnis unter allen Ländern in Deutschland, der Reichsdurchschnitt liegt bei 2,6 %[1]. Bei der gleichzeitig stattfindenden Landtagswahl gelingt drei Kandidaten der NSDAP der Sprung in das Parlament mit seinen 48 Abgeordneten. In den preußischen Landtag mit seinen 449 Mitgliedern werden am selben Tag sechs Kandidaten der Partei gewählt. Hitler bedankt sich mit seiner ersten Rede in Oldenburg am 18. Oktober 1928.
Bei der nächsten Reichstagswahl vom 14. September 1930 liegt das Ergebnis bei 27,3 % der abgegebenen Stimmen, wieder ein Rekord unter allen 17 Ländern des Deutschen Reichs. Dort beträgt der Durchschnitt für die NSDAP 18, 3 % der Stimmen.
Am 22. Mai 1932 spricht Hitler auf dem Rennplatz in Oldenburg-Ohmstede vor 35.000 Menschen.
Bei der Landtagswahl vom 29. Mai 1932 gewinnt die NSDAP 48,4 % der Stimmen und damit im Oldenburger Landtag 24 von 46 Mandaten. Damit ist das Land Oldenburg das erste Land, in dem die Nationalsozialisten allein die Regierung stellen können mit Gauleiter Carl Röver als Ministerpräsidenten.
Am 30. Januar 1933 wird Hitler von Hindenburg (in Oldenburg hoch verehrt) zum Reichskanzler ernannt. Am nächsten Tag erfolgt der erste Boykott jüdischer Geschäfte und Rechtsanwälte.
Bei der Reichstagswahl vom 5. März 1933 erzielen die Nationalsozialisten 46,5 % der Stimmen. Am 5. April 1933 wird der Platz vor dem Ministerium nach Adolf Hitler benannt.

Die danach folgenden Reichsgesetze entsprechen dem Parteiprogramm der NSDAP: Das Gesetz zu Wiederherstellung des Berufsbeamtentums und das Gesetz über die Zulassung zur Rechtsanwaltschaft vom 7. April 1933[2]; das Reichsbürgergesetz und das Gesetz zum Schutze des deutschen Blutes und der deutschen Ehre vom 15. September 1935[3].
Schon neun Tage nach Verkündung der beiden letztgenannten Gesetze fordert der Oberlandesgerichtspräsident von Rechtsanwalt Erich Schiff, dass er seine Abstammung nachweist[4]. Rechtsanwalt Ernst Löwenstein wird nicht angeschrieben, weil seine jüdische Abstammung bekannt ist.

Der Reichsminister der Justiz erlässt am 30. September 1935 eine allgemeine Anordnung, wonach den jüdischen Notaren ihre Amtstätigkeit mit sofortiger Wirkung untersagt werden soll. Einen Tag später, am 1. Oktober 1935, untersagt der Oberlandesgerichtspräsident dem Notar Ernst Löwenstein die Fortführung seiner Amtstätigkeit mit sofortiger Wirkung[5].

Im April 1936 stellt der aus dem Amt entlassene frühere Notar Löwenstein ein Gesuch auf Bewilligung eines Unterhaltszuschusses, weil er im Ersten Weltkrieg an der Front für das Deutsche Reich gekämpft hat und eine entsprechende Verordnung dann die Möglichkeit eines Zuschusses ermöglicht. Der Oberlandesgerichtspräsident Dr. Eduard Högl befürwortet dieses Gesuch gegenüber dem Reichsjustizminister und schreibt unter anderem:

"Er (Löwenstein) *ist einer Zuwendung würdig. Seine Berufspflichten als Rechtsanwalt und Notar hat er sachlich wahrgenommen. Politisch ist er nicht hervorgetreten.*"

Der Reichsminister der Justiz lehnt das Gesuch jedoch ab.

Im Mai 1937 wird Hitler Ehrenbürger der Stadt Oldenburg, im Juni 1937 Carl Röver ebenfalls.

1938 bittet der Präsident der Reichsnotarkammer den Präsidenten des Oberlandesgerichts Oldenburg um Mitteilung, ob und gegebenenfalls welche Notare sich im Oberlandesgerichtsbezirk noch im Amt befinden, die jüdische Mischlinge im Sinne des § 2 der Ersten Verordnung zum Reichsbürgergesetz sind. Der Oberlandesgerichtspräsident berichtet, dass in seinem Bezirk der Rechtsanwalt und Notar Erich Schiff der einzige Notar im Amt ist, der als „jüdischer Mischling" gilt.

In Vorbereitung von weiteren rechtlichen Regelungen zur Ausgrenzung jüdischer Mitbürger berichten die Oberlandesgerichtspräsidenten dem Reichsminister der Justiz aufgrund dessen Verfügung, wie viele Prozesse in den Jahren 1936 und 1937 sowie im ersten Halbjahr 1938 in ihren Bezirken anhängig waren, an denen ein Jude als Kläger, Beklagter oder Angeklagter beteiligt war. Gleichzeitig haben die Oberlandesgerichte dem Reichsminister der Justiz mitzuteilen, wie viele jüdische Bewohner in ihren Bezirken ansässig sind. Aus Celle berichtet der Oberlandesgerichtspräsident, dass in seinem Bezirk etwa 9.500 jüdische Bewohner ansässig sind. Weiter heißt es dann:

"*Zahlenmäßig stärker vertreten sind sie vor allem in folgenden Orten:*
Emden: 400
Aurich: 335
Leer: 232
Die Zahl der Prozeßsachen, an denen Juden beteiligt waren, ist für das Jahr 1937 auf 1.600 bis 1.700 zu veranschlagen."

Der damalige Landgerichtspräsident in Oldenburg Dr. Wilhelm Brandt ist genauer und berichtet unter anderem wie folgt:

„Die Berichterstattung hat sich dadurch etwas verzögert, daß es insbesondere zunächst Schwierigkeiten machte, die jetzige Zahl der Rassejuden zu ermitteln. Es ist mir gelungen, die erforderlichen Zahlen bei der hiesigen Gauleitung zu beschaffen. Ich verweise auf die Anlage. Die angegebenen Zahlen beruhen auf Ermittlungen des Sicherheitsdienstes und lassen erkennen, daß die Zahl der Rassejuden jetzt schon wesentlich geringer ist als zur Zeit der Volkszählung 1933 die Zahl der Angehörigen des mosaischen Bekenntnisses. Die Zahl der Rassejuden macht also im Verhältnis zur Gesamtzahl der Bevölkerung etwa 1,5 auf das 1.000 aus."

Es folgen dann genaue Erhebungen zu den Prozesssachen, die bei den einzelnen Amtsgerichten anhängig waren. Der Landgerichtspräsident beendet seinen Bericht mit der Bemerkung:

„Mit dem Präsidenten der Rechtsanwaltskammer habe ich das von mir zusammengestellte Material besprochen und bin mit ihm zu übereinstimmenden Ergebnissen gekommen. Der Herr Präsident der Rechtsanwaltskammer wird also etwa gleichlautend berichten."

Weiter meldet der Landgerichtspräsident Dr. Brandt in der Anlage 1 zu seinem Bericht die *Zahl der Rassejuden im Landesteil Oldenburg* mit 744 und in der Anlage 2 die *Zahl der Zivil- und Strafsachen, an denen Juden beteiligt sind* von 1936 bis einschließlich 1. Halbjahr 1938 mit insgesamt 346.

Der Oberlandesgerichtspräsident berichtet dem Reichsminister der Justiz *vertraulich* mit Schreiben vom 23. August 1938 die vorgenannten Zahlen und teilt zusätzlich mit, dass in den Jahren 1936 und 1937 etwa 21.600 Zivilsachen und 6.000 Strafsachen anhängig waren.

Dieser Bericht sowie die Berichte der anderen Oberlandesgerichtspräsidenten dienen zur Ermittlung der Tatsachen, die dann zur Fünften Verordnung zum Reichsbürgergesetz vom 27. September 1938 führen: *Juden ist der Beruf des Rechtsanwalts verschlossen*[6].

Seit dem 1. Oktober 1938 ist Löwenstein infolge der Verordnung auch nicht mehr Rechtsanwalt.

Dieser stellt ein Gesuch auf Zulassung als Jüdischer Konsulent mit der beruflichen Niederlassung in Bremen. Dieses Gesuch befürwortet der Landgerichtspräsident Dr. Brandt mit Schreiben vom 27. Oktober 1938 und führt folgendes aus:

„Rechtsanwalt Löwenstein hatte früher eine Praxis mittleren Umfanges, die nach der Machtübernahme erheblich zurückgegangen ist. Er hat seine Rechtsfälle immer sachgemäß bearbeitet. Seine Rechtskenntnisse sind durchaus befriedigend. Sein Auftreten war auch vor der Machtübernahme zurückhaltend und ohne

marktschreierischen Einsatz. Es lag ihm auch damals nicht, formaljuristische Schwächen auf gegnerischer Seite skrupellos oder auch nur nachdrücklich auszunutzen oder einzelne günstige Gesichtspunkte für seinen Auftraggeber übertrieben geschickt in den Vordergrund zu stellen, wie dies seinen Rassegenossen durchweg eigen war. Seine ruhige Art ließ es ausgeschlossen erscheinen, dass er mit irgend jemand, sei es Richter oder Gegenanwalt, erheblich Streit bekam[7]."

In der Nacht vom 9. auf den 10. November 1938 brennen SA und SS die Synagoge, die jüdische Schule und die jüdische Friedhofskapelle nieder. Oldenburg wird als eine der ersten Städte Deutschlands für „judenfrei" erklärt.

Der Landgerichtspräsident Dr. Brandt soll sich später dann auf Grund dienstlicher Anweisung *über Bewegung, dienstliche Leistungen, Führung, Charakter und politische Haltung* von Rechtsanwalt Schiff äußern. Das tut er am 28.03.1944 wie folgt:
„*Bewegung durchaus hinreichend; Berufsausübung und Führung nicht immer einwandfrei. Charakter und politische Haltung entsprechend seiner Abstammung als Mischling[8]."*

Im Juni 1944 bittet der Reichsminister der Justiz den Oberlandesgerichtspräsidenten „*im Hinblick auf die im Ehrengerichtsverfahren hervorgetretene Grundhaltung des Rechtsanwalts und Notars Erich Schiff"* um einen Bericht. Der Oberlandesgerichtspräsident teilt dem Reichsjustizminister mit:
„*Nachdem durch das Urteil der Dienststrafkammer beim Reichsgericht eine geringere Schuld angenommen worden ist, als von der hiesigen Dienststrafkammer und die Strafe erheblich herabgesetzt worden ist, möchte ich die Frage, ob die Berufsausübung von Rechtsanwalt Schiff standeswichtige Belange gefährdet, verneinen."*

Der Reichsminister der Justiz, im Auftrag Letz, schreibt am 14. Juli 1944 an den Herrn Oberlandesgerichtspräsidenten in Oldenburg:
„*Vom Bericht und seinen Anlagen habe ich Kenntnis genommen. Ich bitte mit Nachdruck darauf Bedacht zu nehmen, dass Rechtsanwalt und Notar Schiff für Aufgaben der Reichsverteidigung eingesetzt wird. Sobald von massgebender Stelle erneut Anstände erhoben werden, bitte ich zu berichten."*

Anmerkungen

1 Diese und die folgenden Daten habe ich entnommen aus Klaus Schaap, Oldenburgs Weg ins „Dritte Reich", Holzberg 1983, und aus Klaus Dede, …mein Oldenburg – Eine Collage, Dede 1987.
2 Siehe unten Seite 205.
3 Siehe unten Seite 210.
4 Personalakte Schiff Staatsarchiv Oldenburg Rep 940 Akz 213 Nr. 1234.
5 Personalakte Löwenstein, unveröffentlicht.
6 Siehe unten Seite 217.
7 Personalakte.
8 Personalakte, auch das folgende.

EINZELSCHICKSALE

LANDGERICHTSBEZIRK AURICH

Peter Schulze

Berufsverbot für den einzigen jüdischen Anwalt in Ostfriesland: Dr. Ernst Ikenberg

Von Nieheim nach Emden (1902-1931)

„Ich, Ernst Ikenberg, bin geboren am 13. März 1902 in Nieheim, einer kleinen Landstadt Westfalens, als Sohn des Kaufmanns Joseph Ikenberg und der Frau Ida geb. Blank, jüdischer Konfession."[1] Mit diesem Satz leitete der 18jährige Oberprimaner Ernst Ikenberg einen Lebenslauf ein, in dem er seine Jugendjahre und Schulzeit beschrieb: die häusliche Geborgenheit mit Eltern und Geschwistern, das Umherstreifen mit Freunden durch die ländliche Umgebung, den Besuch der örtlichen Volksschule und privaten Lateinunterricht am Nachmittag, das anfangs ungewohnte Leben als Pensionsschüler in Detmold, wo er 1915 in die Untertertia des Gymnasiums Leopoldinum aufgenommen worden war, seine Leseerfahrungen, von Coopers „Lederstrumpf" zu Hermann Löns und Homer, von Hebbel zu Schiller und Goethe. Schließlich erläuterte Ikenberg, wie beim Antrag auf Zulassung zur Reifeprüfung gefordert, seine Berufswahl: *„Ich hatte früher den Wunsch, Arzt zu werden, denn ich stellte es mir als etwas Schönes und Lehrreiches vor, ... all das Wunderbare, was die Natur unserm Körper verliehen hat, wissenschaftlich begreifen und erklären zu können. Außerdem muß es ja auch eine Freude sein, seinen Mitmenschen zu helfen ..."* Er fährt fort, er habe sich jedoch aus wirtschaftlichen Gründen anders entscheiden müssen: *„Ich will das Bankwesen erlernen, und wenn ich meine Lehre beendet habe, werde ich höchstwahrscheinlich Jura studieren, um die Kenntnisse für meinen Beruf zu vervollkommnen."*[2]

Im Frühjahr 1921 zum Abitur zugelassen, absolvierte Ikenberg mit Erfolg die schriftlichen Prüfungen in den Fächern Deutsch, Latein, Griechisch und Mathematik sowie die mündlichen Prüfungen in Religion und Griechisch, im Fach Israelitische Religion durch Lehrer Moritz Rülf[3], und erhielt am 10. März das Zeugnis der Reife.[4] Wenig später verließ er Detmold und zog in die Universitätsstadt Freiburg - offenbar konnte ihm die Familie trotz der wirtschaftlich schwierigen Zeiten doch den umgehenden Studienbeginn ermöglichen.

Ikenbergs Vater Josef, ein Kaufmann, betrieb in Nieheim einen Handel mit Manufakturwaren sowie Getreide, Kunstdünger und Sämereien, ein Familienunternehmen, an dem der jüngere Bruder Julius beteiligt war, und dessen Ladengeschäft von den Ehefrauen beider Brüder versehen wurde, während Josef und Julius Ikenberg die umliegenden Dörfer bereisten.[5] Die Brüder Ikenberg waren auch gemeinsam Eigentümer des „Meierhofes" im Ortskern von Nieheim.

Josef Ikenberg hatte 1899 geheiratet; seine Ehefrau Ida geb. Blank stammte aus dem nahe gelegenen Horn. Die Tochter Rosa wurde 1900 geboren, die Söhne Ernst und Paul 1902 und 1908. Die Ikenbergs zählten zu den seit mehreren Generationen in Nieheim ansässigen jüdischen Familien.[6] Die Nieheimer jüdische Gemeinde war bereits im 17. Jahrhundert entstanden, besaß seit 1780 eine Synagoge und zählte stets zu den bedeutenden Synagogengemeinden im Kreis Höxter.[7] In ihrer Mitte wurde Ernst Ikenberg im März 1915 „Bar Mizwa", religionsmündig. Josef Ikenberg amtierte von 1932 an als zweiter Vorsteher der Gemeinde.

Die ländlich-kleinstädtisch geprägte Heimatregion hinter sich lassend, begann Ernst Ikenberg im Frühjahr 1921 sein Studium der Rechtswissenschaften, zunächst für die Dauer eines Semesters in Freiburg, wo er eine „Einführung in die Rechtswissenschaft", „Geschichte und System des römischen Rechts", „Nationalökonomie" und einen „Elementarkurs Englisch" belegte,[8] anschließend in München, wo er drei Semester an der Ludwig-Maximilians-Universität studierte.[9]

Nach einem Freisemester, das durch die damals fortschreitende Geldentwertung erzwungen gewesen sein mag, nahm Ernst Ikenberg das Studium im Herbst 1923 in Münster[10] wieder auf und setzte es im Wintersemester 1925/26 an der Universität Köln[11] fort. Anschließend meldete er sich zur Ersten juristischen Staatsprüfung, die er Anfang Mai 1926 am Oberlandesgericht Hamm mit Erfolg absolvierte.[12]

Am 15. Juni 1926 wurde Ernst Ikenberg als Gerichtsreferendar verpflichtet und trat in den staatlichen Vorbereitungsdienst für den höheren Justizdienst ein - die für alle angehenden Juristen verbindliche Fortführung der Ausbildung. In den folgenden drei Jahren durchlief Ikenberg die vorgeschriebenen Ausbildungsstationen bei einer Staatsanwaltschaft, einem Amtsgericht und Landgericht sowie in einer Anwaltskanzlei, wobei er stets in Köln beschäftigt wurde. Mit der letzten Station beim Oberlandesgericht Köln[13] endete der Vorbereitungsdienst, und Ikenberg musste sich der großen Staatsprüfung vor dem Juristischen Landesprüfungsamt in Berlin stellen, die er am 26. Februar 1930 erfolgreich absolvierte.[14] Wenige Tage später erhielt er das „Patent" als Gerichtsassessor und zugleich die Überweisung an das Amtsgericht Steinheim, im Bezirk des Oberlandesgerichts Hamm, unweit seiner Heimatstadt Nieheim.

Ikenberg musste sich entscheiden, welche Tätigkeit er als examinierter Jurist anstreben wollte. Er konnte als Gerichtsassessor im staatlichen Justizdienst bleiben, jedoch in unentgeltlicher Beschäftigung, um sich bei nächster Gelegenheit um eine freiwerdende Stelle als Richter oder Staatsanwalt zu bewerben, er konnte aber auch seine Entlassung beantragen, wenn er ausserhalb des staatlichen Justizdienstes als Jurist tätig werden wollte.

Ernst Ikenberg entschied sich für die Tätigkeit als Rechtsanwalt, wollte jedoch vor der Niederlassung nochmals an die Universität zurückkehren und seine Promotion betreiben.

Im Juli 1930 meldete er sich bei der Rechtswissenschaftlichen Fakultät der Universität Köln zur Doktorprüfung, unter Zahlung der Promotionsgebühren von

Ernst Ikenberg, Jurastudent in München, 1921.
Quelle: Universitätsarchiv der
Ludwig-Maximilians-Universität München.

300,- RM,[15] und legte zugleich seine Dissertation mit dem Titel „Sittlichkeitsdelikte unter Ausbeutung von Abhängigkeitsverhältnissen unter besonderer Berücksichtigung der amtlichen Entwürfe eines Allgemeinen Deutschen Strafgesetzbuches von 1925 u. 1927 und ausländischer Gesetzgebungen" vor. Von seiner Tätigkeit am Amtsgericht Steinheim wurde er vom Oberlandesgerichtspräsidenten in Hamm „zur Vorbereitung auf die Doktorprüfung beurlaubt."[16]

Nachdem die Referenten Prof. Coenders und Prof. Bohne die Annahme der Dissertation empfohlen hatten,[17] fand am 12. Dezember 1930 das Rigorosum statt. Ikenberg wurde in den Fächern Strafrecht, Bürgerliches Gesetzbuch, Staats- und Verwaltungsrecht und Zivilprozeßrecht von den Professoren Coenders, Haymann, Stier-Somlo und Lehmann mit Erfolg geprüft.[18] Am 27. Februar 1931 reichte Ikenberg die geforderten 200 Abdrucke der von ihm überarbeiteten Dissertation bei der Universität Köln ein.[19] Im Dekanat der Juristischen Fakultät erhielt er sein Doktordiplom ausgehändigt und durfte fortan den Titel „Dr. jur." tragen.

Schon während der Vorbereitung auf die Doktorprüfung hatte sich Ernst Ikenberg um seine Niederlassung als Rechtsanwalt bemüht. Sein Wunsch war es, in seiner Heimatregion als Anwalt tätig zu werden. Er wollte als Rechtsanwalt beim Amtsgericht in Brakel zugelassen werden, mit Wohnsitz in Bad Driburg, damals ohne einen ortsansässigen Anwalt. Dabei war Ikenberg nach geltendem Recht auf die Zustimmung der Justizverwaltung angewiesen, die zwar die Zulassung in Brakel erteilen wollte, jedoch die Wohnsitznahme in Bad Driburg ablehnte.[20] Eine Eingabe des Magistrats der Stadt Bad Driburg an den Justizminister sollte der Unterstützung Ikenbergs dienen, erwies sich jedoch als nicht hilfreich. Die vom Magistrat befürwortete „*Niederlassung eines Rechtsanwalts und Notars am Platze*" ließ die Justizverwaltung vermuten, dass Ikenberg durch die Wohnsitznahme in Bad Driburg eine vorzeitige Ernennung zum Notar anstrebe, jedoch sei „*die Errichtung einer Notarstelle in Bad-Driburg*" unbegründet und „*zu verneinen. Es ist mit Sicherheit zu erwarten, daß der Gesuchsteller in Bad-Driburg aus der Rechtsanwaltspraxis allein seinen Unterhalt nicht wird bestreiten können. Ihm aus diesem Grunde demnächst vorzeitig das Notariat zu verleihen, liegt kein Grund vor.*"[21] Ikenbergs Gesuch wurde abgelehnt, er musste sich neu orientieren, außerhalb seiner Heimatregion.

Wenige Wochen später entschied er sich für die Übersiedlung nach Emden, wo er am 16. Februar 1931 als Rechtsanwalt beim Amtsgericht zugelassen[22] und am 6. März in die Anwaltsliste eingetragen wurde. Zwei Wochen vorher war er als Gerichtsassessor aus dem Staatsdienst ausgeschieden.[23]

Während Ikenbergs ursprünglicher Wunsch, sich in der Nähe seines Geburtsorts Nieheim zur Ausübung des Anwaltsberufs niederzulassen, nachvollziehbar erscheint, bleibt offen, welche Erwägungen ihn veranlaßt haben mögen, nach Ostfriesland zu gehen und in den Bezirk des Oberlandesgerichts Celle zu wechseln;[24] vielleicht war ihm die Niederlassung in Emden von Verwandten oder Bekannten der Familie empfohlen worden. Obwohl in Ostfriesland um 1930 überdurchschnittlich viele jüdische Einwohner lebten, war dort kein einziger Rechtsanwalt jüdischer Herkunft tätig. Angesichts dieses Umstands mag Ikenberg erwartet haben, vor allem unter den Angehörigen der jüdischen Gemeinde[25] - in der Stadt Emden zählten 700 von knapp 32.000 Einwohner zur jüdischen Gemeinschaft - als Anwalt rasch genügend Klienten gewinnen zu können.

Die politische Stimmung in der Stadt Emden war Ende der 1920er Jahre von Radikalisierung und Polarisierung geprägt. Während die verfassungstreuen Parteien SPD und DDP gerade noch ein Drittel der Wähler vertraten und von einer erstarkten KPD bekämpft wurden, „*(sprangen) die Stimmenzahlen der NSDAP und der Deutschnationalen zusammengenommen in Emden erheblich über den Reichsdurchschnitt.*"[26] Die in der „Harzburger Front" zusammengeschlossene republikfeindliche Rechte hatte in Ostfriesland eine ihrer Hochburgen. Gegen die antisemitische Hetze der Rechten wehrten sich die Mitglieder des „Centralvereins deutscher Staatsbürger jüdischen Glaubens" durch öffentliche „Aufklärungsabende" sowie die Verbreitung von Druckschriften. In dieser zugespitzten Situation waren von Ikenberg, wollte er sich in Emden niederlassen, nicht zuletzt auch Mut und Standhaftigkeit gefordert.

Rechtsanwalt in Emden (1931-1933)
Im März 1931, wenige Tage vor seinem 29. Geburtstag, kam Dr. Ernst Ikenberg nach Emden und bezog Räumlichkeiten im Haus Am Delft 25/26, gegenüber dem Rat-

Im Haus der Stadtsparkasse, Am Delft 25/26, befand sich die Anwaltskanzlei von Dr. Ernst Ikenberg 1931-33 (Foto um 1930).
Quelle: Sparkasse Emden.

haus. Das Gebäude war seit 1927 Sitz der Stadtsparkasse Emden, die ihrerseits ungenutzte Büroräume an Firmen und Freiberufler vermietete.[27] Ikenbergs Anfänge als Anwalt in Emden gestalteten sich bescheiden. Seine Kanzlei nutzte er zugleich als Wohnung, er erwarb eine gebrauchte Schreibmaschine und begnügte sich mit der Anstellung einer Büroangestellten.

Als junger Anwalt musste Ikenberg bereit sein, seine Klienten in allen Rechtsgebieten zu beraten und zu vertreten. Ob der Westfale Ikenberg als Anwalt in Emden rasch Fuß fassen konnte, ist nicht bekannt.[28] Ikenbergs Schwester Rosa Löwenstein berichtete 1961 im Entschädigungsverfahren, ihr Bruder sei als Anwalt gut beschäftigt gewesen, er sei *„hauptsächlich als Strafverteidiger"*[29] aufgetreten. Zurückhaltend äußerte sich Ikenbergs ehemalige Mitarbeiterin: *„Aus der Tatsache heraus, daß ich nur als einzige Angestellte bei Dr. I. tätig war, geht hervor, daß die Praxis des Dr. I. nicht sehr bedeutend war, da er sich ja erst im Aufbau befand. Seine Klientel bestand hauptsächlich aus seinen Glaubensgenossen."*[30]

Im Februar 1933 verlegte Ikenberg Kanzlei und Wohnung in das Haus Neutorstraße 26, ebenfalls im Stadtzentrum Emdens. Die Arbeits- und Lebensverhältnisse blieben jedoch bescheiden. In der Erinnerung seiner Mitarbeiterin *„besaß (Ikenberg) eine kleine Wohnungseinrichtung, bestehend aus einem Herrenzimmer, kleiner Küche, Schlafzimmer für Person und Büroeinrichtung. Das Herrenzimmer diente Dr. I. gleichzeitig als Wohnzimmer und zum Empfang seiner Klienten, während das eigentliche Büro von mir benutzt wurde."*[31]

Über Ikenbergs privates Leben in Emden ist nichts bekannt, persönliche Zeugnisse wie Tagebücher oder Briefe sind nicht erhalten. Auf eine Freizeitbeschäftigung Ikenbergs verweist die Erwähnung einer Briefmarkensammlung im späteren Entschädigungsverfahren. Nichts bekannt ist auch über die Beziehungen Ikenbergs zur jüdischen Gemeinde in Emden, deren Mitgliedschaft er gewiß erworben hat, ebensowenig über seine politische Einstellung.

Vergeblicher Kampf gegen den Ausschluss aus der Rechtsanwaltschaft (1933)

Ernst Ikenberg wird seit seinen Studienjahren in München, wo Anfang der zwanziger Jahren der Aufstieg der NSDAP begann, immer wieder ihrer antisemitischen Hasspropaganda begegnet sein. Die Regierungsübernahme durch die Nationalsozialisten am 30. Januar 1933 bedeutete eine doppelte Gefährdung für ihn, als jüdischen Anwalt wie deutschen Juden.

Auch in Emden *„begannen die Nazis damit, ihre bedrohlichen Prophezeiungen... wahrzumachen. Die Propaganda wurde brutaler. So fuhren an einem Sonntag im Januar 1933 Lastwagen mit SA-Leuten durch die Stadt, hielten an den Straßenecken, um ihre Parole 'Juda verrecke!' hinauszuschreien... Ende März packten sie direkter zu mit einem Boykott der jüdischen Geschäfte."*[32] Zwar ist nicht dokumentiert, ob auch Ikenbergs Anwaltspraxis durch SA-Posten markiert und gesperrt wurde,[33] jedoch konnte er seit dem Tag des von der NS-Regierung reichsweit organisierten „Juden-Boykotts" am 1. April 1933 nicht mehr vor Gericht auftreten.

„Kein Jude (darf) im Dritten Reich als Richter, Notar oder Rechtsanwalt" tätig sein - diese Parole hatte der „Bund nationalsozialistischer deutscher Juristen" bei einer Versammlung in Leipzig am 14. März 1933 ausgegeben und die *„Säuberung der Justiz"*, sofortige Entlassung jüdischer Notare und ein Berufsverbot für jüdische Anwälte gefordert. Als Vollstrecker verstand sich der als preußischer Justizminister amtierende NS-Funktionär Kerrl, der mit einem am 31. März herausgegebenen Erlaß[34] einen ersten Schlag gegen jüdische Juristen führte: Richter, Staatsanwälte und Justizbeamte sollten sofort beurlaubt, Anwälte von den Gerichten ferngehalten werden. In einem weiteren Erlass ordnete der Minister an, dass jüdische Anwälte binnen weniger Tage ihre Wiederzulassung beantragen könnten, wenn sie in ihren Gesuchen die *„jetzt bestehende Lage"* - gemeint war ihre verfassungswidrige Aussperrung - *„als für sich rechtsverbindlich (anerkennten)"* und *„Loyalität... gegenüber der Regierung der nationalen Erhebung"* bekundeten.[35] Dieser Erlass erreichte das Landgericht Aurich fernmündlich am 6. April um 12.55 Uhr.

Dr. Ernst Ikenbergs Büro und Wohnung 1933-37 im Geschäftshaus Neutorstraße 26 (zweites Haus von rechts) (Foto um 1930).
Quelle: Sammlung Dietrich Janßen, Emden.

Noch am selben Tag telefonierte Landgerichtspräsident Biermann mit Ikenberg und informierte ihn über den Erlaß des Ministers. Biermann notierte: „Außer Dr. Ikenberg sind im Lg. Bezirk keine jüdischen Rechtsanwälte und Notare vorhanden."[36] Ernst Ikenberg hatte sich seit dem 1. April aus eigenem Entschluss „vom Gericht ferngehalten, ... im übrigen aber seine Tätigkeit ungehindert ausgeübt", wie er dem Landgerichtspräsidenten erklärte;[37] er sei nicht förmlich ausgesperrt.

Dennoch nahm Ikenberg den Kampf um seine berufliche Existenz auf. Am 7. April schrieb er ein erstes Gesuch auf „weitere Zulassung zur Rechtsanwaltschaft" an den Justizminister, auf dem Dienstweg über den Oberlandesgerichtspräsidenten in Celle:

„Die bisherigen Erlasse des Herrn Reichskommissars für das Preußische Justizministerium habe ich dahin verstanden, dass die Zulassung jüdischer Rechtsanwälte nicht ohne weiteres erloschen sei, vielmehr nach den örtlichen Verhältnissen entschieden werde.

Daher war ich unter Berücksichtigung der hiesigen Verhältnisse ... der Meinung, dass meiner weiteren Berufsausübung kein Hinderungsgrund im Wege stehe. Falls aber auf Grund des Erlasses des Herrn Reichskommissar für das Preußische Justizministerium vom 5. April 1933, der mir durch den Herrn Landgerichtspräsidenten in Aurich heute in Abschrift zugestellt wurde, Zweifel bestehen sollten, gestatte ich mir vorsorglich die Bitte, mir auch die weitere Zulassung zur Rechtsanwaltschaft beim Amtsgericht Emden zu bewilligen...

Ich erkläre ausdrücklich, dass ich die jetzt bestehende Lage als für mich rechtsverbindlich anerkenne.

Ferner gestatte ich mir, darauf hinzuweisen, dass ich nicht nur in Emden, sondern

im ganzen Landgerichtsbezirk Aurich (also in ganz Ostfriesland) der einzige jüdische Anwalt bin.
Sowohl mit den Herren Richtern, wie auch mit den Herren Kollegen stehe ich auf bestem Fusse. Dieses gute Einvernehmen ist bisher nie gestört worden..."[38]
Ikenberg blieb ohne Antwort. Stattdessen wurde ihm mitgeteilt, dass er nicht berechtigt sei, *„Klagen und Schriftsätze in denjenigen Fällen, in denen Anwaltszwang besteht, zu unterzeichnen"*,[39] also anwaltliche Tätigkeit zu unterlassen habe.
Inzwischen war das von der Reichsregierung am 7. April beschlossene „Gesetz über die Zulassung zur Rechtsanwaltschaft"[40] bekanntgegeben worden, nach dessen Bestimmungen Ikenberg als Jude und „Neuanwalt" mit der Streichung seiner Anwaltszulassung rechnen musste, denn die für Anwälte jüdischer Herkunft vorgesehenen Ausnahmeregelungen trafen auf ihn nicht zu: Er war weder Altanwalt mit Zulassung seit 1914 noch „Frontkämpfer" des Ersten Weltkriegs.
Dennoch richtete Ikenberg am 2. Mai 1933 ein weiteres Gesuch an den Justizminister, mit der Bitte, *„ein Vertretungsverbot gegen mich nicht zu erlassen."*[41] Aber ungerührt verfügte das Justizministerium am 5. Mai das „Vertretungsverbot" gegen Ikenberg, dessen Anwaltstätigkeit damit auch förmlich zum Erliegen kam und schließlich am 31. Mai die Rücknahme der Zulassung Ikenbergs zur Rechtsanwaltschaft, *„weil er nicht arischer Abstammung ist"*.[42]
Ohne Bedeutung blieb die Feststellung der Kriminalpolizei Emden, die gegen Ikenberg wegen „kommunistischer Betätigung" ermittelt hatte: *„Der Rechtsanwalt Ikenberg ist hier bislang politisch nicht hervorgetreten. Auch hat er bisher Mitglieder der K.P.D. in politischen Delikten nicht vertreten... Wenn er bislang nicht weiter für die K.P.D. tätig gewesen ist, so besteht doch die Gefahr, daß er für diese tätig wird, weil sich andere Rechtsanwälte für die Belange der Kommunisten kaum noch finden."*[43]
Der Oberlandesgerichtspräsident in Celle stellte Ikenberg am 6. Juni die Entscheidung des Justizministers zu: *„Wegen Ihrer Löschung in der Rechtsanwaltsliste wird das Amtsgericht in Emden das Erforderliche von Amts wegen veranlassen."*[44]
1962 erinnerte sich die ehemalige Mitarbeiterin Ikenbergs: *„Wie ich Dr. I. kannte, hat ihn der Entzug seiner Zulassung schwer getroffen. Ich kann mich erinnern, daß er in starker Erregung in seinem Büro umher ging."*[45] Dem Juristen Dr. Ernst Ikenberg, 31 Jahre alt, war nach gerade zweijähriger Anwaltstätigkeit die berufliche Existenzgrundlage entzogen worden.

Rechtsbeistand in Emden (1933-1937)

Nach dem Entzug der Anwaltszulassung entschloß sich Ikenberg, als Rechtsbeistand weiterzuarbeiten. In dieser Funktion konnte er seine Klienten lediglich bei ihrer Korrespondenz beraten oder sie beim Einzug von Forderungen an Dritte unterstützen. Allerdings ging die Praxis des Rechtsbeistands Ikenberg *„immer mehr zurück, so daß Dr. I. gezwungen war, mich zu entlassen"*, berichtete Ikenbergs ehemalige Mitarbeiterin.[46]
Die Stadtverwaltung Emden erklärte 1962 im Entschädigungsverfahren, gestützt auf

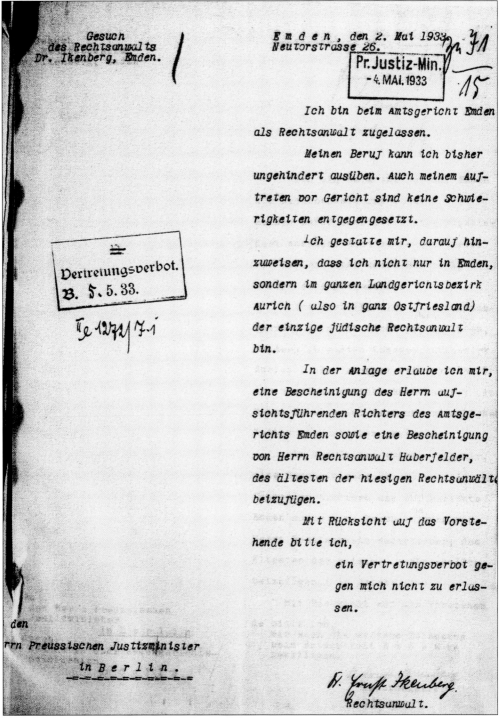

Gesuch des Rechtsanwalts Dr. Ernst Ikenberg an den Justizminister, mit Stempel „Vertretungsverbot".
Quelle: Bundesarchiv Berlin R 022/61576.

Kontoauskünfte der Stadtsparkasse: *„Die geringen Guthaben und Bewegungen auf dem Konto des Dr. I., sowie die Tatsache, daß er noch bis zum Jahre 1937 ein Büro als Rechtsbeistand unterhielt und bis zum 31.7.1936 eine Büroangestellte beschäftigte, lassen vermuten, daß Dr. I. über Einnahmen verfügte, die nicht über sein Konto liefen."*[47] Tatsächlich war Ikenberg angesichts zurückgehender Einnahmen wieder auf die Unterstützung seiner Eltern angewiesen; diese schickten ihm regelmäßig Pakete, *„die meistens Eßwaren enthielten"*, erinnerte sich seine Mitarbeiterin;[48] zuvor hatte er bereits sein Sparguthaben aufgelöst.

Am 11. Juni 1937 meldete sich Ikenberg in Emden ab[49] und zog zurück nach Nieheim.

Vorbereitung der Auswanderung, Verhaftung, Enteignung, Flucht (1937-1939)

Ernst Ikenberg, in seinen Geburtsort zurückgekehrt, lebte wieder im Haus seiner Eltern, lernte Englisch, um sich auf die Auswanderung vorzubereiten und half Vater und Onkel, deren Geschäft seit 1933 angesichts der gegen die Juden gerichteten Politik der NS-Regierung allerdings stark zurückgegangen war oder wie der Getreidehandel hatte aufgegeben werden müssen.

Inzwischen hatte Ernst Ikenberg seine spätere Ehefrau kennengelernt, die in Hannover lebende Irmgard Heimbach. Beide heirateten am 28. September 1938 vor dem Standesamt in Hannover.[50] Ende Oktober zog Irmgard Ikenberg, geb. Heimbach, nach Nieheim.

Wenige Tage später, am 9. November 1938, wütete der Terror der „Kristallnacht" auch in Nieheim: die Synagoge im Ortskern wurde gestürmt, geplündert und verwüstet, die jüdischen Männer, darunter auch Ernst Ikenberg, wurden verhaftet und verschleppt. Ikenberg wurde am 12. November als „Aktionsjude" in das KZ Buchenwald eingeliefert. Am 29. November wurde er nach mehrwöchiger KZ-Haft wieder entlassen, an Körper und Seele schwer geschädigt.[51]

Inzwischen war die der besonderen Registrierung jüdischer Einwohner dienende behördliche Anordnung ergangen, dass alle Juden die zusätzlichen Vornamen Israel oder Sara annehmen mussten. Im Dezember 1938 beantragten Ernst und Irmgard Ikenberg, wie vorgeschrieben, die Ausstellung von „Kennkarten" genannten Personalausweisen. Irmgard Ikenberg musste sich jetzt „Irmgard Sara Ikenberg" nennen, Ernst Ikenberg, dessen Berufsangabe „Rechtsanwalt" gestrichen und durch den Eintrag „Kaufmann Dr. jur." ersetzt wurde, musste sich „Ernst Israel Ikenberg" nennen.[52]

Angst vor erneuter Verhaftung und Verschleppung brachte Ernst und Irmgard Ikenberg dazu, ihre baldige Ausreise aus Deutschland vorzubereiten, Schiffspassagen zu buchen, Reisepässe zu beantragen[53] und die devisenrechtliche Genehmigung zur Ausfuhr ihres Umzugsguts einzuholen, was mit aufwändigen Formalitäten verbunden war.

Im Januar 1939 schrieb Ikenberg an die Devisenstelle beim Oberfinanzpräsidenten in Münster: *„Ich bitte höflichst für meine Ehefrau und mich um Übersendung der er-*

forderlichen Formulare, da wir auszuwandern beabsichtigen."[54] Bereits zwei Wochen später legten die Ikenbergs der Devisenstelle Münster die von ihnen ausgefüllten Fragebögen, das Verzeichnis ihres Umzugsguts sowie die von ihnen beschafften Unbedenklichkeitsbescheinigungen verschiedener Behörden zur Prüfung und Genehmigung vor.[55]

Das von Ernst und Irmgard Ikenberg aufgelistete Umzugsgut umfaßte Hausrat und Möbel, Kleidung und einige persönliche Gegenstände, Ernst Ikenbergs Bücher und Irmgard Ikenbergs Aussteuer,[56] vorschriftsmäßig gegliedert nach dem jeweiligen Anschaffungsdatum. Aus der früheren Rechtsanwaltskanzlei war dabei die *„Schreibmaschine, angeschafft als gebraucht im März 1931"* sowie *"Schreibtisch, Bücherschrank, runder Tisch, Schreibtischstuhl, 2 Stühle, Schreibtischlampe, Schreibmappe, Uhr, mehrere Kissen, einige Bücher"*, das Mobiliar des Arbeitszimmers, bewertet mit insgesamt 215 RM.[57]

Anfang März genehmigte die Devisenstelle die *„Verbringung des ... Umzugsgutes in das Ausland"* und forderte als *„Abgabe für Umzugsgut"* eine Gebühr von 350 RM.[58] Zuvor hatte Ernst Ikenberg die sogenannte „Judenvermögensabgabe" leisten müssen, eine enteignungsgleiche Abschöpfung jüdischer Emigranten durch die Finanzbehörden. Ikenberg, der in seinem Fragebogen eigene Geldmittel in Höhe von 1.450 RM angegeben hatte, war zu einer Abgabe in Höhe von fast 1.700 RM herangezogen worden. Im späteren Entschädigungsverfahren konnte nicht geklärt werden, welches abgabepflichtige Vermögen Ikenberg zugeschrieben worden war.[59]

Ernst und Irmgard Ikenberg wollten in die USA. Nachdem ein dort lebender Verwandter ein Affidavit ausgestellt, also eine Bürgschaft übernommen hatte, waren ihnen die benötigten Einreisevisa in Aussicht gestellt worden. Wiederholt reisten sie nach Hamburg und nach Berlin, wegen der Einreisevisa, der Zuteilung von Devisen und immer neuer Bescheinigungen und Genehmigungen. Aber allen Bemühungen zum Trotz gelang es ihnen nicht, bis Ende Februar 1939 - dem Datum der geplanten Abreise mit dem Dampfer „Veendam" der Holland-Amerika-Linie - sämtliche benötigten Papiere zu beschaffen.

Daher entschlossen sich Ernst und Irmgard Ikenberg, zunächst in die Niederlande auszureisen und nach Ausstellung der US-Visa von dort die Weiterreise anzutreten. Ernst Ikenberg befürchtete eine erneute KZ-Haft, daher kommt die Ausreise des Ehepaars am 30. März 1939[60] der Flucht aus Nazi-Deutschland gleich.

Ernst Ikenberg war seit seiner Rückkehr aus dem KZ Buchenwald Zeuge der innerhalb weniger Wochen vollzogenen Enteignung seiner Familie gewesen: der Vater Josef und der Onkel Julius hatten ihr Ladengeschäft schließen, den Weidebetrieb einstellen, ihren Grundbesitz und die Firma an nichtjüdische Interessenten übergeben müssen, das Lagerhaus mit Getreidespeicher an die Bäuerliche Bezugs- und Absatzgenossenschaft eGmbH in Nieheim, das Wohn- und Geschäftshaus Wasserstraße 78 mit Laden- und Büroeinrichtung an zwei Kaufleute aus Hitzacker, ebenso das Warenlager, ein Grundstück in Grevenhagen an einen privaten Käufer.[61] Ikenbergs jüngerer Bruder Paul war Ende 1938 aus Deutschland geflüchtet; der Onkel Julius

Ikenberg, seine Ehefrau Emma und die Tochter Rosa waren Ende Januar 1939 nach Rotterdam ausgereist; in Nieheim zurückgeblieben waren die Eltern Josef und Ida sowie seine Tante Emilie. Josef Ikenberg, seit Jahren zuckerkrank, erlitt einen Schlaganfall und war auf Hilfe angewiesen. Unter allen genannten Umständen kann man sich den Abschied Ernst Ikenbergs von seinen Angehörigen nur als äußerst schmerzvoll vorstellen.

Leben als Flüchtling in den Niederlanden (April-Oktober 1939)
In den Niederlanden wurde Ernst und Irmgard Ikenberg der Status als Flüchtlinge zuerkannt; sie mussten ihre Pässe abgeben und wurden in eine Massenunterkunft in Rotterdam eingewiesen.

Der schlechte Gesundheitszustand von Ernst Ikenberg bedeutete ein besonderes Problem. *„Mein Mann mußte wöchentlich vor den Arzt, der bei ihm sehr hohen Blutdruck festgestellt hatte. Der Arzt verordnete Diät, die aber kaum besser war als die Normalkost. Dabei war die Diätkost aber genau so unzureichend, so daß wir zusätzliche Aufwendungen machen mußten, um einigermaßen satt zu werden. Von Rotterdam kamen wir nach etwa 3 Monaten in ein Lager bei Amsterdam, wo wir etwas mehr Freiheit hatten, uns aber auch zusätzlich verpflegen mußten, auf eigene Kosten"*, berichtete seine Ehefrau im Entschädigungsverfahren;[62] immerhin habe man auf Geld zurückgreifen können, dass Ernst Ikenberg vor längerer Zeit in den Niederlanden deponiert hatte.

Ohne diese Mittel wäre auch die Beschaffung der Einreisevisa gescheitert: *„Als wir in Holland waren und auf unsere in Deutschland beantragten Visa nach USA warteten, stellte sich heraus - so wurde uns jedenfalls gesagt, daß wir die Visa deshalb nicht bekommen könnten, da der Bürge in USA..., mein Onkel, seinen Vermögensverhältnissen entsprechend zu viele Affidavits gegeben hatte. Wir suchten und fanden einen holl. Rechtsanwalt, der beim US-Konsulat in Holland erreichte, daß wir uns mit $ 5.000,- selbst ein Affidavit stellen konnten. Wir mußten in größter Eile aus unserem Bankguthaben $ 5.000,- bei einer Bank in New York deponieren... (zur Sicherung der dortigen) Lebenshaltung..."*[63]

Während die Ikenbergs in den Niederlanden noch um die Erteilung der lebensrettenden US-Visa kämpften, mussten sie gleichzeitig - aus der Ferne - den Transport ihres Umzugsguts organisieren.

Die Speditionsfirma Eduard Ludwig in Wuppertal hatte in ihrem Auftrag einen Liftvan, eine 21 Kubikmeter umfassende hölzerne Transportkiste, bereitgestellt und - unter der Kontrolle von Finanzbeamten - in Nieheim und in Hannover mit dem aufgelisteten Umzugsgut gepackt.[64] Nach Zwischenlagerung in Wuppertal gelangte der Liftvan Ende April 1939 nach Antwerpen und wurde in einem Hangar der Reederei „Redstar Line" eingelagert, *„zur Weiterleitung nach New York, USA"*.[65]

Ende September wies Ernst Ikenberg von Amsterdam aus die Reederei in Antwerpen an, den Liftvan nach USA zu befördern,[66] aber sein Auftrag konnte nicht ausgeführt werden, weil es der Spedition Ludwig nach den seit Kriegsbeginn geltenden Vor-

Dr. Ernst Ikenberg, Paßfoto, Dezember 1938.
Quelle: Landesarchiv NRW Staats- und Personenstandsarchiv Detmold D 75 Nr. 8684.

schriften nicht mehr erlaubt war, den von Ikenberg für den Überseetransport in Reichsmark eingezahlten Betrag an die Reederei in Rotterdam weiterzugeben.[67] Ikenberg war gezwungen, den Transport des Liftvans ein zweites Mal zu bezahlen. Bevor es dazu kam, wurden die Schiffsverbindungen nach USA kriegsbedingt gestrichen, so dass der Liftvan in Antwerpen stehen blieb.[68] Den bei der Spedition Ludwig nunmehr überzahlten Betrag in Höhe von 3.000 RM konnte Ikenberg nicht zurückfordern, weil es sich um „Sperrmark" handelte, daher spendete er die Summe an die Reichsvereinigung der Juden in Berlin;[69] es ist aber nicht dokumentiert, ob die Spedition das Geld tatsächlich überwiesen hat.
Die Gestapo Bielefeld, der die Existenz des Liftvans bekannt war, forderte im Oktober 1941 die Spedition Ludwig auf, *„den Lift von Antwerpen in eine im westlichen Reichsgebiet liegende, frachtgünstige Großstadt transportieren und ihn dort zollamtlich versteigern zu lassen. Den Erlös bitte ich an das Finanzamt Moabit-West in Berlin, mit dem ich auch die Unkostenvergütung zu regeln bitte, abzuführen."*[70] Die Gestapo scheiterte jedoch mit ihrem auf die Verwertung des Umzugsguts abzielen-

den Vorstoß, weil sich der Liftvan in der Verfügung der Reederei befand und deren inzwischen aufgelaufene Lagerungskosten den Versteigerungserlös erheblich gemindert hätten.
Als der Liftvan nach Kriegsende geöffnet wurde, war der Inhalt, wie Irmgard Ikenberg im Entschädigungsverfahren berichtete, *„zum größten Teil verrottet und unbrauchbar. Was noch den Transport nach hier wert war, hat eine Tante von mir in 4 Kisten verpacken und nach hier schicken lassen."*[71]
Im Oktober 1939 hielten Ernst und Irmgard Ikenberg endlich ihre US-Visen in Händen. Anfang November fuhren sie nach Antwerpen, wo sie an Bord des Dampfers „Veendam" gingen und das in Krieg und Gewalt versinkende Europa hinter sich ließen.[72]

Kein Neubeginn in den USA (1939-1945)
Die Ankunft in New York am 10. Dezember 1939 bedeutete für die Ikenbergs die Rettung vor der Verfolgung durch die Nationalsozialisten, aber es zeigte sich, dass Ernst Ikenberg, dessen Gesundheit schwer geschädigt war, keine Chance auf einen Neubeginn mehr hatte.
„Meinen Mann hat man erst nach vielen Schwierigkeiten und Verhandlungen vom Schiff gelassen wegen seines hohen Blutdrucks. Mein Mann und ich mußten dem Arzt die schriftliche Erklärung geben, daß wir sofort nach Ankunft in Youngstown, dem Ziel unserer Reise, den Arzt in Anspruch nehmen würden. Nach einer Übernachtung in New York fuhren wir am nächsten Tag mit der Bahn nach Youngstown. Dort wohnten wir vorübergehend bei Verwandten, bis wir eine eigene Wohnung gefunden hatten..." berichtete Irmgard Ikenberg.[73]
Der behandelnde Arzt *„verbot meinem Mann für viele Monate jegliche Arbeit. Später erlaubte er ihm an 2 Tagen in der Woche leichte Beschäftigung. Mein Mann betätigte sich als Kassierer der jüdischen Gemeinde, wofür er pro Woche 5,- Dollar erhielt. Dann wollte mein Mann absolut arbeiten, um den Unterhalt nicht allein durch mich bestreiten zu lassen. Es gelang ihm aber lediglich, in dem Betrieb, in dem ich tätig war, eine Aushilfsstellung zu bekommen. Wir wollten erreichen, daß ich ständig in seiner Nähe war, da er laufend Herzanfälle bekam. Aber auch hier konnte er in der Woche nur 2 Tage arbeiten und bekam pro Woche 5,- Dollar. Bis zu seinem Tode hat sich die Krankheit immer verschlimmert, aber der Lohn nie verbessert."*[74]
Unter diesen Umständen war es Ernst Ikenberg nicht möglich, irgendwelche Schritte zur Rettung seiner Eltern und Verwandten zu unternehmen, deren angesichts der existenziellen Bedrohung durch die Nationalsozialisten ungewisses Schicksal ihn schwer belastet haben dürfte; auch hatten die Ikenbergs die Witwe des im April 1940 in San Franzisko tödlich verunglückten jüngeren Bruders Paul aufnehmen müssen.
Ikenbergs Schwester Rosa Löwenstein, die mit ihrer Familie Anfang 1941 nach Uruguay gelangt war, hatte noch einen persönlichen Bericht zur Situation der Eltern übermitteln können, weil sie die letzten Wochen vor der Abreise mit dem Ehemann

Jonas und zwei Söhnen in Nieheim gelebt hatte.[75] Danach konnte man mit den Eltern nur noch Rot-Kreuz-Briefe mit Kurznachrichten austauschen.

Ob Ernst Ikenberg von dem späteren Schicksal seiner Eltern erfahren hat, ist nicht bekannt: Seit dem 19. September 1941 mussten Josef und Ida Ikenberg den „Stern" tragen, am 28. Juli 1942 wurden sie von Nieheim deportiert und über Bielefeld nach Theresienstadt verschleppt,[76] wo Josef Ikenberg am 20. November 1942 umgekommen ist. Ida Ikenberg wurde am 15. Mai 1944 mit dem Transport „Dz" von Theresienstadt nach Auschwitz gebracht und dort ermordet.[77] Hausrat und Mobiliar von Josef und Ida Ikenberg waren nach ihrer Deportation von den Finanzbehörden übernommen und in Nieheim öffentlich versteigert worden.[78] Ikenbergs Onkel Julius, dessen Frau Emma und ihre Tochter Rosa, die in die Niederlande emigriert waren, wurden in ihrem Wohnort Gouda verhaftet und vom KZ Westerbork aus in den Osten verschleppt; die Eltern wurden im Mai 1943 in Majdanek ermordet, ihre Tochter im September in Auschwitz.[79]

Im April 1945, während in Deutschland die NS-Herrschaft durch den Vormarsch der Alliierten beendet wurde, erhielten Ernst und Irmgard Ikenberg die Urkunden über ihre Einbürgerung in den Vereinigten Staaten, im Common Pleas Court, Mahoning County, Ohio.[80]

Wäre es Dr. Ernst Ikenberg möglich gewesen, seine Gesundheit wiederzuerlangen, hätte er auch als amerikanischer Staatsbürger bei der Justizverwaltung im Nachkriegsdeutschland seine Wiederzulassung als Rechtsanwalt, unter Befreiung von der Residenzpflicht, erreichen können.

Am 15. Dezember 1945 starb Ernst Ikenberg im Alter von 43 Jahren in Youngstown, Ohio, an *„Cardiac failure, due to hypertensive Ht. Dis. & Coronary insufficiency"*. Bereits am folgenden Tag wurde er auf dem jüdischen Friedhof „Anshe Emeth"[81] in Youngstown beigesetzt.[82]

Dr. Ernst Ikenberg - als jüdischer Anwalt ausgeschlossen, als deutscher Jude verfolgt
Der Lebensweg von Dr. Ernst Ikenberg verweist auf das Schicksal der deutschen Juden nach 1933: Patriotische, staatstreue Bürger mit liberaler Gesinnung, viele in Zeiten wirtschaftlicher Prosperität zu Wohlstand gelangt, manche zu öffentlichem Ansehen, waren sie wehrlos angesichts des von den Nationalsozialisten betriebenen Widerrufs ihrer bürgerlichen Rechte.

Einer der ersten Schläge wurde gegen die jüdischen Juristen geführt. Durch das „Gesetz über die Zulassung zur Rechtsanwaltschaft" vom 7. April 1933 wurde Anwälten *„nicht arischer Abstammung"* die weitere Berufsausübung nur noch in Ausnahmefällen zugestanden, allerdings den Jüngeren durchweg die Zulassung zur Anwaltschaft entzogen, wie Dr. Ernst Ikenberg, dessen berufliche Existenzgrundlage nach fünfjährigem Studium, dreijähriger Referendarszeit und zweijähriger Anwaltstätigkeit zerstört wurde.

In dem einzigen überlieferten persönlichen Zeugnis Ernst Ikenbergs, seinem als Oberprimaner geschriebenen Lebenslauf, hatte er den nachhaltigen Eindruck geschildert, den auf ihn „*der Homer*" gemacht hatte, besonders „*die Odyssee, (das) Bild eines viel Herumgekommenen, vom Schicksal verfolgten Mannes.*"[83] Das mitfühlende Bekenntnis des Schülers Ikenberg liest sich im Lichte seines Lebenswegs wie eine tragische Vorwegnahme des eigenen Schicksals.

Anmerkungen

1. Landesarchiv NRW Staats- und Personenstandsarchiv Detmold (StADt), D 9 DT 1 Nr. 1146, unpag. Die Akte über die Reifeprüfung am Gymnasium Leopoldinum 1921 enthält u.a. Ikenbergs Antrag auf Zulassung zur Reifeprüfung mit Lebenslauf, seine Prüfungsarbeiten, Prüfungsprotokolle und Zeugnisabschriften. Zur Geschichte des Gymnasiums Leopoldinum vgl. Vierhundert Jahre Leopoldinum. 1602-2002, hrsg. vom Verein der Freunde und des Gymnasiums Leopoldinum e.V. und der Vereinigung ehemaliger Leopoldiner, Detmold 2002.
2. A.a.O.
3. Moritz Rülf, Prediger der Detmolder Synagogengemeinde, unterrichtete seit 1914 das Fach Israelitische Religion am Gymnasium Leopoldinum. Vgl. Wolfgang Müller, Moritz Rülf - ein jüdischer Lehrer in schwerer Zeit, in: Lippische Mitteilungen aus Geschichte und Landeskunde 57, 1988, S. 365-432.
4. Ebda. Besonders vermerkt wurde, daß die Abiturienten mit ihren Zeugnissen auch einen Abdruck der Reichsverfassung erhielten.
5. Bezirksregierung Düsseldorf, Dezernat 10, Nr. 11332, unpag. Die Bearbeitung der Anträge auf Entschädigung nach Dr. Ernst Ikenberg sowie den Eltern Josef und Ida Ikenberg erfolgte ursprünglich durch den Regierungspräsidenten Detmold und wurde später durch den Regierungspräsidenten Düsseldorf fortgeführt. Im folgenden zitiert als: Entschädigungsakte Ikenberg Nr. ...
6. Zu den Personenstandsregistern der Nieheimer Juden vgl. StADt, M 2 Kreis Höxter Nr. 741 Zgg. 14/48, P 2 Nr. 220 u.a.
7. 1888 lebten in Nieheim 150 jüdische Einwohner, 1925 immerhin noch 75 jüdische Einwohner. Erhalten ist der jüdische Friedhof mit 154 Grabsteinen, darunter den Gräbern der Familie Ikenberg.
   Zur jüdischen Lokalgeschichte Nieheims vgl. Elfi Pracht, Jüdisches Kulturerbe in Nordrhein-Westfalen. Teil III: Regierungsbezirk Detmold, Köln 1998, S. 207-211.
   Ulrich Pieper, Ortsheimatpfleger von Nieheim, stellte mir sein für das geplante Handbuch der jüdischen Gemeinden in Westfalen und Lippe erstelltes Manuskript über die Geschichte der Juden in Nieheim zur Verfügung; ich verdanke ihm darüberhinaus zahlreiche Informationen zur Stadtgeschichte.
8. Auskunft des Universitätsarchivs der Universität Freiburg vom 22.8.2006.
9. Auskunft des Universitätsarchivs der Universität München vom 28.8.2006. Die von Ikenberg belegten Lehrveranstaltungen sind nicht dokumentiert.
10. Auskunft des Universitätsarchivs der Universität Münster vom 1.9.2006. Die von Ikenberg belegten Lehrveranstaltungen sind nicht dokumentiert.
11. Auskunft des Universitätsarchivs der Universität Köln vom 27.9.2005. Die von Ikenberg belegten Lehrveranstaltungen sind nicht dokumentiert.
12. Bundesarchiv Berlin (BA), R 022/61576, Personalbogen. Die vom Preußischen Justizministerium geführte Personalakte Ikenberg ist als einzige aus der Justizverwaltung erhalten; die vom Oberlandesgericht Celle, Landgericht Aurich und Amtsgericht Emden geführten Personalakten sind verloren.
    Die beim Landgericht Aurich vorhandene Personalakte wurde im Jahr 1962 dem Amt für Wiedergutmachung in Höxter zur Durchführung des Entschädigungsverfahrens zur Verfügung gestellt. Später wurde die Personalakte im Landgericht Aurich kassiert.
13. A.a.O., p. 3.
14. A.a.O., p. 2.
15. Universitätsarchiv der Universität Köln, Zug. 42 Nr. 315, Prom. Album Nr. 1031.
16. BA, R 022/61576, Personalbogen.
17. Das Gutachten des Erstgutachters, Prof. Coenders, lautete: „*Der Verfasser hat ohne besondere Eigenart und Tiefe die Tatbestände der in Frage kommenden Strafbestimmungen erörtert, die Stellungnahme der Entwürfe von 1925 und 1927 dargelegt, auch ... einen Überblick über die ausländische Gesetzgebung gegeben und am Schluß versucht, selbst de lege ferenda Stellung zu nehmen. Literatur und Rechtsprechung sind im ganzen hinreichend berücksichtigt. Vorbehaltlich nochmaliger Durcharbeitung kann die Abhandlung als ausreichend beurteilt werden.*" Diesem Urteil schloß sich der Zweitgutachter an.

18 Universitätsarchiv der Universität Köln, Zug. 42 Nr. 315, Prom. Album Nr. 1031.
19 Ernst Ikenberg, Sittlichkeitsdelikte unter Ausbeutung von Abhängigkeitsverhältnissen unter besonderer Berücksichtigung der amtlichen Entwürfe eines Allgemeinen Deutschen Strafgesetzbuches von 1925 u. 1927 und ausländischer Gesetzgebungen, Steinheim i. Westf.: Carl Simonowski (1931), Diss. jur. Universität Köln 1930, 58 S. Mit der persönlichen Widmung *„Gewidmet meinen lieben Eltern."*.
20 BA, R 022/61576, p. 7 ff.
21 Bericht des Oberlandesgerichtspräsidenten Hamm vom 24.10.1930 an den Justizminister, a.a.O.
22 BA, R 022/61576, Personalbogen. Ende 1930 waren sechs Rechtsanwälte am Amtsgericht Emden zugelassen: Haberfelder, Dr. Meyer, Ruyl, Tammena, Walther und Zorn; vgl. Handbuch über den Preußischen Staat für das Jahr 1931, 137. Jg., Berlin 1931, S. 816.
23 Entschädigungsakte Ikenberg Nr. 11330, p. 123.
24 Der Landgerichtsbezirk Aurich gehörte seit 1815 zum Bezirk des Oberlandesgerichts Celle und wurde erst 1944 dem Bezirk des Oberlandesgerichts Oldenburg zugelegt. Vgl. Hartmut Wick, Die Entwicklung des Oberlandesgerichts Celle nach dem Zweiten Weltkrieg, in: Festschrift zum 275jährigen Bestehen des Oberlandesgerichts Celle, Celle 1986, S. 268 f.
25 Zur jüdischen Lokalgeschichte: Geschichte der Stadt Emden (= Ostfriesland im Schutze des Deiches. Beiträge zur Kultur- und Wirtschaftsgeschichte des ostfriesischen Küstenlandes, Band VII), Leer 1980, S. 138-141, auch S. 247. Zuletzt Artikel „Emden", in: Historisches Handbuch der jüdischen Gemeinden in Niedersachsen und Bremen, hrsg. von Herbert Obenaus in Zusammenarbeit mit David Bankier und Daniel Fraenkel, Göttingen 2005, Band 1, S. 533-569, dort auch zahlreiche Quellen- und Literaturhinweise.
26 Marianne Claudi und Reinhard Claudi, Goldene und andere Zeiten. Emden - Stadt in Ostfriesland, Emden 1982, S. 210, sowie Anlageband, S. 32. Aus den Wahlen des Jahres 1932 ging die NSDAP in der Stadt Emden mit großem Abstand als stimmenstärkste Partei hervor.
27 Auskunft des Stadtarchivs Emden vom 4.10.2005. Dem Stadtarchiv Emden danke ich für zahlreiche Informationen zur Stadtgeschichte sowie für Hinweise auf historische Abbildungen. Für historisches Bildmaterial danke ich der Sparkasse Emden und Herrn Dietrich Janßen, Emden, zugleich für die Abdruckgenehmigung.
28 In der Registratur des Amtsgerichts Emden fanden sich keine Hinweise auf die Anwaltstätigkeit Dr. Ernst Ikenbergs. Auskunft des Amtsgerichts Emden vom 26.9.2006.
29 Entschädigungsakte Ikenberg Nr. 11330, p. 69.
30 A.a.O., p. 118.
31 Ebda.
32 Marianne Claudi und Reinhard Claudi, Goldene und andere Zeiten. Emden - Stadt in Ostfriesland, Emden 1982, S. 226.
33 In den Berichten der „Emder Zeitung" über den „Boykott" findet sich kein entsprechender Hinweis, auch nicht in den antijüdischen Hetzartikeln, die die „Ostfriesische Tageszeitung", das Parteiblatt der Nationalsozialisten, veröffentlichte. Vgl. dass., Anlageband, Emden 1982, S. 70 f.
34 Vgl. Anhang, S. 200 f.
Zum Vorgehen der Justizverwaltung gegen Rechtsanwälte jüdischer Herkunft im Bezirk des Oberlandesgerichts Celle vgl. Ulrich Hamann, Das Oberlandesgericht Celle im Dritten Reich. Justizverwaltung und Personalwesen, in: Festschrift zum 275jährigen Bestehen des Oberlandesgerichts Celle, Celle 1986, S. 143-231.
35 Niedersächsisches Landesarchiv-Staatsarchiv Aurich (StAA), Rep 107 Nr. 749, p. 131.
36 A.a.O., p. 133.
37 A.a.O., p. 134.
38 BA, R 022/61576, p. 12 f.
39 StAA, Rep 107 Nr. 749, p. 141.
40 Vgl. Anhang, S. 205.
41 BA, R 022/61576, p. 15.
42 A.a.O., p. 17.
43 A.a.O., p. 21.
44 Die Löschung Ikenbergs in der Anwaltsliste erfolgte am 10. Juni 1933. Niedersächsisches Landesarchiv-Hauptstaatsarchiv Hannover, Hann 173a acc 111/79 Nr. 154, p. 62.
45 Entschädigungsakte Ikenberg Nr. 11330, p. 118.
46 Ebda.
47 A.a.O., p. 117.
48 A.a.O., p. 118.
49 Auskunft des Stadtarchivs Emden vom 4.10.2005.
50 Auskunft der Stadt Hannover, Fachbereich Recht und Ordnung, vom 29.9.2005.
51 Entschädigungsakte Ikenberg Nr. 11330, p. 23.
52 StADt, D 70 C Nr. 10 sowie D 75 Nr. 8684.
53 Die Amtsverwaltung Nieheim informierte umgehend Gestapo, Zollfahndung und andere Stellen über die beabsichtigte Auswanderung des Ehepaars Ikenberg. Vgl. Landesarchiv NRW Staatsarchiv Münster (StAMs), OFD Münster, Devisenstelle Nr. 3880, p. 3.
54 A.a.O., p. 1.

55 A.a.O., p. 4 ff.
56 Entschädigungsakte Ikenberg Nr. 11330, p. 92.
57 StAMs, OFD Münster, Devisenstelle Nr. 3880, p. 17 ff.
58 A.a.O., p. 16.
59 Entschädigungsakte Ikenberg Nr. 11330, p. 122.
60 StADt, D 70 C Nr. 10.
61 Entschädigungsakte Ikenberg Nr. 11332, unpag. Vgl. StADt, M 1 I P Nr. 1540 sowie D 20 C Nr. 3551.
62 Entschädigungsakte Ikenberg Nr. 11330, p. 90.
63 A.a.O., p. 93 f.
64 A.a.O., p. 92.
65 A.a.O., p. 79.
66 A.a.O., p. 104.
67 A.a.O., p. 105.
68 A.a.O., p. 92.
69 A.a.O., p. 81 und 106 ff.
70 A.a.O., p. 85.
71 A.a.O., p. 92.
72 A.a.O., p. 90.
73 A.a.O., passim.
74 A.a.O., passim.
75 StADt, D 20 C Nr. 3562, p. 56.
76 Entschädigungsakte Ikenberg Nr. 11331, p. 18.
77 Theresienstädter Gedenkbuch. Die Opfer der Judentransporte aus Deutschland nach Theresienstadt 1942-1945, Hrsg.: Institut Theresienstädter Initiative, Prag und Berlin 2000, S. 560.
78 StADt, D 20 C Nr. 3562, p. 43 ff. und p. 66.
79 StADt, D 20 C Nr. 3551, p. 17.
80 Entschädigungsakte Ikenberg Nr. 11330, p. 152.
81 Hebr.: *„Menschen der Wahrheit"*. Auf einem einzelnen Grabstein auch mit der Bedeutung *„ein treuer Mensch"*. Vgl. Nehemia, Kap. 7, Vers 2.
82 A.a.O., p. 77. Irmgard Ikenberg zog 1947 nach Denver und verheiratete sich ein zweites Mal.
83 StADt, D 9 DT 1 Nr. 1146, unpag.

LANDGERICHTSBEZIRK OLDENBURG

Ulf Brückner

ERNST LÖWENSTEIN

Ernst Löwenstein kommt am 7. 4. 1881 in Jever zur Welt als Sohn des Religionslehrers Hermann Hirsch Löwenstein und dessen Ehefrau Gejta (Jette, Meta) geb. Moses[1]. Die Familie erhält durch Urkunde des Großherzoglich Oldenburgischen Staatsministeriums vom 20. März 1900 die Oldenburgische Staatsangehörigkeit [2].

Ernst Löwenstein besucht in Jever das Mariengymnasium, macht dort 1900 das Abitur und studiert anschließend bis 1903 in Berlin, München und Leipzig. Anschließend ist er als Referendar in Jever und Oldenburg tätig. Die Referendarzeit wird unterbrochen durch den Militärdienst 1904/05 in Halberstadt und einen weiteren Aufenthalt in Berlin 1907/08. Er wohnt 1908 in Jever, macht von dort aus auch im selben Jahr das Große Staatsexamen, wird danach Amtsgerichtsanwalt in Rüstringen und Butjadingen.

Ernst Löwenstein.
Quelle: Staatsarchiv Oldenburg, Best.Rep. 400 Akz.79, Nr. 700071.

Aus dieser Zeit stammt auch das erste erhaltene Dokument über die anwaltliche Tätigkeit von Löwenstein: Für zwei Mandanten beschwert er sich über das Amt Butjadingen, weil dieses einem „Rossschlachtereibetrieb" keine Konzession erteilt hat[3]. 1909 zieht er nach Oldenburg und wird dort als Anwalt beim Landgericht (ab 1928 auch beim Oberlandesgericht) zugelassen, 1921 als Notar. In seinem Gesuch auf Bewilligung eines Unterhaltszuschusses aus dem Jahre 1936 schreibt Löwenstein[4]:

> „Ich habe von 1914 bis 1918 für das Deutsche Reich an der Front gekämpft. Auch ist mir durch Urkunde des Oberbürgermeisters der Stadt Oldenburg vom 28. 02. 1935 das Ehrenkreuz der Frontkämpfer verliehen worden."

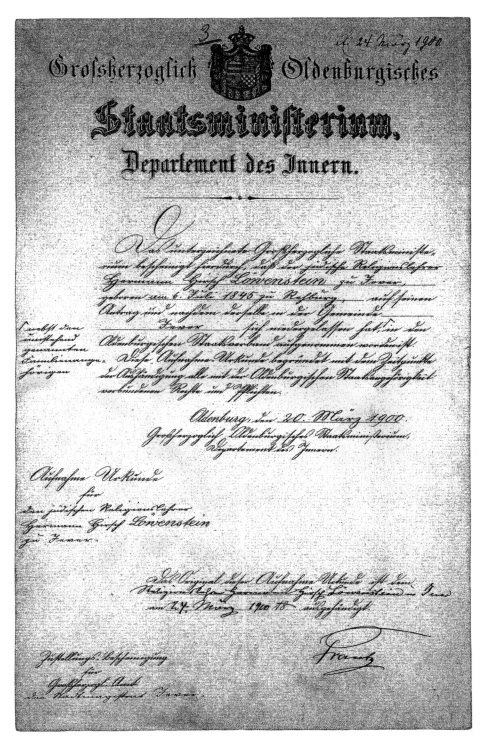

Aufnahme-Urkunde.
Quelle: Staatsarchiv Oldenburg Best. 262-4 Nr. 10837.

Ernst Löwenstein heiratet 1920 Else Christine de Boer. Diese ist evangelisch, tritt jedoch mit der Heirat der jüdischen Glaubensgemeinschaft bei. Aus der Ehe gehen die Kinder Hermann und Anneliese (späterer Nachname Lebovits) hervor.

Von 1922 bis 1933 ist Löwenstein Vorstandsmitglied der Anwaltskammer in Oldenburg, von 1929 bis 1933 ist er Mitglied des Ehrengerichts.

Er ist Vorstand des Synagogengemeinderats in Oldenburg von 1932 bis 1935. 1936 wird er Vorsitzender des Landesausschusses und ist damit – zusammen mit dem Landesrabbiner Leo Trepp – der wichtigste Vertreter der Juden im Land Oldenburg. Mit dem Landesrabbiner Trepp erreicht er es, dass in Oldenburg eine jüdische Volksschule errichtet wird, die am 15. 10. 1935 ihre Tätigkeit aufnimmt. Die Schule wird zusammen mit der Synagoge am 9. November 1938 zerstört.

Die berufliche Lage als Rechtsanwalt und Notar ist für Löwenstein bis einschließlich 1932 zufriedenstellend. Sein Urkunden-Aufkommen beträgt: 1927 235 UR-Nr.; 1928 311 UR-Nr.; 1929 301 UR-Nr.; 1930 330 UR-Nr.; 1931 342 UR-Nr.; 1932 (bis zum 20. 9. 1932) 237 UR-Nr.[5]

Bei der Landtagswahl vom 25.Mai 1932 erringt die NSDAP 48,4 % der Stimmen und damit 24 von 46 Mandaten im Landtag. Oldenburg ist das erste Land, in dem die Nationalsozialisten allein die Regierung stellen können.

Am 30. Januar 1933 wird Hitler Reichskanzler. Bei der Reichstagswahl vom 5. März 1933 erzielen die Nationalsozialisten 44 % der Stimmen.

Am 1. April 1933 wird zum Boykott gegen jüdische Mitbürger aufgerufen. Löwenstein hat damals sein Büro im Hause der Ortskrankenkasse Oldenburg. Vor diesem Gebäude wird ein SA-Mann als Posten aufgestellt. In öffentlichen Gebäuden wird ein Plakat der NS-Arbeitsfront aufgehängt. Darauf werden jüdische Geschäfte und freie Berufe genannt und davor gewarnt, in den auf dem Plakat genannten Geschäften einzukaufen und die genannten Personen zu beauftragen[6]. Ernst Löwenstein wird aufgeführt.

Das Oldenburgische Ministerium der Justiz entwirft ein Schreiben, wonach *den Notaren Löwenstein und Schiff mit sofortiger Wirkung die Ausübung ihres Notariats vorläufig untersagt wird.*[7] Das Schreiben wird aber nicht abgesandt, weil man erkennt, dass es nicht der Rechtslage entspricht, die anschließend durch nachfolgenden Gesetze dokumentiert werden: Sowohl Löwenstein als auch Schiff sind nach den Feststellungen des Ministeriums nicht arisch. *Sie sind aber bereits seit dem 1. 8. 1914 als Rechtsanwälte zugelassen und haben im Weltkrieg an der Front für das Deutsche Reich gekämpft.*[8]

Am 7. April 1933 werden das Gesetz zur Wiederherstellung des Berufsbeamtentums[9] und das Gesetz über die Zulassung zur Rechtsanwaltschaft[10] beschlossen. Beide Gesetze beeinträchtigen oder vernichten berufliche Existenzen jüdischer Mitbürger.

Löwenstein fällt nicht unter die Gesetze, weil er bereits vor dem 1. August 1914 als

Geschäfte,
in denen Parteigenossen nicht kaufen sollen.

de Beer,	Jude.	Waschanstalt (Reingold),	Hochheiderweg.
Gust. Tahl,	Jude.	Photograph,	Ulmenstr.
Bollegraf,	Jude.	Schlachter,	Bremer-Heerstr.
Kanz,	Ehefr. ist jüd.	Gemüsegeschäft,	Bremerstr. 55.
Hallendorf,	Jude.	Schlachter,	Bremerstr. 58.
M. Schulmann,	Jude.	Herrenbekleidung,	Achternstr.
S.L. Landsberg,	Jude.	Buchhandlung,	Schüttingstr.
Wohlwert,	Jude.	Einheitspreisgeschäft,	Schüttingstr.
Wallheimer,	Jude.	Damenmoden,	Heiligengeiststr.
Siegmund Oss,	Jude.	Herrenbekleidung,	Langestr.
Seelenfreund,	Jude.	Spitzenhaus,	Gaststr.
Grunberg,	Jude.	Alt- u. Möbelhandlung,	Kurwickstr. u. Markt 2.
Jacob Unger	Jude.	Althandlung,	Mottenstr.
Parnes,	Jude.	Althandlung,	Kurwickstr.
Reyersbach A.-G.	"	Fahrradgrosshandlung,	Damm
Adolf Umlauf,	Halb-Jude,	Friseur,	Grünestr.
Löwenstein,	Jude.	Rechtsanwalt,	Rosenstr.
Schiff,	Jude.	Rechtsanwalt,	Osterstr.
Rosenthal,	Jude	Arzt	Osterstr.

Wirtschaften,
die politische Leiter in Uniform nicht betreten dürfen.

Kulmbacher,	Inhaber: W. Sprenz. Pflegesohn vom Juden Bamberger
Residenzkeller,	Heiligengeiststr.
Engelbart,	Kurwickstr. 34.
Beckhusen,	Kurwickstr. 8
Apeler,	Ohmstede bei der Kirche.

Plakat mit Namen der boykottierten Geschäfte einschl. Rechtsanwälte.
Quelle: Staatsarchiv Oldenburg.

Rechtsanwalt zugelassen und obendrein „*im Weltkrieg an der Front für das Deutsche Reich ... gekämpft*" hat[11]. Er unterschreibt noch am 13. 6. 1934 den Eid auf Adolf Hitler[12].

Die Auswirkungen der anti-jüdischen Einstellung auf das eigene Leben bekommt Löwenstein schnell zu spüren. Er verdient im Notariat (ohne die Einnahmen als Rechtsanwalt) 1933 RM 374, 1934 RM 304 und 1935 RM 202.

Am 14. 1. 1935 erlässt das Reichsministerium der Justiz eine Verfügung (*in Vertretung gez. Dr. Freisler*), wonach alle bei den Gerichten zugelassenen Anwälte zu erfassen sind, wobei jüdische Anwälte besonders zu kennzeichnen sind. Das Verzeichnis aller nach dem Stande vom 1. 2. 1935 im Land Oldenburg zugelassenen Anwälte wird sofort erstellt. Beim Landgericht Oldenburg sind 71 Anwälte zugelassen, beim Oberlandesgericht 20, unter diesen Anwälten zwei jüdische, nämlich Löwenstein und Schiff[13]. In Nürnberg, wo auch der Reichsparteitag stattfindet, beschließt der Reichstag am 15. September 1935 das „Reichsbürgergesetz"[14] und das „Gesetz zum Schutze des deutschen Blutes und der deutschen Ehre"[15], beides einstimmig. Am 30. September 1935 erlässt der Reichsminister der Justiz eine Allgemeine Anordnung, wonach den jüdischen Notaren ihre Amtstätigkeit mit sofortiger Wirkung untersagt werden soll. Am folgenden Tag, dem 1. Oktober 1935, untersagt der Oberlandesgerichtspräsident in Oldenburg Dr. Högl dem Notar Löwenstein die Fortführung seiner Amtstätigkeit als Notar mit sofortiger Wirkung. Am 3. Oktober 1935 erscheint bei Löwenstein eine Abordnung des Amtsgerichts, nimmt die Dienstsiegel sowie alle Notariatsakten von 1922 bis 1935 in Empfang und transportiert diese zum Amtsgericht[16]. Ein, allerdings leichter, Herzinfarkt ist die Folge.

Die genaue rechtliche Regelung dieses Berufsverbots folgt erst später, unter anderem in der Ersten Verordnung zum Reichsbürgergesetz vom 14. November 1935[17]. Am 20. Januar 1936 teilt der Reichsminister der Justiz Löwenstein mit, dass er aufgrund von § 3 des Reichsbürgergesetzes in Verbindung mit § 4 der letztgenannten Verordnung mit Ablauf des 14. November 1935 aus seinem Amt als Notar ausgeschieden ist. Eine Durchschrift wird dem Oberlandesgericht übersandt mit der Bitte, die Abschrift dem zuständigen Gauleiter der NSDAP zuzuleiten.

Löwenstein und seine Familie haben bittere finanzielle Not zu erleiden. Im April 1936 stellt dieser ein Gesuch um die Bewilligung eines Unterhaltszuschusses.

Grundlade dafür sind die Richtlinien vom 16. März 1936 für die Bewilligung von Unterhaltszuschüssen an jüdische Beamte und Notare, die im Weltkrieg an der Front für das Deutsche Reich gekämpft haben.

Löwenstein gibt in dem Bewilligungsverfahren seine Gesamteinkünfte als Rechtsanwalt – Notar ist er nicht mehr – im ersten Halbjahr 1936 mit RM 824,28 an. Das Oberlandesgericht schlägt dem Reichsjustizminister vor, Löwenstein ab dem 1. April 1936 einen Unterhaltszuschuss von monatlich RM 25,00 zu gewähren. Der OLG-Präsident Dr. Eduard Högl schreibt:

> *„Der Antragsteller muß nach den Einkommensverhältnissen als bedürftig angesehen werden. Er ist verheiratet und hat zwei Kinder unter 16 Jahren. Er ist einer*

Zuwendung würdig. Seine Berufspflichten als Rechtsanwalt und Notar hat er sachlich wahrgenommen. Politisch ist er nicht hervorgetreten."

Der Reichsminister der Justiz jedoch schreibt dem Oberlandesgerichtspräsidenten am 30. Oktober 1936, dass er sich nicht in der Lage sehe, *„dem Gesuche des Rechtsanwalts Löwenstein vom 05.04.1936 zu entsprechen, und ersuche, ihn in meinem Namen ablehnend zu bescheiden"*. Als Begründung wird angeführt, dass nach der Zweiten Verordnung zum Reichsbürgergesetz Voraussetzung für die Gewährung eines Unterhaltszuschusses ist, dass die Notlage des früheren Notars auf die Entziehung des Notariats zurückzuführen ist. Es heißt dann weiter: *„Da die Notariatseinnahmen des Rechtsanwalts Löwenstein während der Kalenderjahre 1933 und 1934 und 1935 nur durchschnittlich RM 24,74 im Monat betragen haben, vermag ich das Vorliegen dieser Voraussetzung nicht anzuerkennen"*.

Am 27. September 1938 ergeht die Fünfte Verordnung zum Reichbürgergesetz[18], wonach *„Juden der Beruf als Rechtsanwalt verschlossen ist....Die Zulassung jüdischer Rechtsanwälte ist zum 30. November 1938 zurückzunehmen."*
Folgerichtig teilt der Reichsjustizminister dem Präsidenten des Oberlandesgerichts mit, dass er die Zulassung von Rechtsanwalt Löwenstein aufgrund der vorgenannten gesetzlichen Regelungen mit Ablauf des 30. November 1938 zurücknimmt, sofern Rechtsanwalt Löwenstein nicht bereits vor diesem Zeitpunkt aus der Rechtsanwaltschaft ausgeschieden ist. Entsprechend wird verfahren, auch Rechtsanwalt ist Löwenstein ab dem 1. Dezember 1938 nicht mehr.

Er stellt ein Gesuch auf Zulassung als Jüdischer Konsulent mit der beruflichen Niederlassung in Bremen. Dieses Gesuch befürwortet der Landgerichtspräsident Dr. Brandt mit Schreiben vom 27. Oktober 1938 und führt wörtlich folgendes aus[19]:
„Rechtsanwalt Löwenstein hatte früher eine Praxis mittleren Umfanges, die nach der Machtübernahme erheblich zurückgegangen ist. Er hat seine Rechtsfälle immer sachgemäß bearbeitet. Seine Rechtskenntnisse sind durchaus befriedigend. Sein Auftreten war auch vor der Machtübernahme zurückhaltend und ohne marktschreierischen Einsatz. Es lag ihm auch damals nicht, formaljuristische Schwächen auf gegnerischer Seite skrupellos oder auch nur nachdrücklich auszunutzen oder einzelne günstige Gesichtspunkte für seinen Auftraggeber übertrieben geschickt in den Vordergrund zu stellen, wie dies seinen Rassegenossen durchweg eigen war. Seine ruhige Art ließ es ausgeschlossen erscheinen, dass er mit irgend jemand, sei es Richter oder Gegenanwalt, erheblich Streit bekam."

Am 9. November 1938 wird die Oldenburger Synagoge in Brand gesetzt.
Am selben Tage werden Löwenstein und sein Sohn Hermann verhaftet und kommen in das KZ Sachsenhausen. Dort wird Ernst Löwenstein am 24. 11. 1938 entlassen. Er verliert in dieser vierzehntägigen Haftzeit sechs Kilogramm Gewicht.

Er zieht nach Bremen, wo er als jüdischer Konsulent zugelassen wird (Auswanderungsagent des „Bremer Komitees für hilfsbedürftige jüdische Auswanderer"). Am 6. Januar 1939 geht Löwenstein nach Holland (Heemstede und Amsterdam). In Amsterdam wird er vom 17. Oktober bis 21. November 1940 inhaftiert. Danach wird er von einer Angestellten der Stadt Amsterdam für tot erklärt. In Wirklichkeit versteckt ihn ein jüdisch-evangelisches Ehepaar.
1941 erfolgt die Scheidung seiner Ehe. Die Gestapo hatte der Ehefrau mit Zwangsarbeit und der Tochter mit der Einweisung in ein Ghetto gedroht.

1942 bis 1944 ist Löwenstein in Amsterdam als Auswanderungshelfer im „Joodenrat", einer jüdischen Hilfsorganisation, tätig.
Die Not führt zu gesundheitlichen Schäden, nämlich Hungerödemen, Magenbeschwerden und Durchfall. Löwenstein wiegt zeitweise unter 45 kg.
Die Familie ist während des gesamten Krieges getrennt. Ehefrau Else lebt im wesentlichen in ihrer Geburtsstadt Peine, Tochter Anneliese in Leipzig, später auch in Peine, Sohn Hermann in Belgien und später Frankreich.
Im Oktober 1945 trifft sich die Familie endlich in Peine wieder, Mitte November 1945 geht man gemeinsam nach Oldenburg zurück. Am 22. November 1945 stellt Löwenstein einen Antrag, wieder als Rechtsanwalt und Notar zugelassen zu werden. Beiden Anträgen wird sofort entsprochen.
Am 30. Januar 1946 tagt erstmals der von der britischen Militärregierung eingesetzte Oldenburgische Landtag. Löwenstein, der damals in Oldenburg Am Schlossgarten 31 wohnt, ist einer der insgesamt 45 Abgeordneten, dabei Mitglied des Verwaltungsausschusses[20]. Der von der Militärregierung eingesetzte Landtag wird von dieser am 31. 10. 1946 aufgelöst. Für den neuen, von der Bevölkerung gewählten Landtag kandidiert Löwenstein nicht.
Am 2. April 1946 heiratet er seine Ehefrau Meta erneut.
Er ist Vorsteher der jüdischen Gemeinde in Oldenburg bei der Einweihung des neuen jüdischen Gotteshauses am 31. Oktober 1946.
Er wird wieder Mitglied des Vorstands der Anwaltskammer und des Ehrengerichts. Von 1946 bis 1949 ist er Vorsitzender des Landesberufungsausschusses Oldenburg Nr. 1 für die Entnazifizierung im Verwaltungsbezirk Oldenburg, 1946 tritt er auch der DDP (liberale Partei) bei.
Am 11. Juni 1949 legt er sein Amt als Vorstandsmitglied der Rechtsanwaltskammer nieder und lehnt jede weitere Tätigkeit als Mitglied des Ehrengerichts ab. Im Mai 1951 bittet Löwenstein , ihn in der Liste der Rechtsanwälte zu löschen. Er beauftragt Rechtsanwalt Erich Schiff mit der Wahrnehmung seiner Interessen im Entschädigungsverfahren. Er bricht – mit wenigen Ausnahmen – alle Kontakte nach Deutschland ab und besucht dieses Land auch nicht wieder.
Er wandert mit seiner Familie in die USA aus. Sein Sohn Hermann erklärt später, Grund für die Auswanderung sei die Angst vor einer Wiederkehr des Antisemitismus in Deutschland gewesen. Thorsten Mack, der den Sohn Hermann im Dezember

1994 in Oldenburg getroffen hat, schreibt über den Vater Ernst Löwenstein[21]:
In Oldenburg war er stets das personifizierte schlechte Gewissen des größten Teils seiner Mitmenschen.

In den Vereinigten Staaten ist Löwenstein von 1951 bis 1956 in Omaha (Nebraska) als Rechtsanwalt zugelassen. Nach Beendigung des Berufslebens ziehen die Eheleute Löwenstein nach Canoga Park, Kalifornien. Dort stirbt die Ehefrau Else geb. de Boer am 29. 4. 1957, Ernst Löwenstein am 4. 6. 1974.

Seit dem Jahre 1996 gibt es in Oldenburg-Etzhorn die Ernst-Löwenstein-Straße.

Anmerkungen

1 Viele Daten sind – soweit nicht anders angegeben – entnommen aus dem Aufsatz von Thorsten Mack, Der Oldenburger Rechtsanwalt Ernst Löwenstein (1881 – 1974). Ein jüdisches Schicksal, veröffentlicht im Oldenburger Jahrbuch Bd. 95 (1995), S. 149 ff; darüber hinaus hat mir Wyrsch (Staatsarchiv Oldenburg) seine (bisher unveröffentlichten) Ermittlungen zu Löwenstein für das geplante Buch über den Oldenburger Landtag zur Verfügung gestellt.
2 Originalurkunde im Staatsarchiv Oldenburg Best 262-4 Nr. 10837.
3 Staatsarchiv Oldenburg Best 136 Nr. 9278, Bl 231.
4 Personalakte 383 beim Landgericht Oldenburg.
5 Akte des Oldenburgischen Ministeriums der Justiz betr. die Prüfung der Geschäftsführung der Notare 1926 bis 1934, Bl. 32 ff; Staatsarchiv Oldenburg Best 133 Nr. 1492.
6 Original erhalten in Akte Staatsarchiv Oldenburg.
7 Staatsarchiv Oldenburg Best 133 Nr. 1024, Bl 10.
8 AaO Bl 17.
9 RGBl I 1933, S. 175, siehe Seite 202.
10 RGBl I 1933, S. 188, siehe Seite 205.
11 §1 Abs. 2 Gesetz über die Zulassung zur Rechtsanwaltschaft vom 7. 4. 1933.
12 Personalakte.
13 Staatsarchiv Oldenburg Best 133 Nr. 1481, Bl. 8 ff).
14 RGBl I 1935, S. 1146, siehe Seite 210.
15 Ebenda, siehe Seite 210.
16 Staatsarchiv Oldenburg Best 133 Nr. 1026 Bl 35.
17 RGBl I 1935, S. 1333, siehe Seite 212.
18 RGBl I 1938, S. 1403, siehe Seite 217.
19 Personalakte 383 LG Oldenburg.
20 Staatsarchiv Oldenburg Best 39 Nr. 21243.
21 Mack aaO, S. 162.

Ulf Brückner

ERICH SCHIFF

Erich Schiff 1945.
Quelle: Privatbesitz.

Erich Wilhelm Ernst Schiff ist am 16. Mai 1882 in Elsfleth zur Welt gekommen. Sein Urgroßvater Moses Chaim Schiff kam 1777/1779 von Hameln nach Elsfleth, Begründer der ersten Generation Schiff im Oldenburger Land[1]. Aus dessen Ehe mit Täubchen Hertz stammen sechs Kinder, darunter Joseph Schiff, der Großvater von Erich Schiff, der Marianne Levi Löwenstein, geboren in Ovelgönne, heiratet.

Die Eheleute Marianne und Joseph Schiff haben sieben Kinder, unter ihnen ist der Vater von Erich Schiff: Gustav Adolph Schiff, bekannter Reeder, Bankier und Stadtrat sowie im Amtsvorstand in Elsfleth. Er ist auch Landtagsabgeordneter in Oldenburg und schreibt Theaterstücke. Der Jude Gustav Adolph Schiff gilt als „großer Nationalist"[2]. Er lässt sich dreißig Tage vor der Eheschließung mit Charlotte Nolte aus Wildeshausen („deutschblütig", evangelisch-lutherisch) im Jahre 1870 evangelisch-lutherisch taufen. Das erste Kind wird 1871 geboren und bekommt den Namen Paula Sedana. Sie wird Malerin und eine Freundin von Paula Becker-Modersohn in Paris und Begleiterin von Karl Schmidt-Rottluff. Adolph und Charlotte Schiff haben ebenfalls sieben Kinder, Erich ist das fünfte. Er besucht die Bürgerschule in Elsfleth und in Oldenburg das Alte Gymnasium. Dort gehört er zur Schülerverbindung „Prima Oldenburgensis" und hat, wegen Erfolge beim weiblichen Geschlecht, den Spitznamen „Romeo", der ihn bis ins Alter bei Freunden begleitet.

Erich Schiff macht 1902 sein Abitur, studiert in Freiburg und Berlin Jura und wird in Oldenburg Referendar. Seinen Grundwehrdienst leistet er in Hannover. 1905 legt er das Referendarexamen ab, 1910 das Assessorexamen. Elf Tage nach Bestehen des Assessorexamens wird er als Rechtsanwalt beim Landgericht in Oldenburg zugelassen, ab 1928 auch beim Oberlandesgericht Oldenburg., seit 1921 ist er auch Notar[3].

Schülerverbindung in Oldenburg 1901, Schiff („Romeo") zweiter von links.
Quelle: Privatbesitz.

1911 heiratet er Käthe Schütte in Bremen. Nach dem Ersten Weltkrieg kriselt die kinderlose Ehe und wird geschieden.

Schiff nimmt am Ersten Weltkrieg teil und bringt es zum „Königlich preußischen Unteroffizier". Über die Zeit an der Ostfront schreibt er später[4]:

> „Als Kgl. Preußischer Uffz. wurde ich in die Pripjet-Sümpfe verpflanzt, in eine fremde Welt, in der sich die Füchse und auch die Wölfe gute Nacht sagten. Weit dehnte sich der Sumpf, aus dem bei Anbruch der Dämmerung Millionen Schildkröten ihre Köpfe herausstreckten, um mit rasendmachendem krö-krö-krö in den Abend zu röhren."

Dort in den Sümpfen trifft er seinen älteren Bruder Theodor E. Schiff und dessen Schwiegervater, den Chef des Kriegslazaretts Mitau, Generalarzt Steenken.

Kurz nach dem Rathenau-Mord verteidigt er 1922 in Berlin die Femetäter, denen der Jude Maximilian Harden entkommt. Der „Stürmer" nennt Harden eine „jüdische Literaturbestie" und bedauert bei seinem Tod im Schweizer Exil, „dass er uns die Möglichkeit nahm, auf unsere Art mit ihm abzurechnen". Erich Schiff findet bei seinen Mitmenschen wenig Verständnis dafür, dass er bei seiner jüdischen Herkunft ausgerechnet Femermörder verteidigt. In Deutschland gibt es seit 1919 noch 376 Femermorde. Schiff zu dem Vorwurf, eine solche Verteidigung zu übernehmen:

> „Ich bin Rechtsanwalt und abgesehen davon deutscher Lutheraner"[5].

1924 heiratet Schiff die Schauspielerin Maria Martinsen aus Dresden, die 1921 in Oldenburg ihr erstes festes Engagement bekommt. Aus der Ehe geht der am 24. Dezember 1926 geborene Sohn Gert Schiff hervor, später Professor für Kunstgeschichte an der New York Universität, 1990 in New York verstorben und in Oldenburg beigesetzt.

Neben seinem Beruf als Rechtsanwalt und Notar betreibt Schiff sein Hobby, Theaterstücke und Theaterkritiken sowie Bücher zu schreiben. Sein Wahlspruch lautet:

„*Es ist eine Lust zu leben*"[6].

Er ist in Oldenburg seit der Schulzeit fest verwurzelt. Nach Abschluss des Studiums wird er Mitglied der „Casino-Gesellschaft". Ab 1925 gehört er dem Vorstand der Oldenburger Rechtsanwalts- und Notarkammer an. Er wird Mitglied des Ehrengerichts. Im Berufsleben ist er erfolgreich, er wird Theater-Syndikus und Syndikus des „Oldenburger Automobil-Clubs". Seine Ehefrau ist angesehene Schauspielerin, 1929 spielt und singt sie in Oldenburg am Landestheater die „Spelunkenjenny" in der Drei-Groschen-Oper von Brecht. Dies ist nach der Berliner Aufführung die zweite des Stückes überhaupt.

Es wird schwer für ihn, als das national-sozialistische Gedankengut den Freistaat Oldenburg erreicht. Das geschieht sehr früh. Bei der Reichstagswahl vom 5. Mai 1928 erzielt die NSDAP im genannten Gebiet 8,2 % der Stimmen, ein Rekord unter allen 17 Ländern des Deutschen Reichs.

Bei der Landtagswahl vom 25. Mai 1932 erringt die NSDAP 48,4 % der Stimmen und damit 24 von 46 Mandaten im Landtag. So ist das Land Oldenburg das erste Land, in dem die Nazis allein die Regierung stellen können.

Schon unmittelbar nach dieser Wahl wird Schiff als Theater-Syndikus („Juristischer Beirat") abgesetzt. Seine Ehefrau darf nicht mehr in Oldenburg auftreten, sie wird aber in Brünn, Lublin und Hamburg engagiert.

Bei einer politischen Massenveranstaltung auf dem Rennplatz in Oldenburg wird er durch den Obergruppenführer Herzog als „Nichtarier" vom Platz verwiesen[7].

Am 30. Januar 1933 wird Hitler Reichskanzler. Bei der Reichstagswahl vom 5. März 1933 erzielen die Nationalsozialisten 44 % der Stimmen.

Am 1. April 1933 findet der erste Boykott jüdischer Mitbürger statt. Vor dem Haus von Erich Schiff steht eine SA-Wache mit dem Plakat „Nehmt keinen jüdischen Rechtsanwalt".

Die „Oldenburger Nachrichten für Stadt und Land" trennen sich von Erich Schiff als Theaterkritiker und Feuilletonist.

Am 7. April 1933 werden die ersten Gesetze beschlossen, die rechtlich die berufliche Stellung jüdischer Mitbürger beeinträchtigen oder vernichten. Beamte „ohne arische Abstammung" sind grundsätzlich in den Ruhestand zu versetzen[8]. Die Zulassung von Rechtsanwälten „nicht arischer Abstammung" kann zurückgenommen werden[9]. Wer nicht arisch ist, wird in dem hier sehr genauen Staat in einer Verordnung vom 11. April 1933 geregelt[10]:

„Als nicht arisch gilt, wer von nicht arischen, insbesondere jüdischen Eltern oder Großeltern abstammt. Es genügt, wenn ein Elternteil oder ein Großelternteil nicht arisch ist. Dies ist insbesondere dann anzunehmen, wenn ein Elternteil oder ein Großelternteil der jüdischen Religion angehört hat."

In der Bevölkerung spricht man von „Halbjuden" und „Vierteljuden". Schiff ärgert es, wenn ihn jemand trösten will mit den Worten: „Sie sind doch nur Halbjude!". Dazu Schiff:

„Ich bin nichts Halbes und nichts Ganzes, sondern Erich Schiff."[11]

Allgemein verkraften die Leidtragenden die Verfolgung mit „Galgenhumor" im (später) bittersten Wortsinn, wie folgender, von Ado Schiff wiedergegebene Scherzfrage aus der NS-Zeit zeigt[12]:

„Wer ist die beste Ahnfrau?"

„Eine jüdische Urgroßmutter; sie schadet nicht mehr, hat aber Intelligenz vererbt."

Schiff fällt nicht unter die beeinträchtigenden Rechtsnormen, hat aber trotzdem den Zeitgeist im eigenen Leben zu spüren. Der 25. Deutsche Anwaltstag vom 30. 9. 1935 beschließt mit etwa 4000 gegen zwei Stimmen eine neue Satzung, wonach Mitglieder dieses Vereins nur Rechtsanwälte „deutschen (arischen) Blutes sein" und bleiben können. Schiff wird mit dem Schreiben des Deutschen Anwaltsvereins vom 24. 11. 1933 aus diesem ausgeschlossen[13]. 1934 wird er als Syndikus des Oldenburger Automobil-Clubs abgesetzt.

1947 schreibt Schiff über diese Zeit[14]:

„Wiederholt wurde mein Haus beschmutzt, in dem das Wort „Jude" an die Mauern gemalt wurde. Ebenso wurde des öfteren das Gerücht verbreitet, daß meine Frau Jüdin sei. Einmal wurde sogar das Schild „Notariat" an meinem Hause verunstaltet, indem ein Bindestrich zwischen die Buchstaben „t" und „a" gemalt wurde, so daß es nunmehr „Not-ariat" besagte."

Vor seinem Hause stehenden SA-Leuten mit dem Plakat, keinen jüdischen Anwalt aufzusuchen, begegnet er mit den Worten[15]:

„Meine Herren, ich bin bekennender Lutheraner."

Die Männer gehen, allerdings nicht für immer.

Natürlich führt die soziale Ächtung zu finanziellen Einbußen[16].

Das Durchschnittseinkommen vor Beginn der Verfolgung beträgt jährlich 25.000 RM. Es entwickelt sich wie folgt:

Jahr	Einkommen
1934	10.064 RM
1938	7.579 RM
1939	5.945 RM
1940	3.939 RM
1941	4.590 RM

Vor der Kanzlei mit Sohn
und Haushälterin 1938 (?).
Quelle: Privatbesitz.

1935 ist das Jahr , in dem die legale Hetze einen weiteren Höhepunkt erreicht. In Nürnberg findet der Reichsparteitag der NSDAP statt. *Nürnberg, den 15. September 1935, am Reichsparteitag der Freiheit*[17] beschließt der Reichstag das „Reichsbürgergesetz"[18] und das „Gesetz zum Schutze des Deutschen Blutes und der Deutschen Ehre"[19].
Neun Tage nach Verkündung des Reichsbürgergesetzes fordert der Oberlandesgerichtspräsident von Rechtsanwalt Schiff, dass er seine Abstammung nachweist[20]. Dem folgt Schiff mit Schreiben vom 1. 10. 1935. Er bleibt als „Halbjude" in seiner Stellung als Notar von der gesetzlichen Neuregelung verschont.

Die soziale Ächtung geht jedoch weiter. In den Jahren 1936 und 1937 wird Schiff aus der Schülerverbindung und aus der Casino-Gesellschaft ausgeschlossen.
Das Ehrengericht bei der Rechtsanwaltskammer für den Bezirk des Oberlandesgerichts Oldenburg bestraft durch Urteil vom 5. Januar 1938 Schiff mit 1.000 RM

Geldstrafe und einem Verweis, weil er sich in Scheidungsverfahren aus den Jahren 1928 und 1932 nicht korrekt verhalten habe[21].

Gleichfalls Anfang 1938 bittet der Präsident der Reichsnotarkammer den Präsidenten des Oberlandesgerichts Oldenburg um Mitteilung, ob und gegebenenfalls welche Notare sich im Oberlandesgerichtsbezirk noch im Amt befinden, die jüdische Mischlinge im Sinne des § 2 der Ersten Verordnung zum Reichbürgergesetz sind. Der Oberlandesgerichtspräsident berichtet, dass in seinem Bezirk der Rechtsanwalt und Notar Erich Schiff der einzige Notar im Amt ist, der als „jüdischer Mischling" gilt[22].

Er bleibt Rechtsanwalt und Notar, weil er mit seiner jüdischen Urgroßmutter weiterhin nicht in die engen Maschen der gesetzlichen Rassen- und Religions-Diskriminierung fällt.

Selbstverständlich wirkt sich aber die damalige allgemeine politische und gesellschaftliche Lage auf Rechtsanwalt Schiff aus. Er selbst berichtet unmittelbar nach dem Kriege im Zusammenhang mit dem Ausfüllen des bereits erwähnten Fragebogens am 14. Oktober 1947:

> „Ungefähr um 1936/37 wurde ein Fräulein Onken, welche uns seit Jahren täglich besucht, gewarnt und ihr verboten, weiterhin mit uns zu verkehren. Es wurde ihr gesagt, daß sie damit rechnen könnte, daß ihr Name andernfalls im „Stürmer" erscheinen würde.
>
> Späterhin weigerte sich die „Staatszeitung", Anzeigen von mir anzunehmen, auch wenn ich diese in meiner Eigenschaft als Rechtsanwalt aufgab.
>
> 1939 wurde mein Haus von der Gestapo durchsucht. Ich hatte meine antifaschistische und jüdische Literatur dadurch gerettet, daß ich sie in eine große Kiste verpackte und sie der Familie Onken zur Aufbewahrung übergab. 1942 verbot man mir, Lehrlinge zu halten und auszubilden, und zwar auf Vorschlag des Nazi-Präsidenten der Anwaltskammer, Rechtsanwalt Grashorn. Ungefähr zur gleichen Zeit setzte eine starke Hetze gegen mich ein ebenfalls auf Veranlassung des RA. Grashorn mit dem Ziel, mich aus der Anwaltschaft auszustoßen, um mich so aus dem Wege zu bekommen.
>
> Als Folge all dieser Verfolgungen erlitt ich Mitte 1942 einen Nervenzusammenbruch, der bis etwa Mitte 1943 dauerte.
>
> Einige Zeit später sollte ich nach Frankreich zwangsversetzt werden, um dort in Rüstungswerken zu arbeiten. Nur durch ein Gesundheitsattest eines behördlichen Arztes wurde ich hiervor gerettet.
>
> Nachdem ich mich während der Kriegsjahre auf besondere Anordnung bei der Gestapo zu melden hatte, wurde ich nun Ende 1944 von dieser in Haft genommen und nacheinander in zwei Arbeitslagern inhaftiert, wo ich schwerste Arbeiten zu leisten hatte und wie ein Verbrecher behandelt wurde.
>
> Nachdem ich Ende 1944 auf Grund eines ärztlichen Attestes eines jüdischen Lagerarztes freigekommen war[23], wurden März 1945 meine gesamten Personalakten als äußerst dringend vom Hauptsicherungsamt in Berlin (Himmler) über den

Chef des örtlichen Sicherheitsdienstes beim Rechtsanwalt Grashorn angefordert, der sie Ende April dort hinsandte. Weitere Maßnahmen gegen mich konnten sodann nicht mehr unternommen werden, da inzwischen die Russen Berlin eingenommen hatten."[24]

Schiff muss im beruflichen Alltag tagtäglich kämpfen. Dafür folgendes Beispiel:

Weil Schiff eine Anfrage der NSDAP trotz zweimaliger Aufforderung nicht beantwortet, verlangt der Gauleiter der Nationalsozialistischen Deutschen Arbeiterpartei – Gau Weser-Ems - in seinem Schreiben vom 27. August 1942 „An den Präsidenten der Rechtsanwaltskammer Oldenburg Parteigenossen Grashorn" dessen Bestrafung mit den Worten[25]:

„Die Tätigkeit des Halbjuden Erich Schiff als Rechtsanwalt und Notar, zugelassen beim Landgericht und Oberlandesgericht, hat bis heute in den Kreisen der Bevölkerung größtes Unverständnis hervorgerufen. Wenn Schiff auch angeblich Verdienste aufgrund seiner Teilnahme am Weltkrieg aufzuweisen hat, so dürfte es immerhin bald an der Zeit sein, ihn seines Amtes als Rechtsanwalt zu entheben. Die von Schiff in dem hier vorliegenden Fall gezeigte Haltung, läßt klar erkennen, daß er gegenüber der NSDAP nicht den Respekt hat, wie es gerade bei ihm erwartet werden müßte. Außerdem hat er in seiner Tätigkeit als Rechtsanwalt mit einer angeblichen Bescheinigung der Partei fungiert, die überhaupt nicht vorliegt.
Ich bitte, von dort aus das Weitere zu veranlassen.
Heil Hitler!
Gez. (Walkenhorst)
Gaustabamtsleiter "

Das Ehrengerichtsverfahren wird eingeleitet und endet vorläufig mit dem Urteil der Dienststrafkammer beim Oberlandesgericht Oldenburg vom 19. 6. 1943. Es geht dabei um folgendes:
Im Hause Bremer Straße 37 in Oldenburg kommt es zu einem Streit zwischen zwei Mietparteien. Im Juni 1942 äußert eine Mieterin bei der Auseinandersetzung mit einer anderen Mieterin zu dieser *„sie hielte wohl auch mit dem Juden zusammen"*, und meinte damit einen weiteren Mieter des Hauses.
Dieser beauftragte dann Rechtsanwalt Schiff mit der Erhebung einer Privatklage wegen Beleidigung gegen die Mieterin, die ihn als Juden bezeichnet hatte. Dabei legte der Mandant von Rechtsanwalt Schiff diesem eine Reihe von Urkunden zum Nachweis seiner deutschblütigen Abstammung vor. Daraus ergab sich, dass sein Urgroßvater Volljude war, aber die christliche Taufe erhalten hatte. Ferner legte der Mandant dem Rechtsanwalt ein Schriftstück vor, dass eine Anfrage der Hauseigentümerin an den Ortsgruppenleiter der NSDAP in Osternburg dahingehend enthielt, ob die Mutter des als Juden bezeichneten Mieters jüdischer Abstammung sei. Der

Ortsgruppenleiter antwortet, dass nach den Ermittlungen beim Einwohnermeldeamt die *„Feststellung nicht möglich sei, ob die genannte Frau M. jüdischer Abstammung sei".*

Rechtsanwalt Schiff behauptete in einem Schreiben, dass er dann an die Mieterin richtete, sein Mandant sei, wie urkundlich und auch *„seitens einer Bescheinigung durch die Partei nachgewiesen sei",* arisch. Das Schreiben von Rechtsanwalt Schiff übergab die Angeschriebene, die Herrn M. als Juden bezeichnet hatte, der Gauleitung Weser-Ems. Die Gauleitung Weser-Ems forderte Rechtsanwalt Schiff auf, ihr abschriftlich die vorgenannte Bescheinigung zu übersenden sowie ihr Unterlagen über die arische Abstammung zur Einsicht zur Verfügung zu stellen. Zu diesem Schreiben wurde ein amtlicher Briefbogen der Gauleitung mit eingeprägtem Hoheitszeichen benutzt. Unterzeichnet war dieses Schreiben mit „Albrecht Gauhauptstellenleiter". Neben der Unterschrift befand sich das Dienstsiegel der Gauleitung. Rechtsanwalt Schiff antwortete dahingehend, dass seinem Auftraggeber nicht zugemutet werden könne, seinerseits zugunsten der Personen, die ihn als Juden bezeichnet hätten und gegen die er vorgehen wolle, irgendwelche Schritte zu unternehmen.
Eine Erinnerung der Gauleitung ließ Rechtsanwalt Schiff unbeachtet. Statt dessen reichte er beim Amtsgericht Oldenburg Privatklage ein.

Schiff wird von der Dienststrafkammer in Oldenburg zu einer Geldbuße von RM 4.000 verurteilt[26]. Das entspricht in etwa der Hälfte des Jahreseinkommens im Jahre 1943. Schiff legt Berufung ein. Das Berufungsurteil fällt der Dienststrafsenat beim Reichsgericht am 20.10.1943. Die Geldbuße wird von RM 4.000 auf RM 2.500 herabgesetzt. In dem Urteil des Reichsgerichts heißt es unter anderem[27]:

„Ganz allgemein hat zu gelten, daß der Beschuldigte, da er selbst Mischling 1. Grades ist, bei Behandlung von Fragen, die die rassische Einordnung von Volksgenossen betreffen, besonders vorsichtig und korrekt sein mußte. Er hätte klug getan, wenn er die Sache M. gegen W. gar nicht übernommen hätte.
Die Angabe des Beschuldigten in seinem Schreiben, daß Müller, wie urkundlich nachgewiesen, arisch sei, wird der wahren Sachlage keinesfalls gerecht, da ein Urgroßvater Volljude war, wie der Beschuldigte auch wußte. M. ist zwar nicht Mischling im Sinne von § 2 der 1. Verordnung zum Reichsbürgergesetz vom 14. November 1935, er hat aber einen nicht unerheblichen jüdischen Bluteinschlag. Unter den hier gegebenen Umständen durfte der Beschuldigte den M. nicht schlechthin als arisch bezeichnen. Er konnte entweder sagen, M. sei kein Jude, oder er gelte als arisch (besser deutschblütig) im Sinne des Reichsbürgergesetzes. Darüber ist sich der Beschuldigte nach der Überzeugung des Senats auch im klaren gewesen. Dagegen brauchte er nicht zu sagen - und durfte das auch nicht als der Bevollmächtigte Ms. -, daß ein Urgroßvater Ms. Jude war. Die weitere Behauptung des Beschuldigten, durch eine Bescheinigung der Partei sei nachge-

wiesen, daß M. arisch sei, ist <u>objektiv</u> unrichtig. Der Senat hat sich im Gegensatz zu der Dienststrafkammer nicht davon überzeugen können, daß der Beschuldigte sich dessen bewußt gewesen ist. Er ist vielmehr nach dem persönlichen Eindruck, den der Beschuldigte gemacht hat, der Meinung, daß hier nur eine Fahrlässigkeit des Beschuldigten vorliegt. Auf Grund des vorgetragenen ärztlichen Zeugnisses und der Aussage des Zeugen M., daß er den Inhalt der dem Beschuldigten vorgelegten Urkunden und Vorgänge so <u>dargelegt</u> habe, daß an seiner deutschblütigen Abstammung keine begründeten Zweifel bestehen könnten, liegt es nahe anzunehmen, daß der Beschuldigte sich unvorsichtigerweise darauf verlassen und die Unterlagen nicht genau eingesehen hat. Er war hier aber, wie oben dargelegt, zu besonderer Vorsicht verpflichtet.

Was das Verhalten des Beschuldigten der Gauleitung Weser-Ems gegenüber anlangt, so schließt sich der Senat der Beurteilung durch die Dienststrafkammer an. Er konnte nicht darüber im Zweifel sein, daß es sich hier um <u>parteiamtliche</u> Schreiben der Gauleitung handelte. Dann durfte er sich aber nicht so verhalten, wie er es getan hat. Auch insoweit hat er sich einer Verletzung der ihm als Rechtsanwalt nach § 31 BRAO obliegenden Pflichten schuldig gemacht.

Der Beschuldigte war nach alledem gemäß § 64 BRAO zu bestrafen.

Bei der Strafzumessung hat der Senat zu Gunsten des Beschuldigten dasselbe berücksichtigt wie die Dienststrafkammer. Weiter aber, daß seine Schuld geringeren Ausmaßes ist, als die Dienststrafkammer angenommen hat. Andererseits sprach gegen ihn, daß er bereits einmal im ehrengerichtlichen Verfahren zu einer Geldstrafe von 1000 RM und einem Verweis verurteilt worden war. Eine Geldbuße von 2500 RM, wie sie der Generalstaatsanwalt in der ersten Instanz beantragt hatte, erschien danach und im Hinblick auf die Einkommens- und Vermögensverhältnisse des Beschuldigten ausreichend und angemessen."

Das Urteil löst bei Schiff einen Nervenzusammenbruch aus.[28]

Der Reichsminister der Justiz führt auf Grund des ehrengerichtlichen Urteils Ermittlungen durch und bittet den Oberlandesgerichtspräsidenten und den Generalstaatsanwalt in Oldenburg mit Schreiben vom 19. 2. 1944 *bis zum 1. Februar 1947* um Bericht, *ob Rechtsanwalt und Notar Erich Schiff in den Ruhestand zu versetzen ist.*[29]

Der Landgerichtspräsident Dr. Brandt soll sich *über Bewegung, dienstliche Leistungen, Führung, Charakter und politische Haltung* von Rechtsanwalt Schiff äußern. Das tut er am 28.03.1944 wie folgt:

„*Bewegung durchaus hinreichend; Berufsausübung und Führung nicht immer einwandfrei. Charakter und politische Haltung entsprechend seiner Abstammung als Mischling.*"

Im Juni 1944 bittet der Reichsminister der Justiz den Oberlandesgerichtspräsidenten „*im Hinblick auf die im Ehrengerichtsverfahren hervorgetretene Grundhaltung des Rechtsanwalts und Notars Erich Schiff"* um einen weiteren Bericht. Der Oberlandesgerichtspräsident teilt dem Reichsjustizminister mit:

"Nachdem durch das Urteil der Dienststrafkammer beim Reichsgericht eine geringere Schuld angenommen worden ist, als von der hiesigen Dienststrafkammer und die Strafe erheblich herabgesetzt worden ist, möchte ich die Frage, ob die Berufsausübung von Rechtsanwalt Schiff standeswichtige Belange gefährdet, verneinen."

Der Reichsminister der Justiz, im Auftrag Letz, schreibt am 14. Juli 1944 an den Herrn Oberlandesgerichtspräsidenten in Oldenburg:

"Vom Bericht und seinen Anlagen habe ich Kenntnis genommen. Ich bitte mit Nachdruck darauf Bedacht zu nehmen, dass Rechtsanwalt und Notar Schiff für Aufgaben der Reichsverteidigung eingesetzt wird. Sobald von maßgebender Stelle erneut Anstände erhoben werden, bitte ich zu berichten."

Im. Oktober 1944 werden die drei Brüder Elimar, Erich und Arnold Schiff von der Geheimen Staatspolizei verhaftet und unter Leitung des GeStaPo-Oberen Osterloh von Oldenburg in einem Lastwagen zusammen mit anderen Personen in das „Erziehungslager der geheimen Staatspolizei" nach Bremen-Farge gebrach[30]. Dort sollte in dem noch heute stehenden Bunker „Valentin" U-Boote bombensicher in Serie produziert werden. Die Brüder Schiff werden dort jedoch entweder gar nicht oder kaum eingesetzt. Elimar Schiff, der älteste der verhafteten Brüder, geb. am 6. 11. 1876, wird wieder entlassen, Erich, geb. 16. 5. 1882, und Arnold Sylvester Schiff, geb. 31. 12. 1885, werden am 17. Oktober 1944 weiter verfrachtet in ein „Lager der Organisation Todt" in Lenne bei Holzminden zur „Baustelle Wohnbaracken". Arnold Schiff wird zum Kalfaktor ernannt und vom Außendienst befreit. Sein älterer Bruder *Erich bleibt in der Kolonne, d. h. er muß Außenarbeiten im Tiefbau verrichten . „Ich schlage mich .... mit schweren Erdarbeiten redlich durch den 11stündigen Arbeitstag durch"* schreibt Erich Schiff seiner Schwägerin Anna, der Ehefrau des mit inhaftierten Bruders Arnold. Weiter: *„Die Verbindung mit der Heimat ist ja schließlich noch das Einzige, was uns hier die dunklen Tage erhellt... Gott sei Dank gibt es keinen Fliegeralarm, sodaß wir während der Nacht nicht gestört werden. Mögen die Angloamerikanischen Flieger noch so viel über uns daher brausen, wir pennen ruhig weiter."*

Es besteht strenges Besuchsverbot. Zur Postüberwachung schreibt Arnold Schiff an seine Ehefrau:

*...Nur möchte ich bitten, wenn in den Briefen von Ado politische Bemerkungen stehen, die irgendwelchen Anstoß erregen könnten, diese **nicht** nach hier zu schicken, da möglicherweise mit einer Zensur zu rechnen ist. Wir hatten heute Besuch von der Gestapo....*

Im letzten Brief aus Lenne vom 12. Dezember 1944 schreibt Arnold Schiff an seine Ehefrau:

> „...Das Wetter ist weiter schlecht und der Schmutz ist groß. Ich bin noch immer in der Küche tätig und bin schon perfekt im Kartoffelschälen. Erich ist Kalfaktor in einer Baubude; sein Rheuma macht ihm jetzt mehr Beschwerden."

Am 16. Dezember 1944 werden die beiden Brüder aus der „Arbeitshaft" nach Oldenburg bzw. Elsfleth entlassen.

Nach Kriegsende im Mai 1945 baut die britische Besatzungsmacht in Oldenburg eine neue Verwaltung auf. Am 31. 7. 1945 schreibt die britische Besatzungsbehörde an den oldenburgischen Justizminister:

> „Sie wollen die folgenden Rechtsanwälte veranlassen, sich am Donnerstag, den 2. August 1945 um 10 h auf dem im Amtsgericht Oldenburg tagenden Oldenburger Allgemeinen Militärgericht einzufinden, da die Genehmigung zur Ausübung ihrer Praxis entgegenzunehmen und um den erforderlichen Eid zu leisten."[31]

Unter den genannten sieben Anwälten ist auch Schiff, der so wieder als Anwalt zugelassen wird.

Seine Zusammenarbeit mit der britischen Verwaltung ist gut. Er beantwortet Fragebögen und erhält unter anderem ein Schreiben vom 29. 8. 1945, in dem es heißt:

> „Ihre Angaben sind für uns wichtig und von allergrößtem Nutzen. Sie helfen mit, uns über die öffentliche Meinung und über wichtige Probleme des täglichen Lebens auf dem Laufenden zu halten. Einzelne ihrer Anregungen wurden bereits verwertet (z. B. Schulunterricht, Brennstoffversorgung, Verkehrsprobleme, Abtransport ausländischer Arbeiter usw.)"

Etwa zur gleichen Zeit wird bei Schiff angefragt, ob er bereit sei, SS-Offiziere vor dem Militärgericht in Oldenburg zu verteidigen, die bei der Ardennen-Offensive ohne Grund Zivilisten getötet haben sollen. Er erklärt sein Einverständnis mit der Verteidigung und erläutert seinen Verwandten seine Entscheidung mit den Worten:

> „Wir müssen wieder lernen, was eine unabhängige Justiz ist, wenn wir Demokraten werden wollen."[32]

In dem Prozess setzt er sich intensiv für seinen Mandanten, einen SS-Offizier, ein. Das führt zu einem Schreiben der britischen Besatzungsmacht an ihn vom 12. 9. 1945, in dem es (im Original auf englisch) heißt:

> „1.Ihr Verhalten vor dem „Military Government Courts" war kürzlich unbefriedigend und ist mir gegenüber als verletzend beschrieben worden.
> 2. Sie werden deshalb von jedem Erscheinen vor irgendeinem dieser Gerichte suspendiert mit praktischer Auswirkung von Donnerstag, dem 13. September 1945 bis Donnerstag, dem 11. Oktober 1945."

Verteidigung vor Militärgericht im Landgericht Oldenburg 1945, Schiff stehend.
Quelle: Privatbesitz.

Schiff bittet den Ministerpräsidenten Tantzen um einen schriftlichen Bescheid. Dieser schreibt ihm am 21. September 1945:
„*Nachträglich erhalte ich von Herrn Oberst D i l l o n auf meine Besprechung mit ihm über ihre Suspendierung folgenden schriftlichen Bescheid:*
Der Rechtsanwalt Schiff wurde auf meinen Befehl für einen Monat suspendiert wegen Ungebührlichkeit gegen einen britischen Offizier im Gericht, und er kann froh sein, daß er nicht dauernd suspendiert worden ist. Auf keinen Fall wird Ungebührlichkeit gegen ein britisches oder alliiertes Mitglied der Armee geduldet, sei es, daß es tatsächlich geschehen ist oder sei es, daß sich eine solche daraus folgern läßt.
Jeder weitere Vorfall dieser Art wird mit größter Strenge geahndet werden."[33]

Im November 1945 wird Schiff von der Militärregierung als Rechtsanwalt und Notar allgemein wieder zugelassen. Er wird wieder Mitglied des Vorstands der Anwaltskammer und Mitglied des Ehrengerichts.
Das Ehrengericht bei der Rechtsanwaltskammer Oldenburg (selbstverständlich ohne Mitwirkung Schiffs) hebt durch Beschluss vom 25. April 1947 das oben genannte Urteil des Reichsgerichts auf und spricht Rechtsanwalt Schiff auf Kosten der Staatskasse frei.[34]

1960 erhält Rechtsanwalt Schiff anlässlich seines 50-jährigen Berufungsjubiläums als Rechtsanwalt das Bundesverdienstkreuz 1. Klasse. Er teilt 1969 der Justiz mit, dass er auf seine Rechte aus seiner Zulassung als Rechtsanwalt und Notar verzichtet.

Am 26. 6. 1970 stirbt Erich Schiff in Oldenburg, seine Ehefrau Maria Martinsen am 16. 8. 1992.[35]

Anmerkungen

1. Persönliche Daten aus Ado Schiff, Aus meinem Leben, Band 3: Die Familien Geschichte der Schiffs aus Elsfleth; Selbstverlag, Augsburg 1993 (Ado Schiff ist ein Sohn des Bruders Arnold Sylvester von Erich Schiff).
2. AaO, Seite 194, 212.
3. Personalakte Staatsarchiv Oldenburg Rep 940 Akz 213 Nr. 1234.
4. Ado Schiff aaO, Seite 246.
5. Zitat nach Dr. Helmut Steenken, „Großneffe" von Erich Schiff.
6. Ado Schiff aaO, S. 242.
7. Entschädigungsakte Staatsarchiv Oldenburg Rep 405 Akz 79 Nr. 700071.
8. Gesetz zur Wiederherstellung des Berufsbeamtentums, siehe Seite 202.
9. Gesetz über die Zulassung zur Rechtsanwaltschaft, siehe Seite 205.
10. Erste Verordnung zur Durchführung des Gesetzes zur Wiederherstellung des Berufsbeamtentums.
11. Zitat nach Helmut Steenken.
12. Ado Schiff aaO, Seite 277.
13. Entschädigungsakte.
14. Entschädigungsakte.
15. Zitat nach Helmut Steenken.
16. Entschädigungsakte.
17. Wörtlicher Gesetzestext des Reichsbürgergesetzes und des Gesetzes zum Schutze des deutschen Blutes und der deutschen Ehre.
18. Siehe Seite 210.
19. Siehe Seite 210.
20. Personalakte.
21. Personalakte.
22. Personalakte.
23. Dem Bruder Arnold Schiff attestiert dessen Hausarzt eine Parkinson-Erkrankung. Der Arzt ist Dr. Richard Wuttke, der der SS angehört. Einige Monate später kommt Wuttke in ein Lager der Alliierten. Arnold Schiff setzt sich zusammen mit anderen vergeblich für seine Freilassung ein.
24. Entschädigungsakte.
25. Staatsarchiv Oldenburg Best. 142 Nr. 29.
26. Urteil vom 19. 6. 1943 Az. X 1/43, Personalakte.
27. Urteil vom 20. 10. 1943 Az. FD 85/43, Personalakte.
28. Entschädigungsakte.
29. Personalakte, auch das folgende.
30. Ado Schiff aaO, Seite 293 ff., auch das folgende.
31. Unterlagen Privatbesitz Dr. Helmut Steenken, auch das folgende.
32. Zitat nach Dr. Helmut Steenken.
33. Was genau vorgefallen ist, konnte ich aus deutschen Quellen nicht ermitteln.
34. Beschluss vom 25. 4. 1947, Staatsarchiv Oldenburg Best 142 Nr. 29.

LANDGERICHTSBEZIRK OSNABRÜCK

Elmar Schürmann

DR. MARTIN BATSCHINSKI

Martin Batschinski wurde am 14. Januar 1905 in Sensburg geboren, früher Kreisstadt im Bezirk Allenstein/Ostpreußen. Er hat mit größeren Unterbrechungen u.a. in Freiburg und Leipzig Rechtswissenschaft studiert.[1] Warum er am Ende seiner Ausbildung nach Osnabrück verzogen ist, kann nicht geklärt werden. Seine Tätigkeit als Rechtsanwalt wird nicht lange gedauert haben, als der Naziterror begann.[2] Im Einwohnerverzeichnis ist er mit Büro in Osnabrück unter der Anschrift „Neumarkt 4" – also sozusagen neben dem Landgericht – aufgeführt. Seine sicher noch schmal gebliebene berufliche Akte der Justizverwaltung gibt es nicht mehr.

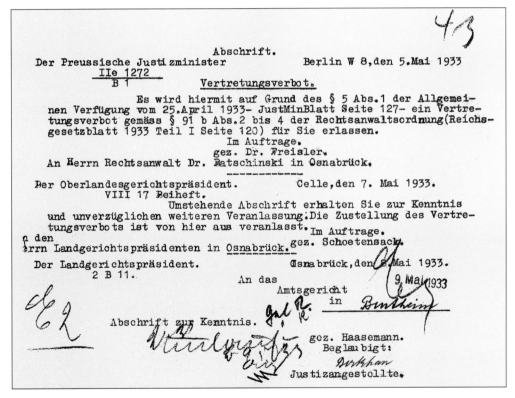

Der damalige Ministerialbeamte Roland Freisler erlässt am 5. Mai 1933 ein Vertretungsverbot gegen Dr. Batschinski, das der Landgerichtspräsident in Osnabrück an alle Amtsgerichte seines Bezirks weiterleitet.
Quelle: Nds. Landesarchiv Staatsarchiv Osnabrück Rep 950 Bent Nr. 700.

Über das Schicksal des 1932 erst 27-jährigen Rechtsanwalts ist nur wenig bekannt. Während es einerseits heißt[3], er sei aus Osnabrück bereits im Dezember 1932 nach *„Unbestimmt"* verzogen, lautet eine weitere Eintragung in der Kartei der Synagogengemeinde Osnabrück zu ihm und seiner Schwester Hedwig „später Südwestafrika"[4]. Jedenfalls findet sich sein Name noch im Mai 1933 beim Auftakt der Boykottmaßnahmen gegen jüdische Rechtsanwälte in Verfügungen des Landgerichtspräsidenten Osnabrück an alle Gerichte des Bezirks[5].

Rechtsanwalt Batschinski wird gewusst haben, dass sein Berufsweg verschlossen war. Zu jung, um zu den so genannten Frontkämpfern des ersten Weltkrieges zu gehören, die zunächst noch verschont worden waren, sah er in Deutschland keine Chance für eine berufliche Betätigung in dem erlernten Beruf.

Nachfragen des Verfassers bei der jüdischen Gemeinde in Windhoek und bei den deutschsprachigen Zeitungen in Namibia brachten ebenso wenig eine Spur von ihm wie Erkundigungen bei einem heutigen Sprecher der deutschstämmigen Einwohner in seinem Geburtsort, dem früher ostpreußischen Sensburg.

Es bleibt zu hoffen, dass dem noch jungen Rechtsanwalt die geplante Auswanderung gelungen ist, in welches Land auch immer er vor den nationalsozialistischen Unterdrückern und Verfolgern fliehen konnte. Sein weiteres Schicksal blieb leider unaufgeklärt.

Anmerkungen

1 Bundesarchiv Berlin, R 3041/50875.
2 Die Karteikarte des Bundesarchivs, a.a.O. datiert die Rechtsanwaltszulassung in Osnabrück auf den 1.1.1932.
3 Brückner, Rechtsanwälte links der Weser, 1999, S.75 ff; Junk, Sellmeyer, Stationen auf dem Weg nach Auschwitz, 1988, Seite.288.
4 Staatsarchiv Osnabrück, Kartei der Synagogengemeinde ‚Dep. 3 b XVIII 28o.
5 Staatsarchiv Osnabrück, Rep 950 Bent (im konkreten Fall an eines der entferntesten Amtsgerichte des Bezirks:: AG Bad Bentheim).

Elmar Schürmann

GEORG BODENHEIM

Georg Bodenheim war zunächst Amtsgerichtsrat und später Rechtsanwalt in Melle.

Er entstammte einer sehr begüterten jüdischen Familie. Sein Großvater Gumpert Bodenheim hatte 1853 in Allendorf eine Papierfabrik gegründet, die mehrere hundert Mitarbeiter beschäftigte[1]. Die Papierfabrik erzielte großen wirtschaftlichen Erfolg in ganz Europa. Dem Unternehmensgründer wurde 1871 der Titel „Königlich Preußischer Kommerzienrat" verliehen. Gumpert Bodenheim war ein sehr geachteter Mann, der auch gesellschaftlich große Bedeutung erlangte. Der Sohn Benjamin Bodenheim des Firmengründers führte das Unternehmen fort und gründete zugleich zusammen mit anderen ein weiteres Unternehmen in der Nähe von Hannover[2].

Georg Bodenheim zu Beginn seiner Zeit als Amtsrichter in Melle.
Quelle: Privatbesitz.

Georg Bodenheim ist am 22.07.1867 als Sohn des Fabrikanten Benjamin Bodenheim in Allendorf geboren. Seine Eltern sind bald darauf mit der Familie nach Hannover verzogen. Dort besuchte Georg Bodenheim die Schulen und bestand in Hannover auch das Abitur. Er war später eingeschrieben an den Universitäten Göttingen und München, wo er Jura studiert hat. Noch während der Berufsausbildung trat Georg Bodenheim in die evangelische Kirche ein.

Nähere Einzelheiten über seine Ausbildung, seine Leistungen im Justizdienst und über seine Rechtsanwaltstätigkeit in Melle sind nicht bekannt, weil die Personalakten im preußischen Justizministerium Berlin und im Oberlandesgericht Celle „vor 1945 vernichtet"[3] worden sind. Die ihn betreffenden üblichen Personalakten des Landgerichts Osnabrück über die in diesem Bezirk tätigen Richter und Rechtsanwälte sind nicht mehr vorhanden. Das erstaunt schon auf den ersten Blick, denn nach den damals wie heute gültigen Bestimmungen waren solche Unterlagen noch viele Jahre aufzubewahren, bevor sie das Staatsarchiv sichtete.[4]

Immerhin ist den Unterlagen noch soviel zu entnehmen, dass Georg Bodenheim 29 Jahre im Justizdienst tätig gewesen war. Von diesem Ausgangspunkt lässt sich folgendes sicher feststellen: Der jüdische Amtsrichter Bodenheim war zur Zeit der Machtergreifung der Nazis schon lange aus dem Justizdienst ausgeschieden. Legt man nämlich übliche Studien- und Ausbildungszeiten zugrunde, wird er 1933 schon einige Jahre nicht mehr im aktiven Justizdienst, sondern als Rechtsanwalt tätig gewesen sein. Für das Jahr 1933 findet sich die Bestätigung in den Generalakten des Amtsgerichts Melle[5] .Dort heißt es, in einer Weisung des Landgerichtspräsidenten Osnabrück vom 11. April 1933:

„Falls der Rechtsanwalt Bodenheim, was ich nicht weiß, <u>nicht arischer</u> Abstammung ist, ist nach den für die Gerichte maßgeblichen Bestimmungen, die Ausübung der Praxis untersagt. ..."

```
Der Landgerichtspräsident.                  Osnabrück, den 11. April 1933.
        X 109.                              Fernsprecher 4321 u. 6886.
```

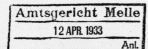

```
                                    An das
                                            Amtsgericht
                                                in Melle.

        Auf den Bericht vom 8.4.33- Gen. II A 17-, der heute hier
eingegangen ist, kann ich nur auf die durch Funkspruch bekannt-
gegebene RVerfg. des Herrn Justizministers vom 31.3.1933 ver-
weisen, von der das Amtsgericht Abschrift erhalten hat.
        Falls der Rechtsanwalt Bodenheim, was ich nicht weiss,
nicht arischer Abstammung ist, ist nach den für die Gerichte
massgebenden Bestimmungen die Ausübung der Praxis untersagt.
        In diesem Falle würde auch nach Gesetz über Zulassung
zur Rechtsanwaltschaft, das am 10.4.33 verkündet ist, seine
Zulassung zurückgenommen werden können, es sei denn, dass er
im Weltkriege an der Front gekämpft habe usw.
        Eine Vereinbarung mit der Kreisleitung der NSDAP
würde ein Abweichen von den massgebenden Bestimmungen nicht
rechtfertigen.
                                    gez. Haasemann.
                                    Beglaubigt:
                                    Justizangestellte.
```

Der Landgerichtspräsident in Osnabrück untersagt dem Aufsichtsrichter am Amtsgericht Melle mit der örtlichen Parteileitung der NSDAP Ausnahmeregelungen für Rechtsanwalt Bodenheim zu vereinbaren.
Quelle: Nds. Landesarchiv Staatsarchiv Osnabrück Rep 950 Bent Nr. 1095.

Es überrascht, dass der Landgerichtspräsident in Osnabrück noch nicht über die jüdische Abstammung des Rechtsanwalts Bodenheim informiert war, denn auf den Funkspruch des Reichskommissars für die Justiz Kerrl vom 31.03.1933[6], der unter anderem verlangt hatte, jüdische Rechtsanwälte vor Gericht vorläufig nicht auftreten zu lassen, hatte der Aufsichtsrichter des Amtsgerichts Melle am 08. April 1933 an den Landgerichtspräsidenten in Osnabrück berichtet[7]:

„Bei Beginn der Boykottbewegung gegen jüdische Rechtsanwälte hatte der jetzige Rechtsanwalt Amtsgerichtsrat i. R. Bodenheim auf Veranlassung der NSDAP seine Geschäftsräume zunächst geschlossen. ... habe ich Herrn Bodenheim erklärt, dass seinem Auftreten vor Gericht bis auf weiteres keine Schwierigkeiten gemacht würden. Der Kreisleiter der NSDAP hat mir auf Rückfrage zugesichert, dass er nichts dagegen unternehmen wollte. Ich nehme an, dass sich die Angelegenheit durch ein geplantes Gesetz ... erledigen wird. ..."

Was immer der Aufsichtsrichter am Amtsgericht Melle an neuen gesetzlichen und anderen Regelungen im Blick hatte, die nicht lange auf sich warten lassen sollten, unterband der Landgerichtspräsident unter dem 11.April 1933 (siehe oben) pragmatische Absprachen und Regelungen. Die „Ausübung der Praxis war untersagt".
Es spricht alles dafür, dass Georg Bodenheim seine Zulassung als Rechtsanwalt bald danach ohne weiteren Druck von außen aufgegeben hat.[8] Dafür lassen sich Gründe aus seinem Lebenslauf und aus seiner Persönlichkeit anführen.

Georg Bodenheim war verheiratet mit Elisabeth Starcke. Die Ehe blieb kinderlos. Die Familie Starcke kann man als eine Dynastie von Industriellen im Osnabrücker Land bezeichnen. Dieses Umfeld ähnelte in finanzieller Hinsicht dem seines eigenen Herkommens in Bad Sooden-Allendorf.
In Melle und Umgebung galt er als ein sehr bekannter und geschätzter Mann, dessen Persönlichkeit eine große Ausstrahlung gehabt haben muss. Georg Bodenheim wurde in eine ganze Reihe von Ehrenämtern gewählt.

Seit 1909 war er Mitglied des Verschönerungs- und Verkehrsvereins, ab 1920 dessen Vorsitzender[9]. Sein Einsatz galt als vorbildlich und unermüdlich. Er gehörte auch dem Vorstand des Wiehengebirgsverbandes an. Dokumentationen seiner ehrenamtlichen Tätigkeit in anderen heimatkundlichen Vereinen und die publizistische Betätigung für diese sind Teil einer Sammlung[10]. Der Biograph Schütt [11] der Familie Bodenheim zählt folgende schriftstellerische Betätigungen auf:
   - Gedichte „Sonette von der Werra"[12]
   - Texte für die Bilderfolge „Die sieben Werke der Barmherzigkeit"
   - Musikalische Begleitung dazu
   - Gedicht „Beethoven Symphonie in C-Moll"[13]
   - Aufsatz „Das Ewigweibliche" in „Westermann´s Monatshefte".

Goldregen.
(Im Walde bei Ostenwalde.)

Heut' geht es in ein Zauberland!
Was sonst man nur in Träumen,
In Sagen und in Märchen fand:
Das Gold wächst auf den Bäumen.
Ihr glaubt es nicht? Ihr sollt es sehn:
Wo tief im Wald fünf Linden stehn,
Ist alles eitel golden
Von tausend Blütendolden.

Die Vöglein wühlen in dem Schatz
Wie alte Millionäre.
Mit Gold wirft um sich frech der Spatz,
Als ob es Häcksel wäre.
Der Buchfink häuft sich ein Depot,
Die Elster fragt schon listig: „Wo?"
Goldammer fühlt sich ganz im Bild,
Rotschwänzchen aber wird Rotschild.

Ihr Wand'rer, folgt mir in den Wald,
Die gold'ne Pracht zu sehen.
Wie bald wird alles, ach wie bald,
Verwelken und verwehen.
So schnell verklingt der Finkenschlag,
So bald verblaßt der Maientag.
Drum sehet heut' noch prangen,
Was morgen schon vergangen.

Georg Bodenheim.

Eines der Gedichte von Georg Bodenheim, häufig Natur-, Vaterlands- und Heldenthemen behandelnd.
Quelle: Stadtarchiv Bad Sooden-Allendorf (Westje) „Der Grönegau" 1931.

Er hielt Vorträge in der städtischen Volkshochschule Melle.

Diese – nicht vollständige – Aufzählung mag zeigen, welchen vielfältigen Interessen Georg Bodenheim nachging. Er war nicht nur in Melle ein geachteter und geschätzter Mann. Es lässt sich leicht erklären, dass für ihn und viele andere durch die Ereignisse ab 1933 eine Welt zusammengebrochen ist. Anfang April 1933 wurden mehrere Fensterscheiben seines Wohnhauses in Melle von unbekannten Rabauken, deren antijüdische Motive auf der Hand lagen, nachts eingeworfen[14]. Nationalsozialisten und Antisemiten in Melle beleidigten ihn auf Schritt und Tritt, so dass er 1933 alle Ehrenämter niederlegte[15].

Obwohl ihn zahlreiche Stellen – sogar der Osnabrücker Oberbürgermeister Dr. Gaertner – angesichts der großen Leistungen dieses Mannes bewegen wollten, die Ehrenämter wieder aufzunehmen, verzichtete Georg Bodenheim auf alle weiteren Betätigungen.

Da die Unterlagen des Amtsgerichts Melle nach April 1933 keinen weiteren Hinweis mehr auf den jüdischen Rechtsanwalt Bodenheim ergeben, ist als sicher anzunehmen, dass er auch seine Anwaltszulassung im gleichen Zeitraum selbst aufgegeben hat.

Es wird von Angehörigen berichtet, dass er sein Haus nicht mehr verließ, seit er den Judenstern tragen musste. Sein einstmals großer Bekanntenkreis hatte sich bis auf 2-3 Freunde zurückgezogen[16].

Was Georg Bodenheim in der Folgezeit widerfuhr, ist auch von anderen jüdischen Mitbürgern in vergleichbarer Lage zu berichten. Die Diskriminierungen gingen über den Tod hinaus.

Sein Ende wird folgendermaßen beschrieben[17]:

Hindenburg-Feier

anläßlich des 80. Geburtstages des Herrn Reichspräsidenten am Sonntag, dem 2. Oktober 1927, nachmittags 5 Uhr, in der Stadthalle zu Melle.

Festfolge:

1. Festmarsch . . . . v. Rieping
2. Prolog
3. Männer-Quartett „Schäfers Sonntagslied" . . . . v. Kreutzer
   „Deutsches Volksgebet" . . . . v. Janoske
4. Ouverture „Das treue deutsche Herz" . . . . . . v. Richter
5. Ansprache
6. „Helden" Musikalisch-Dramatische Szene . . . . v. Wisbar
7. König Heinrichs Aufruf und Gebet aus „Lohengrin" v. Wagner

——————— Pause. ———————

8. Armeemarsch Nr. 7, 1. Batl. Gr. de
9. „Jungdeutschlands Glückwunsch" . . . . v. Bodenheim
10. Männer-Quartett „Über die Heide" . . . . . . v. Schenk
    „Am Rhein" . . . . v. Hansen
11. 2 Balladen für Orchester „Prinz Eugen der edle Ritter" v. Löwe
    „Heinrich der Vogler" . . v. Löwe
12. „Brüder" ein Spiel a. d. Tagen d. Zusammenbruchs 1918 v. Wisbar
13. Fanfarenmärsche „Kreuzritter" . . . . v. Henrion
    „Hie gut Brandenburg allewege" . . v. Henrion
14. Gemeinsamer Gesang „O Deutschland, hoch in Ehren."

Die Musik wird ausgeführt von der Reichswehr-Kapelle des Ausb.-Batl. Nr. 16, Osnabrück, unter persönlicher Leitung des Musikmeisters O. Roth.

Im Anschluß an die Feier findet ein

Festkommers

statt mit Musikvorträgen der Reichswehrkapelle und gemeinsamen Gesang. Liedertexte umseitig.

Es wird gebeten, nach der Feier den Saal zu räumen, damit dieser für den Kommers hergerichtet werden kann.

Plakat zur Hindenburgfeier in der Stadthalle Melle mit einem Beitrag Georg Bodenheims unter dem Titel „Jungdeutschlands Glückwunsch".
Quelle: Stadtarchiv Bad Sooden-Allendorf (Westje).

„Georg Bodenheim verunglückte 1941 in seinem Haus auf der Treppe und erlitt einen Oberschenkelhalsbruch. Das evangelische Krankenhaus in Melle weigerte sich, einen Juden aufzunehmen. Das katholische Krankenhaus war bereit, ihn zu behandeln. Er starb einige Wochen nach der Aufnahme im 74. Lebensjahr. Nun weigerte sich die Friedhofsverwaltung in Melle ihn zu beerdigen, und verwies ihn

Georg Bodenheim nach Rückzug aus allen Ämtern und beruflichen Funktionen.
Quelle: Privatbesitz.

an einen jüdischen Friedhof. Die Angehörigen konnten ihn auf dem Senne-Friedhof bei Bielefeld beisetzen und seine Urne nach Kriegsende in das Familiengrab seiner Ehefrau nach Melle überführen."

Das Schicksal dieses angesehenen Richters und Rechtsanwalts ist anrührend. Er hatte vor der Nazizeit persönlich und beruflich hohe Achtung erfahren, bis er nach Art einer gewaltsamen Umstellung seiner Lebensuhr Diskriminierungen, Schmähungen und Entbehrungen erleiden musste und – jedenfalls für einige Jahre – der Vergessenheit anheim fiel. Es mag zutreffen, dass möglicherweise die einflussreiche Familie seiner Frau in Melle ihm ein noch schlimmeres Schicksal erspart hat: Sein Bruder Rudolf Bodenheim wurde nach Beschlagnahme seines gesamten Vermögens in ein Konzentrationslager gebracht, wo er umkam. Dasselbe Schicksal erlitt seine Schwester Hedwig, die 1944 in Theresienstadt getötet wurde.

Anmerkungen

1 Dazu und zur weiteren Geschichte der jüdischen Familie Bodenheim aus Bad Sooden - Allendorf: Schütt, Schriftenreihe aus dem Stadtarchiv Bad Sooden - Allendorf, Heft u 8, Jüdische Familien in Allendorf und Sooden, zitiert Schütt.
2 Schütt, Seite 15.
3 Auskunft des OLG Celle uind Karteikarte im Bundesarchiv Berlin, B 1406.
4 Nach Feststellung des Verfassers in den Beständen alter Personalakten des Landgerichts Osnabrück, gab es auffallende Lücken bei jüdischen Juristenkollegen.
5 Staatsarchiv Osnabrück, Rep. 950 Mel. Nr. 1095, Blatt 5.
6 Anlage 2, Seiten 200 f.
7 : Staatsarchiv aao, Generalakte, Blatt 3 Rückseite.
8 Nach der Kartei des Bundesarchivs Berlin, a.a.O. als Rechtsanwalt gelöscht am 13.4.1933.
9 Knigge, a.a.O., Seite 8.
10 Stadtarchiv Bad Sooden - Allendorf E II b 3, „Nachlässe Bodenheim".
11 Schütt, a.a.O., Seite 26.
12 Veröffentlicht in der Schriftenreihe aus dem Stadtarchiv Bad Sooden Allendorf.
13 Veröffentlicht in „Tägliche Rundschau" Berlin.
14 Meller Kreisblatt vom 3.4.1933.
15 Knigge, a.a.O., Seite 9.
16 Schütt, a.a.O., Seite 28.
17 Schütt, a.a.O., Seite 29.

Elmar Schürmann

DR. ADOLF COHEN

Geboren am
21.11.1897
in Hannover
Gestorben am
05.04.1942
in Sachsenhausen

Es gibt kein Foto mehr von Dr. Cohen und keinen Grabstein

Als Sohn des jüdischen Rechtsanwalts und Justizrates Dr. Gustav Cohen und seiner jüdischen Ehefrau Elwine geb. Frankenberg wurde Adolf Cohen am 21.11.1897 in Hannover geboren. Sein tragisches Schicksal und eine Verkettung unglücklicher Umstände bringen es mit sich, dass über sein Leben und seinen Werdegang nur wenig bekannt ist. Er gehört in diesen Zusammenhang, weil er nach Entlassung aus dem Justizdienst 1933 einige Jahre als Rechtsberater tätig gewesen ist.

Ein von ihm handgeschriebener Lebenslauf befindet sich in den Promotionsakten der Universität Göttingen[1]. Es heißt dort, er habe von Ostern 1904 bis Ostern 1907 die Vorschule des städtischen humanistischen Ratsgymnasiums in Hannover besucht und sei anschließend in dieses Gymnasium aufgenommen. „Am 15.03.1916", so schreibt er, „wurde ich aus der Versetzung nach Oberprima infolge Eintritts in den Heeresdienst aus der Schule entlassen." Das Abitur habe er am 05.06.1916 mit ministerieller Zulassung[2] bestanden. Adolf Cohen war dann vom 15.03.1916 bis zum 21.11.1918 ununterbrochen im Heeresdienst, den er wegen der Demobilmachung verlassen konnte[3]. Weiter heißt es in seinem Lebenslauf, er habe sich „aus Liebe zu der Tätigkeit meines Vaters" bestimmen lassen, den juristischen Beruf zu ergreifen. Ab Februar 1919 war er Student in Göttingen und hat nach zwei "Zwischensemestern" und fünf „ordentlichen Semestern" im Sommer 1922 sein Studium abgeschlossen. Im Oktober des gleichen Jahres bestand er vor dem Justizprüfungsamt am Oberlandesgericht Celle die erste juristische Staatsprüfung. Seit September 1922 war Adolf Cohen Referendar im Bezirk des Oberlandesgerichts Celle[4].

Cohen, Adolf, Dr. jur., Gerichtsass. i. R., Büro für Rechts- und Wirtschaftsberat., Lohstr. 31; Wohn. Knollstraße 61.[1]

Eintragung im Einwohnerverzeichnis der Stadt Osnabrück nach 1933 bis 1938.

Während der Referendarzeit promovierte Adolf Cohen 1922 mit einer Arbeit über „Die Haftpflicht des Kraftfahrzeughalters". Seine Promotionsurkunde ist nicht mehr vorhanden, was nach einer Auskunft der juristischen Fakultät der Georg-August-Universität Göttingen allerdings nicht darauf hindeutet, dass ihm im Zuge der nationalsozialistischen Verfolgung und Diffamierung von jüdischen Berufskollegen der Doktortitel aberkannt worden ist. Allerdings wird in Personalpapieren ab 1938 der Doktortitel von Adolf Cohen nicht mehr aufgeführt[5].

Der weitere berufliche Werdegang von Dr. Adolf Cohen ist nur wenig dokumentiert. Dies liegt daran, dass seine Personalakte des Landgerichts bei einem Bombenangriff in Hannover im Jahre 1944 verbrannt und dass die so genannte obergerichtliche Personalakte des Oberlandesgerichts Celle nach dem Krieg routinemäßig beseitigt worden ist. Es lässt sich aber feststellen, dass am 31.01.1927 seine Ernennung zum Gerichtsassessor – wahrscheinlich zunächst in Hannover – ausgesprochen sein muss[6]. Andere Annahmen[7] fußen auf Eintragungen in Terminkalendern preußischer Justizbeamter und sind deshalb weniger verlässlich, weil bei Anlage der Versorgungsakte die Personaldaten noch vorgelegen haben.

Vor seinem Eintritt in den Justizdienst hat Dr. Adolf Cohen als „Bürovorsteher" eines jüdischen Rechtsanwalts in Hannover gearbeitet[8]. Aus den genannten Gründen ist über die erste Zeit seiner Tätigkeit als Gerichtsassessor nur wenig bekannt. Neben dem Amtsgericht Hannover waren weitere Tätigkeitsorte auch das Amtsgericht Wennigsen/Deister und – bei Verdichtung des nationalsozialistischen Terrors – das Amtsgericht Osnabrück. Osnabrück war sodann auch der Wohnort der Familie Cohen. Der Oberlandesgerichtspräsident in Oldenburg geht nach dem Krieg davon aus, Dr. Adolf Cohen sei am 01.04.1933 wegen seiner jüdischen Abstammung fristlos aus dem Staatsdienst entlassen worden[9]. Wegen des Kerrl-Erlasses vom 31.03.1933[10] wird er aufgefordert worden sein, als jüdischer Beamter seinen Arbeitsplatz nicht mehr zu betreten. Nach § 3 Abs. 1 und 2 des Gesetzes zur Wiederherstellung des Berufsbeamtentums vom 07.04.1933[11] kam es darauf an, Beamte, die nicht arischer Abstammung waren, zu erfassen und die Ausnahmeregelungen zu klären, ob sie Frontkämpfer gewesen waren. Darüber hinaus war die politische Zuverlässigkeit deutlich zu machen, d.h. zu untersuchen, ob sich die Beamten und Richter im kommunistischen Sinne betätigt hatten. In jeder Personalakte fand sich aufgrund des Gesetzes zur Wiederherstellung des Berufsbeamtentums ein Fragebogen[12], der u.a. folgende Antworten verlangte:
   a) *Welchen politischen Parteien haben Sie angehört? Von wann bis wann?*
   b) *Waren Sie Mitglied des Reichsbanners Schwarz-Rot-Gold, der Eisernen Front, des republikanischen Richterbundes oder der Liga für Menschenrechte und falls ja von wann bis wann?*

Darüber hinaus war eine „Erklärung über arische Abstammung" abzugeben.

Dr. Adolf Cohen entschied sich zunächst für eine Art Hinhaltetaktik, indem er die Fragebögen nicht abgab. Das half ihm nur wenig. In einem Bericht von 03.06.1933[13] bemerkte der Landgerichtspräsident in Hannover folgendes, nachdem er ohnehin wusste, dass Cohen jüdischen Glaubens war:

„Die Frontkämpfereigenschaft ist nicht dargetan. Während der Kriegsteilnahme von 1916 bis 1918 hat er seinen Sanitätsdienst geleistet und ist in diesem Zusammenhang auch „Transportkommissar" in Trier gewesen. Solche Einsätze reichen für eine Ausnahme von der zwingenden Entlassung nicht aus."

Die weitere Einschätzung des Landgerichtspräsidenten in Hannover wird die Entlassung beschleunigt haben. In dem genannten Bericht heißt es nämlich weiter:

„In früherer Zeit bestand gegen ihn der Verdacht einer starken linkspolitischen Einstellung. Nach Mitteilung der politischen Abteilung des hiesigen Polizeipräsidiums war der Assessor 1925 Bürovorsteher bei dem Rechtsanwalt Reich, der sehr stark als Verteidiger der Kommunisten hervorgetreten und der Betätigung für Kommunisten verdächtig ist. Ferner hat die hiesige Polizei festgestellt, dass Assessor Cohen am 02.10.1925 im kleinen Saal des Arbeitervereins in der Burgstraße, hier, einen Vortrag gehalten hat: „Wie verteidigt sich der Prolitarier in politischen Strafsachen vor Polizei und Gericht." Nach den Feststellungen der hiesigen Polizeibehörde sind die Zuhörer KPD-Leute gewesen. Ich habe bei dem Landgerichtspräsidenten in Osnabrück und Göttingen angefragt, ob dort etwas über die Betätigung des Assessors bei der KPD bekannt ist. Beide Stellen haben dies verneint, Osnabrück auch nach Anfrage bei der NSDAP. Dagegen hat mir der Landrat Syke den anliegenden Aktenvorgang über einen Antrag bzw. Anzeige des Assessors Cohen gesandt, die von einer starken Gehässigkeit gegen die Nationalsozialistische Partei zeugt. Der Landrat hat mir ferner mitgeteilt, dass seinem Eindruck nach Cohen dem linken Marxismus sehr nahe gestanden habe."

Der Präsident des Landgerichts Hannover schließt in seinem Bericht vom 03.06.1933 mit der Feststellung, er habe den Auftrag des Assessors Cohen bei dem Amtsgericht in Osnabrück tätig zu sein, mit sofortiger Wirkung widerrufen und ihm auch das Betreten seines Justizgebäudes und des Justizgebäudes in Wenningsen mit sofortiger Wirkung verboten. Der Schlusssatz lautet:

„Ein Anspruch auf Ruhegehalt wird nicht vorliegen."

Der Präsident des Landgerichts Osnabrück – gleichfalls zur Stellungnahme aufgefordert – berichtet dem OLG-Präsidenten in Celle unter dem 11.06.1933[14], Dr. Cohen habe erklärt, sich nie politisch betätigt und auch nie einer Partei angehört zu haben. Er habe sich gelegentlich mit nationalsozialistischen Rechtsanwälten über politische Fragen unterhalten ebenso wie mit dem Justizsekretär Saat, mit dem er dienstlich habe zusammenarbeiten müssen. Bei einer solchen Unterhaltung mit Saat habe Dr. Cohen sich nach dessen Aussage so „zynisch, aufreizend abfällig über die NSDAP" ausgesprochen, dass Saat das Zimmer verlassen und erklärt habe, mit diesem Juden werde er nicht wieder in die Sitzung hineingehen. Der Präsident des Landgerichts Osnabrück berichtet weiter:

> „Saat gibt an, dass er vor Wut gezittert habe, dass er wenn er nicht als Beamter im Dienst gewesen sei, die Worte Cohens nicht so durchgelassen haben würde. Dieser Vorfall hat sich im September 1932 ereignet. Später (Januar/Februar 1933) sind von Cohen Äußerungen gefallen, die auf eine gereizte Stimmung hindeuteten. Saat hat geglaubt, dass diese Äußerungen auf die Sorge Cohens wegen der zukünftigen Entwicklung zurückzuführen seien und meint, dass daher vielleicht Randbemerkungen Cohens wie diese zu erklären seien:
> „Saat wiederholt am Fernsprecher das Aktenzeichen: 1 Sa ...."
> Cohen: „Ist die S.A. jetzt auch schon beim Landgericht, oder?"
> Das Aktenzeichen Sa wird wieder erwähnt. Cohen (betont): „Alles S.A.!"
> Cohen äußert dazu, er habe einen harmlosen Witz machen wollen, der übrigens von Saat herzlich belacht sei."

Der Präsident des Landgerichts äußert dann - sich entschuldigend - seine Gründe, warum er als Präsident bisher gemeint habe, diese Vorfälle nicht an das Oberlandesgericht Celle berichten zu müssen.

Wie noch mehrfach zu zeigen sein wird, gab es andere Muster, mit denen die Nationalsozialisten nach Art einer Inszenierung gegen unliebsame Rechtsanwälte und Richter vorgingen. Die gezielte Denunziation eines Calmeyer-Mandanten[15] findet sich auch in einem Bescheid der Dienstaufsicht über Dr. Adolf Cohen[16]. Der Landgerichtspräsident berichtet an den OLG-Präsidenten unter dem 11.06.1933, er habe keinen Anlass gesehen, der Dienstaufsichtsbeschwerde gegen den Konkursrichter Dr. Cohen stattzugeben. In der Sache handelte es sich um eine querulatorische, aber gleichwohl von Antisemitismus und Judenhass geprägte Eingabe desselben Eingabenstellers, der Rechtsanwalt Calmeyer schädigen wollte. Aus dem Zusammenhang ergibt sich zugleich Folgendes:
Dr. Cohen war nach diesem Bericht mit „Konkurssachen" befasst. Seine weiteren Aufgaben werden im Wesentlichen auf den Bereich der freiwilligen Gerichtsbarkeit beschränkt gewesen sein. Das ergibt sich aus folgendem Zusammenhang, der die Diffamierung jüdischer Kollegen belegt.

Es gab einen weiteren jüdischen Richter am Amtsgericht Osnabrück – Dr. Lenzberg – der vom Amtsgericht Hannover nach dem gleichen Muster „in die Provinz" geschickt worden war. Das formulierte das Oberlandesgericht in Celle unter dem 10.06.1933[17] folgendermaßen:

> „Ich halte es für selbstverständlich und erwähne daher nur beiläufig, dass Lenzberg nicht weiter am OLG beschäftigt wird. ... Seine Beschäftigung beim OLG Celle ist bislang allerdings nicht förmlich widerrufen worden. Natürlich kann

Lenzberg auch nicht beim Amtsgericht in Hannover belassen werden. Er ist eine typische jüdische Erscheinung und seine nichtarische Abstammung würde daher ohne weiteres auffallen. Die Erregung und Abneigung der Bevölkerung gegen nichtarische Personen, insbesondere Beamte, ist in der Stadt Hannover besonders groß. Das hat der Widerstand gegen das Wiederauftreten nichtarischer Rechtsanwälte und die schwere Beschädigung jüdischer Kaufhäuser, bei der mit vorbereiteten Mauersteinen und Tränengaspistolen vorgegangen ist, schlagend bewiesen. Die Bevölkerung würde Lenzberg daher an einem Gericht in der Stadt Hannover nicht dulden."

Es heißt dann, man möge dafür sorgen, Lenzberg an einem kleineren Gericht unterzubringen. Dr. Lenzberg war Frontkämpfer, weshalb er nicht sofort entlassen worden war, sondern, wie der OLG-Präsident in Celle unter dem 29.09.1933 weiter verfügt:
„Dagegen erscheint es mir tragbar, Lenzberg bei dem Amtsgericht Osnabrück zu beschäftigen. ... dass ihm dort ein Dezernat zugeteilt werden kann, in dem er möglichst wenig hervortritt."

Dort wurde er in die „Beschwerdekammer" gesteckt[18] und befasste sich mit Grundbuchsachen.

Das Tätigkeitsfeld von Dr. Cohen wurde also offenbar – wie dargestellt - unter denselben Erwägungen zuvor schon auf ähnliche Aufgaben beschränkt. Sein dienstlicher Einsatz kurz vor dem Ausscheiden aus dem Dienst, nämlich die vorübergehende Abordnung an das kleine Amtsgericht Wenningsen/Deister deutet auf ähnliche Überlegungen seiner Dienstvorgesetzten hin, jüdische Kollegen möglichst nicht unter den Augen der Öffentlichkeit agieren zu lassen[19]. Am 01.10.1933 kam dann die endgültige Entlassung aus dem Justizdienst[20].

Der zum Zeitpunkt seiner Entlassung 35 Jahre alte Dr. Cohen war seit 1926 verheiratet mit Johanna geb. Passow (Jahrgang 1897). Sie hatten eine am 25.10.1927 geborene Tochter Annelies, die jedoch nach wenigen Jahren verstorben ist. Es gibt seit langem keinerlei Angehörige der Eheleute Cohen. Frau Cohen, selbst nicht Jüdin, war zunächst zusammen mit zwei Schwestern und nach deren Tod allein Eigentümerin eines Wohngrundstückes in Sutthausen bei Osnabrück. In den ersten Jahren in Sutthausen – etwa bis in den Krieg hinein – konnte Frau Johanna Cohen noch zum Familienunterhalt beitragen, indem sie als Bibliothekarin arbeitete[21]. Dr. Cohen eröffnete an der Lohstr. 31 in Osnabrück ein „Büro Rechts- und Wirtschaftsberatung". Dies ist der Grund, warum er in die Ausstellung „Anwalt ohne Recht" aufgenommen wurde. Eine Betätigung als Rechtsanwalt war von vornherein wegen des Gesetzes über die Zulassung zur Rechtsanwaltschaft vom 07.04.1933 ausgeschlossen[22].

Dr. Cohen bemüht sich beim Regierungspräsidenten in Osnabrück um eine Tilgung des Strafeintrags wegen unerlaubter Rechtsberatung, um seine geplante Auswanderung nicht zu gefährden.
Quelle: Nds. Landesarchiv Staatsarchiv Osnabrück Rep 430 Dez 201 acc 16 c 65 Nr. 13.

Viele ausgeschiedene jüdische Juristen haben versucht, durch Rechtsberatung ihren Lebensunterhalt zu bestreiten. Das war den Nationalsozialisten nicht entgangen. Mit dem Gesetz zur Verhütung von Missbräuchen auf dem Gebiet der Rechtsberatung vom 13.12.1935[23] banden sie die geschäftsmäßige Versorgung fremder Rechtsangelegenheiten an eine „Erlaubnis". Erklärtes Ziel des Gesetzes war die Verhinderung weiterer Betätigung durch jüdische Rechtsberater. Es ist unklar, wie lange Dr. Cohen sich auf diese Weise betätigt hat.

Nach einer Feststellung des Landrates Osnabrück von Ende 1938 heißt es, „im Landkreis Osnabrück wohnt eine Juden-Familie, deren Gewerbebetrieb Rechtsberatung sich in Osnabrück, Lohstr. befindet. Es handelt sich um Dr. Adolf Cohen...nach Sutthausen abgemeldet"[24].
Dr. Cohen wurde durch Strafbefehl des Amtsgerichts Osnabrück vom 25.02.1938 (2 Cs 90/38) wegen verbotswidriger Rechtsberatung zu 20,00 Reichsmark Geldstrafe verurteilt[25]. Er war damit als Jurist zur Untätigkeit verurteilt. Die Geldstrafe wollte er tilgen lassen, weil eine Bestrafung den Chancen für eine Auswanderung in die USA entgegenstand.

Wie in vielen anderen Fällen jüdischer Mitbürger trafen ihn Nazi-Terror, Repressalien und Verfolgung. Es liegen die Schilderungen von Nachbarn und solchen Sutthauser Bürgern vor, die sich mit der Geschichte dieses Ortsteiles befassen. Sie ergeben übereinstimmend, dass Dr. Cohen unter dem Druck von Diffamierung und Verfolgung stand. Wenn sich ein SA-Trupp näherte, übernachtete Dr. Cohen im Sutthauser Wald. Ein ehemaliger Einzelhandelskaufmann weiß zu berichten, dass er nur im Schutz der Dunkelheit („...wenn niemand im Laden war") einkaufte.

Im Zusammenhang mit dem Progrom in der so genannten „Reichskristallnacht" wurde Dr. Cohen am 09.11.1938 in die U-Haftanstalt und von dort in das KZ Buchenwald gebracht, wo er bis zum 11.01.1939 verblieb. Er betrieb seine Auswanderung in die USA. Da er wie viele andere keine Chance sah, sich dort juristisch zu betätigen, hatte er eine Lehre als landwirtschaftlicher Gehilfe auf einem Sutthauser Bauernhof begonnen[26]. Seine Ehefrau erwähnt in den Entschädigungsakten, er habe auch zeitweilig bei einem Tiefbauunternehmen gearbeitet, um das klägliche Familieneinkommen aufzubessern, zu dem auch seine Schwägerinnen ein wenig beitrugen.
In den Unterlagen KZ Sachsenhausen [27]heißt es zu „Abel Israel Cohen" in der Sprache der Bürokraten:
Meldung: Zugang am 23.12.1939
Institution: Konzentrationslager Sachsenhausen/Gefangenen - Geld – und Effektenverwalter.

Diese Urkunde wurde von der russischen Armee in das staatliche Militärarchiv in

Moskau gebracht. Eine weitere Urkunde, eine „Veränderungsmeldung" des KZ Sachsenhausen lautet, unter anderem:
„Häftlingskategorie - Schutzhaft - Jude"

Es gibt über ihn eine dritte Urkunde, das „Sterbezweitbuch":
Familienname: Cohen
Vorname: Abel, Israel
Konfession: mosaisch
Beruf: Maschinenschreiber
Zur Haftzeit im KZ Sachsenhausen:
Sterbeort: Oranienburg im Lager Sachsenhausen
Sterbedatum: 15.04.1942
Sterbeuhrzeit: 15.40 Uhr
Todesursache: Herzschwäche
Grundleiden: Allgemeine Körperschwäche

Zu diesen Eintragungen ist zu bemerken: Die Dokumentationen des Konzentrationslagers Sachsenhausen und die Auskünfte aus deren Presseabteilung ergeben, dass Todesursachen stets mit wenigen, immer gleichlautenden Diagnosen in den Urkunden verzeichnet waren. Die Diagnose „Herzschwäche" findet sich ungezählte Male bei vielen Verfolgten. Niemand wird daran zweifeln dürfen, dass Dr. Cohen umgebracht worden ist[28].

Toranlage des Konzentrationslagers Sachsenhausen.
Quelle: Informationsstelle der Gedenkstätte des Konzentrationslagers.

Der Vorname Israel wurde allen männlichen jüdischen Häftlingen angehängt. Der weitere Vorname Abel war Dr. Cohen schon zuvor im Jahre 1938 zwangsweise gegeben worden, weil es sich für einen jüdischen Bürger nicht vertrug, denselben Vornamen wie „der Führer" zu tragen.

Bezeichnenderweise gab es eine gefestigte Rechtsprechung, nach der umgekehrt die Standesbeamten „nicht angehalten werden konnten", einem Arischen einen „typisch jüdischen" Vornamen zu geben[29]. Im zu entscheidenden Falle war der Vorname „Cuno Josua" für einen „arischen Jungen" nicht tragbar. Man fragt sich, was mit den vielen, vielen anderen biblischen Vornamen für Mädchen und Jungen geschah, die völlig gebräuchlich seit Jahrhunderten nichtjüdischen deutschen Kindern verliehen wurden.

Ausweis der Ehefrau von Dr. Cohen, die bis 1976 in Osnabrück-Sutthausen gelebt hat.
Quelle: Privatbesitz.

Frau Cohen lebte weiter in Sutthausen. Bald nach dem Krieg (ab Juli 1945) versuchte sie, über den Regierungspräsidenten in Osnabrück eine Rente als Wiedergutmachung zu erlangen. Sie lebte in bescheidensten Verhältnissen. Es entwickelte sich eine zermürbende Korrespondenz, bis endlich das Witwengeld für Frau Cohen festgesetzt werden konnte.

Bei den Recherchen über die Grundlagen der Versorgung berichtete der seit 1930 und nach dem Umsturz zunächst weiterhin amtierende Landgerichtspräsident Haasemann im Dezember 1945 unter anderem:

„Dr. Cohen hat in Zivilsachen sehr fleißig und pünktlich gearbeitet; er verhandelte schnell und gründlich und verstand recht gut, den Tatbestand herauszuarbeiten. Ich erinnere mich, dass ich mit der Erledigung der Zivilsachen durch ihn recht zufrieden war ... die Wiedergutmachung dürfte in diesem Falle geboten sein."

Eine so günstige Beurteilung und Analyse des Dienstvorgesetzten in den Jahren der Diskriminierung und Verfolgung des Gerichtsassessors ist zuvor nirgends dokumentiert.

Die Bürokratie in diesem Versorgungsverfahren erfand immer neue Rückfragen an Frau Cohen und stellte lange Recherchen über die Dienstzeiten des früheren Gerichtsassessors an. Frau Cohen musste eine Sterbeurkunde aus dem KZ Sachsenhausen beibringen, was ihr erst im April 1946 gelang. Schließlich nahm das Verfahren ein Ende, weil sich der „Officer Commending" der britischen Militärverwaltung in Hannover und der Legal Staff in Oldenburg einschalteten[30]. Am 09. Mai 1946 – ein Jahr nach Kriegsende – wurde das Witwengeld festgesetzt.

Frau Cohen lebte bis zu ihrem Tod im Jahre 1976 weiterhin in Sutthausen. Sie setzte den Tierschutzverein Osnabrück als ihren Erben ein, weil – nach ihrer überlieferten Äußerung – ... „die Menschen es nicht wert sind. Sie sind manchmal schlimmer als Tiere."

Anmerkungen

1 Archiv Studienbüro der juristischen Fakultät der Georg-August-Universität Göttingen.
2 So genanntes Kriegsabitur.
3 Es wird sich zeigen, dass sich die Art dieses Heeresdienstes – es handelte sich um Sanitätsdienst – später nachteilig für ihn auswirkte.
4 Versorgungsakten seiner Witwe am Oberlandesgericht Oldenburg VII C 55 und VII C I Blatt 2, zitiert Versorgungsakte.
5 Zum Verfahren der Aberkennung akademischer Grade: Kerstin Thieler...des Tragens eines deutschen akademischen Grades unwürdig. Die Entziehung von Doktortiteln an der Georg-August-Universität Göttingen im „Dritten Reich" 2006.
6 Versorgungsakten a.a.O., Blatt 2.
7 Haack, das Landgericht Osnabrück, Seite 60.
8 Niedersächsisches Landesarchiv in Hannover, Hann.173, Acc. 30/87 Nr. 197 dort Bericht des Landgerichtspräsidenten Hannover vom 03.06.1933 an den OLG-Präsidenten in Celle Seite 2.
9 Versorgungsakte, a.a.O.; Vgl. aber genauer Fußnote 20.
10 Anlage 2, Seiten 200 f.
11 Anlage 3, Seiten 202 ff.
12 Anlage 5, Seiten 206 ff.
13 Siehe Fußnote Nr. 8.
14 Niedersächsisches Hauptstaatsarchiv in Hannover, Hann.173, Acc 30/87 Nr. 197.
15 Peter Niebaum, Ein Gerechter unter den Völkern, Hans Calmeyer in seiner Zeit Osnabrück 2001, Seite 131.
16 Siehe Fußnote 14.
17 Personalakten Dr. Lenzberg OLG Oldenburg I L 67/9 L 49, Seite 65.
18 Bei solchen Beschlussgremien gibt es kaum Kontakt zum rechtssuchendem Publikum.
19 Dr. Lenzberg wurde schließlich am 31.12.1935 in den Ruhestand versetzt, emigrierte später in die USA und erhielt wegen seiner überragenden Qualifikation nach dem Krieg Entschädigung nach den Bezügen eines Senatspräsidenten; näheres bei Haack, Landgerichts Osnabrück, Seite 63 ff.
20 Kregel, Diss.jur. Göttingen die Personalpolitik der Justiz im dritten Reich, dargestellt am Beispiel der Personalbewirtschaftung für den höheren Dienst im OLG Celle Seite 26;. Bundesarchiv Berlin R3001/53585.
21 Versorgungsakte, a.a.O.
22 Anlage 4, Seite 205.
23 Anlage 9, Seite 213.
24 Staatsarchiv Osnabrück, Rep. 430 Acc 12/54 Nr. 87.
25 Staatsarchiv Osnabrück, Rep. 430, Dez. 201 acc 16 C/65 Nr. 13.
26 Schilderung eines alten Nachbarn von Dr. Cohen.
27 Gedenkstätte Konzentrationslager Sachsenhausen Archiv.
28 Kregel, a.a.O., Seite 26.
29 Kammergericht, Beschluss vom 01.07.1938 1b Wx 88/38, Deutsche Justiz 1938, Seite 1247.
30 Versorgungsakte, a.a.O.

Elmar Schürmann

DR. ERNST JACOBSON

Ernst Jacobson wurde am 26.05.1884 in Hildesheim geboren[1]. Er studierte an der Universität Jena Rechtswissenschaften und legte das erste Staatsexamen im Alter von nur 21 Jahren mit dem auch damals seltenen Prädikat „gut"[2] ab. Im Jahre 1905 wurde Jacobson Referendar im Bezirk des Oberlandesgerichts Celle. Seit 1907 in Osnabrück ansässig, promovierte der Referendar an der Universität in Jena mit einer Arbeit unter dem Titel „Die Kollisionsklausel beim Legalübergang"[3].

Unter dem 12.01.1911 erhält Dr. Jacobson das „Patent zum Gerichtsassessor" und wurde schließlich am 20.01.1911 Rechtsanwalt in Osnabrück.

Ernst Jacobson als Unteroffizier in der kaiserlichen Armee im 1. Weltkrieg.
Quelle: Privatbesitz.

Die Zeit des 1. Weltkrieges verbrachte der junge Rechtsanwalt als Frontsoldat. Er war Unteroffizier in der kaiserlichen Armee[4]. Nach Ende des Weltkrieges ging Rechtsanwalt Dr. Jacobson eine Sozietät mit Rechtsanwalt Köster ein. Die Geschäftsräume lagen im Haus von Dr. Jacobson Am Wittekindplatz 1 a in Osnabrück. Das Gebäude wurde im Krieg zerstört.

Seit 1922 war Dr. Jacobson verheiratet mit Margarete, geb. Mosheim. Der Ehe entstammen zwei Kinder: die am 03.09.1923 geborene Tochter Elsa und der am 15.01.1928 geborene Sohn Rudolph, der sich nach der Emigration Ralph nannte[5].

Der Ernennung zum Notar im Jahre 1922 geht eine „Befähigungsnachweisung"[6] des Landgerichtspräsidenten in Osnabrück voraus, in der es wörtlich heißt:
„*Rechtsanwalt Jacobson besitzt gute Kenntnisse und Fähigkeiten, versieht seine Anwaltsgeschäfte gründlich und sorgfältig und befleißigt sich eines untadeligen Auftretens vor Gericht."*

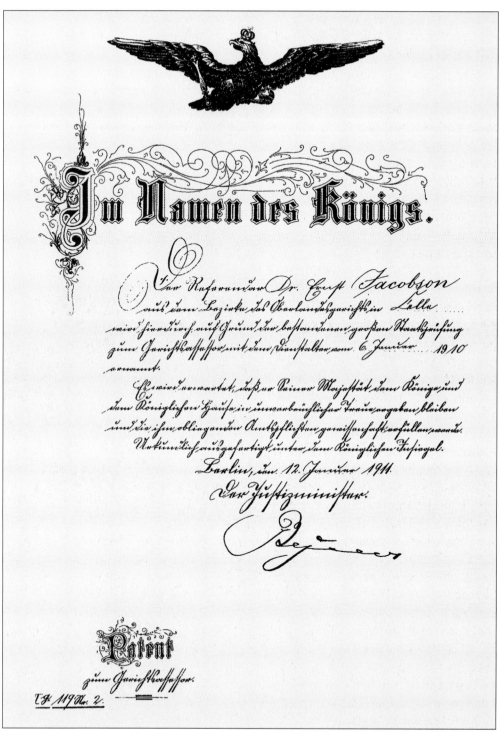

Die Urkunde über das bestandene zweite Staatsexamen (damals noch „Patent zum Gerichtsassessor" genannt).
Quelle: Privatbesitz.

In wirtschaftlicher Hinsicht dürfte Dr. Jacobson zu den erfolgreichsten Rechtsanwälten in Osnabrück gezählt haben. Das lässt sich im Bezug auf die Notartätigkeit aus der Zahl der Urkunden ablesen und geht auch aus dem Immobilienvermögen hervor, das seine Frau kurz vor der Emigration noch veräußern konnte[7]. Dr. Jacobson betätigte sich ehrenamtlich. Er war „bis 1938 länger als 18 Jahre" ununterbrochen Vorstand der Synagogengemeinde Osnabrück[8]. Die jüdische Gemeinde zählte nach ihren Karteien im Jahre 1933 rund 430 Mitglieder[9]. Man wird sich leicht vorstellen können, dass die Betätigung als Vorsteher der Synagogengemeinde den besonderen Eifer der Nationalsozialisten und ihrer Organe hervorgerufen haben wird, gerade diesen jüdischen Mitbürger in seinem Ansehen zu schädigen und ihn letztlich auszuschalten. Das gilt umso mehr, als die Stadt Osnabrück bestrebt war, das Grundstück der Synagogengemeinde auf Dauer an sich zu bringen. Als Funktionsträger der Synagogengemeinde geriet Dr. Jacobson deswegen von vornherein in Gegnerschaft zu den Nationalsozialisten[10].

Der Erlass des Reichskommissars für die Justiz Kerrl[11] vom 31.03.1933 an alle Präsidenten der Oberlandesgerichte und Landgerichte hatte deutlich gemacht, welche Entwicklung den jüdischen Rechtsanwälten und Notaren bevorstand. In der Begleitverfügung wurden die Landgerichtspräsidenten aufgefordert, sämtliche jüdische Notare anzuweisen, sich bis zu einer „anderweitigen Regelung" einer Tätigkeit als Notar zu enthalten. Dr. Jacobson sah seine berufliche Betätigung auch als Rechtsanwalt gefährdet. Er bat unter dem 27.04.1933 den Präsidenten des Oberlandesgerichts Celle um eine Unbedenklich-

Die Synagoge in Osnabrück, deren Vorsteher der Gemeinde Dr. Ernst Jacobson länger als 18 Jahre war.
Quelle: Gebäude-Medienzentrum Osnabrück.

keitsbescheinigung dahin, dass er, Jacobson, sich zu keiner Zeit im kommunistischen Sinne betätigt habe[12]. Wenige Tage später erhält er von dem Präsidenten des Oberlandesgerichts folgende Antwort[13]:

„Nach der mir von dem Herrn Justizminister erteilten Ermächtigung soll die Unbedenklichkeitsbescheinigung sich darüber aussprechen, dass es völlig ausgeschlossen ist, dass der Antragsteller sich im kommunistischen Sinne (in der Kommunistischen Partei oder auch nur zur Unterstützung kommunistischer Organisationen und Bestrebungen) betätigt hat. Die beigebrachten Unterlagen und die über Sie eingeholten Auskünfte reichen für die Abgabe einer solchen Bescheinigung nicht aus, und zwar um so weniger als auch der Vorstand der Rechtsanwaltskammer nicht bereit ist, aufgrund der zur Zeit vorgelegten Unterlagen die Unbedenklichkeitsbescheinigung auszusprechen. Ich sehe mich daher nicht in der Lage, Ihrem Gesuch zu entsprechen."

Der damals noch junge Sohn Ralph des Rechtsanwalts erinnert sich zusammen mit seiner Mutter an diese ersten Tage im April 1933 und beschreibt, dass uniformierte SA-Leute sich stundenlang vor der Kanzlei postiert hatten, um „Klienten abzuschrecken"[14].

Die Beflissenheit, mit der das Oberlandesgericht die berufliche Betätigung der Rechtsanwälte behinderte, zeigt sich in einer weiteren Verfügung, die der Landgerichtspräsident in Osnabrück an alle Gerichte seines Bezirks weitergegeben hat[15]. Die Verfügung des Oberlandesgerichtspräsidenten lautete:

„Von der Gauleitung Hannover-Süd ist mir angezeigt, dass das Wiederauftreten jüdischer Rechtsanwälte – darunter auch solche, die im Verdacht kommunistischer Betätigung stehen – vor den Gerichten bei der Bevölkerung eine derartig große Erregung hervorgerufen hat, dass eine Störung der Ordnung und eine Beeinträchtigung des Ansehens der Rechtspflege, wenn nicht gar die Anwendung von Gewaltmaßnahmen ernstlich und unmittelbar zu besorgen ist... Ich sehe mich daher zur Abwendung unmittelbarer Gefahr genötigt...vorläufig anzuordnen, dass den jüdischen Rechtsanwälten...das Betreten der Gerichtsgebäude bis auf weiteres erneut verboten wird und sie ersucht werden, bis auf weiteres auch sonst vor Gericht nicht aufzutreten. Dabei sind die betroffenen Rechtsanwälte darauf hinzuweisen, dass diese Maßnahme nicht nur dem Staatsinteresse, sondern auch im Interesse ihrer persönlichen Sicherheit getroffen wird, und dass sie sich im Falle der Nichteinhaltung des Verbotes angesichts der erregten Volksstimmung erheblicher Gefahr aussetzen."

Der Landgerichtspräsident leitet diese Verfügung an alle Amtsgerichte seines Bezirks weiter mit dem Bemerken, den Rechtsanwälten Dr. Schulhof, Dr. Jacobson und Dr. Netheim sei das Betreten der Gerichtsgebäude weiterhin verboten. Wenngleich den Frontkämpfern unter den Rechtsanwälten, wozu auch Dr. Jacobson gehörte,

Urkunde der Entlassung aus dem Amt als Notar.
Quelle: Privatbesitz.

bald vorübergehend eine Tätigkeit als Anwalt wieder erlaubt wurde, lässt sich leicht vorstellen, welche Auswirkungen derartige Verbote für die Betroffenen, ihre Familien und für das weitere berufliche Auskommen hatten.

Am 10.06.1933 erhält Dr. Jacobson einen mit „Abschied" gezeichneten Bescheid[16]:

„*Der Notar Dr. Ernst Jacobson zu Osnabrück wird gem. § 3 des Gesetzes über die Wiederherstellung des Berufsbeamtentums vom 07.04.1933 aus seinem Amt als Notar entlassen.*"[17]

Die Familien der jüdischen Rechtsanwälte in Osnabrück waren auch anderen Beschränkungen ausgesetzt. Beispielsweise konnten ihre Kinder öffentliche Schulen

Dr. Ernst Jacobson als Rechtsanwalt und Notar.
Quelle: Privatbesitz.

nicht mehr besuchen. Es gab eine jüdische Schule neben der Synagoge. Dort waren mehrere Jahrgänge – auch solche im Vorschulalter – in einem Klassenraum zusammengefasst. Der Sohn Ralph Jacobson und die Tochter Elsa (vier Jahre älter als der Sohn) wurden auf dem Schulweg als Juden beschimpft und gehänselt. Sie beschreiben[18], dass ab 1936 öffentliche Gebäude, Schwimmbäder, Fussballstadien und Theater die Aufschrift „Juden nicht erlaubt" trugen. Nachdem die Tochter Elsa 14 Jahre alt geworden war, wurde sie in eine „katholische Schule" aufgenommen. Sie beschreibt das so[19]:
„Die Nonnen waren sehr nett zu mir. Aber die Mitschüler nicht. Ich verließ die Schule nach ein paar Monaten. Ende 1937 ging ich nach New York, wo ich beim Bruder meiner Mutter und seiner Familie lebte."

Andere Bekannte der Familie Jacobson waren inzwischen emigriert. Im Jahre 1936 gingen gute Freunde, z.B. die Familie van Pels[20], in die Niederlande, wo sie zusammen mit dem Vater von Anne Frank einen Obst- und Gewürzhandel betrieben. Beide Familien sind später in Konzentrationslagern umgekommen, mit Ausnahme des Vaters Otto Frank, dem es zu verdanken ist, das Tagebuch seiner Tochter später aufgefunden zu haben.

Im Januar 1934 musste Dr. Jacobson die Sozietät mit Rechtsanwalt und Notar Köster aufgeben[21]. War schon mit dem Entzug des Notaramtes eine wesentliche wirtschaftliche Grundlage für berufliche Betätigung verloren gegangen, kam das endgültige Aus mit der 5. Verordnung zum Reichsbürgergesetz[22]. Ab September 1938 war ihm jede Betätigung auch als Rechtsanwalt verboten.

Am 08.10.1938 ist Dr. Jacobson verstorben. Während damalige Polizeiakten von einem Suizid ausgingen, ist sein Sohn Ralph Jacobson bis heute der Auffassung, sein Vater sei eines gewaltsamen Todes gestorben. Dafür führt er gewichtige Gründe an.[23]

Wie viele andere Juristen hatte der Verstorbene erwogen, in die USA auszuwandern. Die Vorbereitungen waren getroffen, die unter anderem darin bestanden, Beträge seines Vermögens einzusetzen. Nach der Entschädigungsakte der Familienangehörigen ab 1946[24] hat er unter anderem insgesamt 47.282,00 Reichsmark an sogenannter „Reichsfluchtsteuer" aufgewendet[25].

Dem angesehenen Rechtsanwalt und Notar war es nicht mehr gelungen, dem Naziterror zu entkommen. Seine 90-jährige Mutter und seine Schwester brachten die Nationalsozialisten in die Konzentrationslager Theresienstadt und Auschwitz, wo sie starben. Wie es seiner Frau und den Kindern erging, wird in einem späteren Abschnitt geschildert[26].

Anmerkungen

1 Sämtliche beruflichen Daten sind vollständig erhalten in der Personalakte des Rechtsanwalts und Notars Dr. Jacobson, Nds.Landesarchiv Hauptstaatsarchiv Hannover, Hann. 173, Acc 56/97, 224,; es handelt sich um die früheren Personalakten des OLG Celle, zitiert Personalakten, Seite; weitere persönliche Daten lassen sich entnehmen: Voßgröne, Dr. Ernst Jacobson, Schicksal eines jüdischen Osnabrücker Bürgers, zitiert Voßgröne, Seite; weitere Angaben auch bei Junk/Sellmeyer, Stationen auf dem Weg nach Auschwitz, Rasch 1988, zitiert Junk/Sellmeyer, Seite 61.
2 Personalakte, Seite 1.
3 Sein Sohn Ralph Jacobson besitzt die Promotionsurkunde (Die Bewertung lautet magna cum laude).
4 Personalakte, Seite 2.
5 Junk/Sellmeyer, Seite 284.
6 Personalakte, Vorblatt 1.
7 Voßgröne, Seite 21, Ausgabe vom 9.11.2003 der in den USA erscheinenden Zeitung „The Pilot", Seite 1+2, zitiert The Pilot.
8 Der bei Junk/Sellmeyer Seite 61 zitierte Nachruf auf Dr. Jacobson lautet auszugsweise „... er hat mit großer Hingabe an allen Aufgaben der Gemeinde mitgearbeitet. Durch seine vorbildliche Tätigkeit im Vorstande und durch seine nie versagende Hilfsbereitschaft hat er sich ... höchstes Ansehen errungen".
9 Karl Kühling, Die Juden in Osnabrück, Seite 88.
10 Ralph Jacobson, The Pilot, a.a.O., Seite 2.
11 Anlage 2, Seiten 200 f.
12 Personalakte, Seite 22.
13 Personalakte, Seite 23.
14 The Pilot, a.a.O., Seite 1.
15 Staatsarchiv Osnabrück, Rep. 950 Bent Nr. 700, Seite 44.
16 Personalakte, Seite 35.
17 vgl. Abbildung.
18 The Pilot, a.a.O., Seite 2.
19 The Pilot, a.a.O., Seite 2.
20 Ein anderer Stadtführer, a.a.O., Seite 26.
21 Voßgröne, Seite 16.
22 Anlage 13, Seiten 217 ff.
23 Voßgröne, Seite 18, The Pilot, a.a.O., Seite 1 und 2.
24 Entschädigungsakte, Nds. Landesarchiv Hauptstaatsarchiv Hannover, acc 14/99, Nr. 114814, 110, zitiert Entschädigungsakte.
25 Entschädigungsakte.
26 Seiten 149 ff.

Elmar Schürmann

DR. MAX NETHEIM

Max Netheim wurde am 05.04.1889 in Höxter als Sohn des Kaufmanns Phillip Netheim und seiner Ehefrau Rosalie, geb. Albert, geboren und entstammt einer im Kreis Höxter alteingesessenen und angesehenen jüdischen Familie[1]. Es ist nicht bekannt, ob er seine juristische Ausbildung noch vor Beginn des 1. Weltkrieges abgeschlossen hat; jedenfalls war er vom 14.12.1914 bis zum 03.12.1918 Soldat. Er hat als Frontkämpfer militärische Orden erworben[2].

Ab Anfang 1919 war Dr. Netheim zunächst Gerichtsassessor in Dortmund im Bezirk des Oberlandesgerichts Hamm[3] und seit April 1919 als Rechtsanwalt zugelassen beim Amts- und Landgericht in Osnabrück[4]. Vor seiner Ernennung zum Notar am 21.10.1925 gab der Präsident

Dr. Max Netheim als Rechtsanwalt und Notar.
Quelle: Privatbesitz.

des Landgerichts Osnabrück folgende „Befähigungsnachweisung"[5] über ihn ab:
„Juristische Begabung gut. Fleißiger und sorgfältiger Arbeiter. Führung einwandfrei."

Dr. Netheim war verheiratet mit Hilde Kaiser aus Vöhl im Bezirk Kassel. Aus der Ehe gingen zwei Töchter hervor (geb. 1923 und 1928).

Die berufliche Betätigung als Rechtsanwalt und Notar muss als ungewöhnlich erfolgreich bezeichnet werden. Das geht einerseits auf Erklärungen früherer Sozien zurück[6]. Deutliches Zeichen für die gute finanzielle Grundlage der Familie ist auch ihr

Dr. Netheim als Kavalleriesoldat in der kaiserlichen Armee.
Quelle: Privatbesitz.

Wohnhaus an der Adolfstr. 18 in Osnabrück, ein durch den damaligen Stadtarchitekten Thor errichtetes großes Gebäude im so genannten Bauhausstil. Für den wirtschaftlichen Erfolg spricht auch eine Äußerung des Osnabrücker Vertrauensmannes der Rechtsanwaltskammer in Celle, nämlich des Osnabrücker Rechtsanwalts und Notars Dr. Heisler[7], in der es am 13.09.1933 wie folgt heißt[8]:

„Wirtschaftlich trifft die Entlassung aus der Anwaltschaft Herrn Dr. Netheim nicht besonders schwer. Er hat nach wie vor seine eigene Villa und beschäftigt zwei Hausangestellte. Eine Einschränkung in seinen persönlichen Lebensansprüchen ist daraus nicht zu erkennen."

In seinem Büro an der Georgstraße hatte sich Dr. Netheim zur gemeinsamen Berufsausübung zunächst verbunden mit Rechtsanwalt und Notar Gustav Adolf Rahardt und später auch mit Dr. Wilhelm Gröne. Rahardt, ein äußerst ungewöhnlicher Berufskollege[9], war Sozialdemokrat und erhielt wegen des Verdachts kommunistischer Betätigung im Mai 1933 ein Vertretungsverbot[10]. Rahardt war im Anwaltszimmer des Landgerichts durch SA- und/oder SS-Angehörige verhaftet worden[11]. Zeitweilig war Rechtsanwalt Rahardt auch im sogenannten „Braunen Haus" und im Polizeigefängnis in der Turnerstraße eingesperrt, nachdem er von SA-Leuten durch die Straßen getrieben war[12].

Für Rechtsanwalt und Notar Dr. Netheim begann die administrative Verfolgung in seiner beruflichen Betätigung wie bei den anderen Osnabrücker Rechtsanwälten[13] mit dem Funkspruch des Reichskommissars Kerrl vom 31.03.1933, in dem die Landgerichtspräsidenten unter anderem aufgefordert waren, die jüdischen Rechtsanwälte zu bewegen, Gerichtsgebäude nicht mehr zu betreten. Das setzte der Landgerichtspräsident am 13.05.1933 mit einem vorläufigen „Betretungsverbot" durch[14]. Am 06.06.1933 erließ der Preußische Justizminister ein weiteres Vertretungsverbot gegen Dr. Netheim[15]. Mit weiterem Erlass vom 29.06.1933[16] entzog er ihm seine Zulassung als Rechtsanwalt für das Amts- und Landgericht in Osnabrück gemäß § 1 Abs. 1 des Gesetzes über die Zulassung zur Rechtsanwaltschaft vom 07.04.1933. Mit dieser Rücknahme war zugleich das Amt als Notar erloschen.

Rechtsanwalt Dr. Netheim bemühte sich unter dem 28.04.1933[17], alsbald auf seine Frontkämpfereigenschaft hinzuweisen und erklärte, sich nie im kommunistischen Sinne betätigt zu haben. Der Oberlandesgerichtspräsident in Celle antwortete darauf lakonisch, die vorgelegten Unterlagen für eine Unbedenklichkeitsbescheinigung reichten nicht aus. Wenngleich in diesem Punkt später klargestellt wurde, dass eine politische Betätigung von Dr. Netheim nie zu verzeichnen gewesen war[18], entwickelten sich die Ereignisse für ihn auf mehreren Ebenen ausgesprochen ungünstig und schicksalhaft. Es sind zwei Punkte, die den angesehenen Rechtsanwalt und Notar schwer getroffen haben werden und die mit demagogischer, hinterhältiger Regie darauf angelegt waren, seinen Ruf und seine berufliche Existenz zu zerstören. Es handelte sich einerseits um eine Eingabe vom 01.04.1933[19], mit der er - wie sich bald herausstellte - zu Unrecht unter anderem einer Unterhaltspflichtverletzung bezichtigt wurde, und zum anderen um eine Veröffentlichung in der Wochenzeitung „Der Stürmer" vom Mai 1933 Nr. 20.

Dass es sich bei der Eingabe vom 01.04.1933 um eine gelenkte Aktion gehandelt hat, bestätigt einerseits der Datenzusammenhang[20] und andererseits das spätere Ergebnis der umfangreichen Untersuchungen durch den Landgerichtspräsidenten, der – dies sei als wesentlich vorausgeschickt - unter dem 17.05.1933 nach Vernehmung mehrerer Zeugen und umfangreichen Ermittlungen festgestellt hat, die Eingabe sei unbegründet[21].

Die Eingabenstellerin hatte vorgebracht, Dr. Netheim habe im Bezug auf ihren gemeinsamen außerehelich geborenen Sohn Versprechungen zur Zahlung von Unterhalt nicht eingehalten und sei seinen finanziellen Verpflichtungen nur ungenügend nachgekommen. Das alles stellte sich als unwahr heraus, weil in Wahrheit Dr. Netheim seinen Sohn großzügig unterstützt hatte. Beigezogene Akten des Vormundschaftsgerichts AG Harburg-Wilhelmsburg und Zivilprozessakten des Landgerichts Osnabrück ergaben die Unbegründetheit aller Vorwürfe[22].

Ein weiterer deutlicher Beleg dafür, dass es sich bei der Eingabe um eine inszenierte Aktion handelte, ergibt sich aus folgendem Zusammenhang:

Dasselbe Muster – Dienstaufsichtsbeschwerde gegen jüdische oder systemkritische Rechtsanwälte und Richter – findet sich etwa zu derselben Zeit in den Personalakten des Gerichtsassessors Dr. Adolf Cohen und des Rechtsanwalts Dr. Hugo Schulhof[23]. Sämtliche dieser Eingaben wurden vom Landgerichtspräsidenten als unbegründet zurückgewiesen und trugen den Stempel der Denunziation. Sie sind Teil der Methode, durch Rufschädigung und „Begleitmusik" zu dem Ziel beizutragen, das gute persönliche und berufliche Bild dieser Menschen zu untergraben. Ein weiterer Höhepunkt solcher Aktionen ist in der Veröffentlichung von Mai 1933 der Wochenzeitschrift „Der Stürmer" zu sehen mit dem Untertitel: „Deutsches Wochenblatt zum Kampfe um die Wahrheit„ – des Herausgebers Julius Streicher. Es fällt schwer, einen solchen Beitrag zu veröffentlichen und dem Andenken Verstorbener und deren Angehörigen gerecht zu werden. Allerdings sprechen folgende Gründe dafür, dies zu tun:

Die schmale Tatsachengrundlage des „Stürmer"- Beitrages über Dr. Netheim ist – wie schon ausgeführt – in allen Punkten widerlegt worden. Es geht also um Verleumdung im Sinne von Verbreitung falscher Tatsachen. Darüber hinaus:

Mehr als alle Vorträge oder eigene schriftliche Beiträge zeigt die wörtliche Wiedergabe einer solchen Veröffentlichung[24] den Ungeist seiner Verfasser, die Absicht die Familien zu zerstören, die demagogische Verkehrung von Tatsachen in das genaue Gegenteil dessen, was zugrunde liegt. So liest sich Hitlers Rassenwahn und Antisemitismus in den Druckerzeugnissen seiner Anhänger. Die Rhetorik und der völlige Verfall von Sitte und Anstand im Umgang mit jüdischen Mitbürgern sind für alle beeindruckend.
Auf der Titelseite findet sich folgende Aufmachung:
„Jud Dr. Netheim
Die Sünde wieder das Blut."

Eine diffamierende und entstellende Karikatur unter der Zeile „Verschlossene Türen" trägt folgenden Untertitel:
„Früher standen mir alle Türen offen und jetzt – wo ich hinkomme – lassen sie mich nicht hinein oder werfen mich gleich wieder hinaus, weil sie sehen, wie es so schön klappt in Deutschland ohne mich."

Im Begleittext heißt es:
„In Osnabrück übt seit Jahren der Jude und Rechtsanwalt Dr. Netheim seine Praxis aus. Die ganze Stadt kennt den kleinen, krummbeinigen Juden. Er müsste kein waschechter Teilmutjude sein, wenn er neben seiner Tätigkeit als Anwalt nicht soviel Zeit fände, sich an deutsche Frauen heranzumachen. An groß gewachsene, blonde Nichtjüdinnen drängen sich die Juden mit Vorliebe. Man konnte bis in die letzte Zeit hinein in den Straßen unserer Großstädte oft beobachten, wie freche, schiefe Juden mit gierigen lüsternen Blicken vorübergehende Frauen von oben bis untern musterten. Die Furcht vor einer Tracht Prügel heißt sie heute etwas vorsichtiger zu sein.

Titelseite Der Stürmer in der Ausgabe vom Mai 1993.

Die Frauen, die sich mit Juden einließen, können alle dasselbe Lied singen. Wenn der Jude ihrer überdrüssig wird, wirft er sie weg. Lässt sie sitzen in Not und Verzweiflung und gießt den ganzen Flad seines Spottes und seiner Verachtung über sie aus..."

Die Darstellung ist völlig unwahr und diskriminierend. Dr. Netheim hatte sich nicht das Geringste vorzuwerfen. Unter dem 22.05.1933 übersandte der Präsident des Landgerichts Osnabrück einen Bericht über die Angelegenheit an den Präsidenten des Oberlandesgerichts in Celle[25]:

„Die Stellung des Rechtsanwalts und Notars Dr. Netheim in Osnabrück ist durch die Verbreitung dieses Artikels sehr schwierig geworden. Etwa zeitgleich mit dieser Veröffentlichung in „Der Stürmer" hatte eine frühere Bekannte von Dr. Netheim sich an den Preußischen Justizminister Kerrl gewandt in der Absicht, dort Dr. Netheim, der Vater ihres Kindes war, zu diffamieren. Im Sommer 1919 war der Sohn von Dr. Netheim geboren. Die Ereignisse, die von der Eingabestellerin angesprochen werden, lagen also Jahre zurück. Dr. Netheim hatte ordnungsgemäß Unterhalt gezahlt."

Ziel und Wortwahl der Eingabe deuten übrigens darauf hin, dass die Auffassung des Landgerichtspräsidenten zutreffend war, der Artikel im Stürmer sei „initiiert".

Die Bemühungen von Dr. Netheim, seine Zulassung als Rechtsanwalt wieder zu erhalten, erhielten einen argen Dämpfer, als der Vertrauensmann der Rechtsanwaltskammer in Celle, Rechtsanwalt Dr. Paul Heisler aus Osnabrück, auf fernmündliche Aufforderung durch den Präsidenten der Anwaltskammer einen sechs Seiten langen Bericht verfasste mit dem Ziel, die Wiederzulassung zu verhindern[26]. Die Rhetorik, der Stil und das zum Ausdruck kommende Gedankengut in diesem Bericht sind so bloßstellend, dass ein Zitat besser als jede Zusammenfassung den Ungeist solcher Würdenträger wiedergibt. Es heißt dort unter anderem:

„Im Adressbuch der Stadt und des Landkreises Osnabrück ist die Zionistische Vereinigung unter den Vereinigungen geführt. Als erster Vorsitzender ist der Rechtsanwalt und Notar Dr. Netheim aufgeführt. Dr. Netheim ist nicht bloß National-Jude, sondern in seinem ganzem Wesen und seiner Einstellung einer der wenig erfreulichen Erscheinungen in der Anwaltschaft. Seine Einstellung als National-Jude braucht er gar nicht besonders zu betonen, denn aus jeder Bewegung und seiner ganz persönlichen Einstellung ergibt sich dieses Bild, dass man im gewöhnlichen Leben mauscheln nennt. ...Aus kollegialen Gründen wird in der Anwaltschaft Dr. Netheim, ich kann wohl sagen, einstimmig abgelehnt. ... In der Zeit, wo Herr Dr. Netheim Vertretungsverbot hatte, ist er dennoch als Anwalt tätig gewesen. Ich persönlich habe ihn dieserhalb gestellt und ihm gesagt, dass es ein Belastungspunkt für ihn sei, wenn er dennoch tätig wäre. Darauf erwiderte er mir, er wickele nur noch seine Sachen ab, nehme keine neuen Sachen an, er denke

auch gar nicht daran, neue Sachen anzunehmen. Ich habe aber dann nachträglich festgestellt, dass er richtige Anwaltstätigkeiten ausübte, denn er hat sogar den früher beim Amtsgericht beschäftigten jüdischen Assessor Dr. Cohen[27] als Hilfsarbeiter bei sich beschäftigt. Beide sind wiederholt gemeinschaftlich aus den Büroräumen herausgegangen mit Aktentaschen in der Hand usw. Wahrscheinlich wird Herr Dr. Netheim wenn er auf diesen Punkt hingewiesen wird, als Entschuldigung anführen, dass er später ja doch wieder zu Verhandlungen zugelassen sei vor Gericht und deshalb auch habe arbeiten dürfen. Dann aber weise ich darauf hin, ist es doch erstaunlich, dass er nicht allein mit der Arbeit fertig wurde, sondern auch noch Herrn Assessor Dr. Cohen mit beschäftigen konnte. Diese Jude hat doch nicht das geringste zugelernt. Er ist genauso unverschämt wie früher, kennt seine Akten schlecht, präpariert sich erst während des Vortrags, kommt nach wie vor zu spät aufs Gericht usw. Aus diesen Gründen halte ich es für unerwünscht, und gerade zu als eine Gefahr für den gesamten Anwaltstand, wenn Herr Dr. Netheim als Nationalgedenken – Jude wieder als Anwalt zugelassen wird. Ich darf bloß an einen Gedankengang erinnern. Nach dem Erlass des Herrn Justizministers wird beim Beginn der Sitzung das Gericht durch den deutschen Gruß von den Anwesenden begrüßt. Ich kann mir das bildlich gut denken, wie die Wirkung ist, wenn unter den Personen, welche dem Gericht den deutschen Gruß entbieten, die Gestalt des Herrn Dr. Netheim auftaucht."

Der Vorstand der Anwaltskammer beeilte sich, unter dem 26.09.1933[28] der Auffassung des Vertrauensmannes Dr. Heisler beizutreten und diese Auffassung dem Preußischen Justizminister in Berlin zu unterbreiten. Es wurde verwiesen auf die „Beurteilung Netheims in sittlicher Beziehung" im Leitaufsatz des Wochenblattes „Der Stürmer". Der Vorstand hielt eine „formale Frontkämpfereigenschaft" für nachgewiesen, sah aber in der Art seiner Teilnahme „am Weltkriege keinen Beweis besonderer nationaler Zuverlässigkeit". Der Vorstand nannte ein Hilfsargument:

Sollte das Justizministerium in all diesen Punkten anderer Auffassung sein und Dr. Netheim erneut als Rechtsanwalt zugelassen werden, müsse allerdings dann das Amt als Notar alsbald entzogen werden. Einige Ermittlungen darüber, ob Dr. Netheim deutsche Angestellte in seinem Büro entlassen hatte, führten nicht zu ihn belastenden Ergebnissen.[29]

Es ergingen dann in einer bezeichnenden Reihenfolge durch denselben Ministerialbeamten des Preußischen Justizministeriums folgende Erlasse. Zunächst unter dem 25.09.1933[30] unter „sofort" und „Fristsache" die auf § 4 des Gesetzes über die Wiederherstellung des Berufsbeamtentums vom 07.04.1933 gestützte Entlassung aus dem Amt als Notar und zwei Tage später unter dem 27.09.1933 die Regelung, mit der die Zurücknahme der Zulassung des Rechtsanwalts Dr. Netheim in Osnabrück und seine erneute Eintragung in die Rechtsanwaltslisten gestützt auf die Frontkämpfereigenschaft angeordnet wurde[31]. Zugleich hieß es, es würden wegen der erneuten Zulassung weitere Ermittlungen angestellt.

Im Januar 1938 eröffnete das Ehrengericht der Rechtsanwaltskammer Celle, auf Antrag des Generalstaatsanwalts eine Voruntersuchung gegen Dr. Netheim[32], mit der Beschuldigung, einem ohne Zulassung tätigen Rechtsvertreter den Einzug persönlicher Forderungen übertragen zu haben. Durch Beschluss des Ehrengerichts vom 06.04.1933 wurde der „Angeschuldigte aus tatsächlichen Grunde mangels Beweises außer Verfolgung gesetzt."[33]

Dieses Verfahren war kaum überstanden, als ein Ermittlungs- und Strafverfahren gegen den Dr. Netheim wegen „Volksverratverbrechens" und „Devisenvergehens" durch den Oberstaatsanwalt in Hannover eingeleitet wurde. Zugleich erließ das Amtsgericht Osnabrück unter dem 22.07.1938 einen Haftbefehl gegen Dr. Netheim wegen Verbrechens gegen das Gesetz gegen den Verrat der deutschen Volkswirtschaft vom 12.06.1933 in Verbindung. mit der Durchführungsverordnung zum Devisengesetz vom 04.11.1935. Der Haftbefehl führt weiter aus, der Beschuldigte sei in das Gerichtsgefängnis Hannover zu überführen. Der Haftbefehl wurde vollstreckt. Dr. Netheim blieb dort etwa 6 Monate lang[34].

In dem Verfahren ging es darum, dass angeblich eine Forderung gegen einen englischen Gläubiger von dem Beschuldigten nicht angegeben worden war. Aus welchen Gründen der Haftbefehl schließlich aufgehoben wurde, ist nicht bekannt.

Das Ende jeder beruflichen Betätigung kam am 21.10.1938[35], als Dr. Netheim gestützt auf die 5. Verordnung zum Reichsbürgergesetz die Zulassung als Rechtsanwalt mit Ablauf des 03.11.1938 entzogen wurde.

Die Inhaftierung bewahrte Dr. Netheim vor dem Schicksal, den Verfolgungen anderer jüdischer Bürger aus Anlass der sogenannten Reichskristallnacht (9./10.11.1938) ausgesetzt worden zu sein. Wie es seiner Familie bei diesen verbrecherischen Vorgängen erging und wie sein Schicksal und das seiner Angehörigen in der Emigration verlief, zeigt ein weiterer Abschnitt[36].

Anmerkungen

1. Landesarchiv - Hauptstaatsarchiv Hannover, Hann. 173, acc 56/97, Nr. 248, frühere Personalakten aus dem OLG Celle A13453 Seite 1 und 119, zitiert Personalakte.
2. Bericht seiner Tochter Eva Mayro über das „Eiserne Kreuz" und spätere Anerkennung als Frontkämpfer durch die Justizverwaltung.
3. Personalakte, Seite 129.
4. Personalakte, Seite 1.
5. Personalakte, Blatt 1 Vorblatt.
6. Dr. Wilhelm Gröne, verstorben; Nds. Landesarchiv Hauptstaatsarchiv Hannover Entschädigungsakte nach 1945, acc 14/99 Nr. 166695 Seite 1.
7. Funktion nach einer Definition der Rechtsanwaltskammer Celle, Personalakte, Seite 129.
8. Personalakte, Seite 126.
9. Personalakte OLG Celle 10 R 35 jetzt im Landesarchiv - Hauptstaatsarchiv Hannover, zitiert Personalakte.
10. Personalakte Rahardt, Seite 18.
11. RA. Calmeyer stand nach dem Krieg als einziger Zeuge für diese Ereignisse zur Verfügung, zitiert nach Staatsarchiv Osnabrück Rep. 945, 6/1983 Nr. 289 Seite 8.
12. Personalakte Calmeyer a.a.O, Seite 44.
13. Vgl. die zeitgleichen Maßnahmen gegen die RAe. Dr. Batschinski und Dr. Jacobson.
14. Staatsarchiv Osnabrück, Rep. 950, Mel Nr. 1095 Seite 8.
15. Personalakte, Seite 36.
16. Personalakte, Seite 130.
17. Personalakte, Seite 26.
18. Personalakte, Seite 129.
19. Personalakte, Seite 78 ff.
20. Am 31.03.1933 begann mit dem Funkspruch Kerrl die Boykottierung der Betätigung jüdischer Rechtsanwälte.
21. Personalakte, Seite 112.
22. Personalakte, Seitet 111.
23. Siehe den Beitrag über die Genannten und die Akten des RA. Hans Calmeyer. Peter Niebaum, Ein Gerechter unter den Völkern, Seite 131.
24. Original erhalten in der Personalakte Seite 49 (Hülle).
25. Personalakte, Seite 48 ff.
26. Personalakte, Seite 123 ff.
27. Vgl. in Abschnitt über Dr. Cohen, Seiten 113 ff.
28. Personalakte, Seite 129 ff.
29. Personalakte, Seite 42.
30. Personalakte, Seite 171.
31. Personalakte, Seite 172.
32. Personalakte, Seite 153.
33. Personalakte, Seite 159.
34. Bericht seiner Tochter Eva Mayro, der dem Verf.in englischer Sprache vorliegt.
35. Personalakte, Seite 165.
36. „Emigrantenschicksale, Abschnitt Familie Netheim", Seiten 115 ff.

Elmar Schürmann

DR. HUGO SCHULHOF

Hugo Schulhof ist am 07.11.1878 als Sohn des jüdischen Kaufmanns Josef Schulhof und seiner jüdischen Ehefrau Hannchen geb. Moses in Osnabrück geboren. Die Familie seines Vaters stammt aus Böhmen. Die Mutter war aus Nienburg zugezogen. Die Einwohnerkartei der Stadt Osnabrück kurz vor der Wende zum 20. Jahrhundert weist aus, dass der Vater ein „Althandel-, Rückkaufgeschäft" an der Großen Straße in Osnabrück betrieben hat. Die Söhne Max Schulhof[1] und Hugo Schulhof besuchten das Ratsgymnasium in Osnabrück. Sie legten beide 1896 dort das Abitur ab[2].

Hugo Schulhof studierte jeweils zwei Semester Rechtswissenschaften in Leipzig, Berlin und Göttingen. Er hat 1899 das erste Staatsexamen und im Juli 1905 das zweite Staatsexamen abgelegt. In Göttingen promovierte er 1899 mit dem Thema „Die Gewährleistung für Rechtsmängel beim Kauf."[3]

Dr. Hugo Schulhof als junger Rechtsanwalt in Osnabrück.
Quelle: Privatbesitz.

Wann genau seine Zulassung als Rechtsanwalt ausgesprochen ist, lässt sich den Akten nicht entnehmen. Jedenfalls schreibt er im Juni 1919 an den Landgerichtspräsidenten in Osnabrück, er bewerbe sich um das Amt eines Notars. Dazu führt er unter anderem aus[4]:

„Drei Jahre bin ich während des Krieges Soldat gewesen. Da ich nicht gedient hatte, bin ich als Kanonier ins Feld gerückt. Über zwei Jahre habe ich an der Front an vorderster Stelle gestanden, auch bin ich kriegsbeschädigt."

Dr. Schulhof war im Kriegsdienst das Eiserne Kreuz verliehen worden.

Hugo Schulhof in unbeschwerter Studentenzeit.
Quelle: Privatbesitz.

Wenig später hatte seine Bewerbung Erfolg. Im April 1922 wurde Rechtsanwalt Dr. Schulhof zum Notar ernannt[5]. Inzwischen zur evangelischen Konfession konvertiert, heiratete er am 31.01.1928 die tschechische Staatsbürgerin Vlasta Frantiska Marsalkova, die im Mai 1896 in Prag geboren war. Frau Schulhof war Opernsängerin.

Spätestens 1920 hatte sich Dr. Schulhof mit den Rechtsanwälten und Notaren Thalheim und Sandhaus zu einer Sozietät verbunden. Die Kanzlei hatte ihre Büroräume in dem Gebäude Möserstr. 9 b in Osnabrück. Die Eheleute Dr. Schulhof wohnten zunächst bis etwa 1932 an der Möserstr. 36 und später an der Süsterstr. 49 in Osnabrück. Das Grundstück an der Süsterstraße, ein Mehrfamilienhaus, gehörte der Ehefrau.

Die Sozietät Dr. Schulhof, Thalheim und Sandhaus war in beruflicher Hinsicht ausgesprochen erfolgreich. Die Notariatsakten von Dr. Schulhof[6] belegen eine umfangreiche Beurkundungstätigkeit. Ein in den USA lebender Sohn des Rechtsanwalts Thalheim, Hans G. Thalheim, hat seine Osnabrücker Zeit in Memoiren für seine Kinder und Angehörigen festgehalten[7].

Thalheim berichtet von festen Mandaten aus der Großindustrie. Die guten Vermögensverhältnisse von Dr. Schulhof lassen sich auch aus den Entschädigungsakten (Wiedergutmachung) ablesen[8].

Mit der Machtübernahme der Nationalsozialisten begann für Dr. Schulhof das traurige Kapitel der Boykottierung, Entrechtung und Diffamierung wie bei allen anderen jüdischen Rechtsanwälten. Mit dem Funkspruch des Justizkommissars Kerrl[9] wurde das vorläufige Verbot erlassen, die Gerichte zu betreten. Selbst sein nicht jüdischer Sozius Thalheim geriet unter Druck. Sein Sohn schreibt dazu:

"Dr. Schulhof hatte meinen Vater in seine Kanzlei 1919 aufgenommen. Er war ein Jude und mit einer wunderschönen katholischen Frau aus der Tschechoslowakei verheiratet. 1933 machten die Nazis Druck auf meinen Vater, sich von Dr. Schulhof zu trennen. Mein Vater weigerte sich. Deshalb kam er 1933 sozusagen auf die „Schwarze Liste". Während er sich ziemlich lange Zeit nahm, den sogenannten „arischen Nachweis" zu erbringen, wurde er zeitweilig vom Auftreten vor Gericht ausgeschlossen."

Die Sozietät blieb noch zusammen. Allerdings zeigen weitere Ereignisse, wie sich der Nazi-Terror mehr und mehr verdichtete. Der Chronist seines Vaters, Hans G. Thalheim, beschreibt in seinen Memoiren ein Ereignis, das mehr als viele andere zeigt, welchen Pressionen Rechtsanwälte dieser Zeit ausgesetzt waren, auch wenn sie nicht jüdisch waren. Ein Mandant forderte Rechtsanwalt Thalheim 1933 auf, seinen Fall zu übernehmen, der sich in Papenburg ereignet hatte. Während der Mandant dort vorläufig festgenommen worden war, habe ein betrunkener SS-Offizier ihm in den Bauch geschossen. Der Mandant hatte Rechtsanwalt Thalheim gebeten, den Fall zu übernehmen, was dieser tat. Daraufhin traten Nationalsozialisten an Rechtsanwalt Thalheim vergeblich heran, den Fall nicht zu bearbeiten. Es kam zu Druck auf den Rechtsanwalt. Gauinspektor Wehmeier hatte sich daran beteiligt. Es heißt dann weiter in den Memoiren:

„Selbst der Landgerichtspräsident und Kollegen aus der Stadt erklärten meinem Vater, dass er sich selbst und seiner Familie schaden würde, als dieser standhaft blieb. Er sagte immer wieder, das Recht habe politische Gesichtspunkte nicht zu berücksichtigen und dass der Klient das Recht habe, vor Gericht zu ziehen. Schließlich erhielt mein Vater einen Telefonanruf von einem Studienkollegen (Rothenberger), der ein hoher Ministerialbeamter[10] aus dem Justizministerium in Berlin war. Dieser sagte meinem Vater am Telefon: „Hans, du wirst deine Familie zerstören. Du wirst keinen Erfolg haben."

Der Ausgang dieses Dilemmas ist nicht bekannt. Es zeigt aber, in welche Lage selbst solche Rechtsanwälte gerieten, die mit dem Regime in Konflikt geraten waren, ohne für Nationalsozialisten als Juden gebrandmarkt zu sein.

Die Ereignisse nahmen für Dr. Hugo Schulhof ihren Lauf. Auch für ihn ist das schon bekannte inszenierte Muster festzustellen, durch Dienstaufsichtsbeschwerden jüdische Rechtsanwälte und Notare zu diskriminieren. Eine querulatorische Eingabe vom 26.04.1933[11] befasst sich mit einem Armenrechtsmandat, verlangt die Herausgabe von Prozessakten, obwohl unbestritten ein Betrag von 9,30 Reichsmark an Honorar nicht gezahlt worden war, und fordert den Landgerichtspräsidenten und die Anwaltskammer auf, gegen „erpresserische Machenschaften eines jüdischen Anwalts" einzuschreiten. Als sich herausstellte, dass gar nicht Dr. Schulhof sondern Rechtsanwalt Thalheim die Herausgabe der Handakten verweigert hatte, beschwert

Abschrift.

Der Oberlandesgerichtspräsident.   Celle, den 10. Mai 1933.
    VIII 17 Beiheft.
Betr. jüdische Rechtsanwälte.

Von der Gauleitung Hannover Süd des BNSDJ ist mir angezeigt, dass das Wiederauftreten jüdischer Rechtsanwälte-darunter auch solcher, die im Verdacht kommunistischer Betätigung stehen-vor den Gerichten bei der Bevölkerung eine derartig grosse Erregung hervorgerufen hat, dass eine Störung der Ordnung und eine Beeinträchtigung des Ansehens der Rechtspflege, wenn nicht gar die Anwendung von Gewaltmassnahmen ernstlich und unmittelbar zu besorgen ist. Die erregte Volksstimmung ist im hiesigen Bezirk umso ernster zu nehmen, als die in der Presse veröffentlichten Vorgänge in Vienenburg beweisen, wie stark die Abneigung der nationalen Bevölkerung gegen das Auftreten von Personen ist, die jüdischer Ankunft sind oder auch nur im Verdacht der jüdischen Abkunft stehen. Ich sehe mich daher zur Abwendung unmittelbarer Gefahr genötigt, in Abweichung von der aus § 7 der AV. vom 25.4. 33- JMBl.S.127- sich ergebenden Sachlage vorläufig anzuordnen, dass den jüdischen Rechtsanwälten mit Ausnahme derjenigen, die auf Grund der nach Massgabe der RV.v.31. 3.33- 19343- getroffenen Vereinbarung zum Auftreten zugelassen worden sind, das Betreten der Gerichtsgebäude bis auf weiteres erneut verboten wird, und sie ersucht werden, bis auf weiteres auch sonst nicht vor Gericht aufzutreten. Dabei sind die betroffenen Rechtsanwälte darauf hinzuweisen, dass diese Massnahme nicht nur im Staatsinteresse, sondern auch im Interesse ihrer persönlichen Sicherheit getroffen wird, und dass sie sich im Falle der Nichteinhaltung des Verbotes angesichts der erregten Volksstimmung erheblicher Gefahr aussetzen.

                        gez. von Garßen.

Der Landgerichtspräsident.   Osnabrück, den 13. Mai 1933.
    X 109.
                  An

                  das Amtsgericht

                    in

[Stempel: Amtsgericht Melle, 15. MAI 1933, Anl.]

Abschrift zur Kenntnis und weiteren Veranlassung.

Ich habe die Rechtsanwälte Dr. Schulhof, Dr. Jacobson und Dr. Netheim in Osnabrück das Betreten des Gerichtsgebäudes bis auf weiteres verboten und sie ersucht, bis auf Weiteres auch sonst nicht vor Gericht aufzutreten.

                        gez. Haasemann.
                        Beglaubigt:
                        Justizangestellte.

Vorläufiges Vertretungsverbot, das neben Dr. Jacobson und Dr. Netheim auch Dr. Schulhof traf, gerichtet an das Landgericht Osnabrück und an alle Amtsgerichte des Bezirks.
Quelle: Nds. Landesarchiv Staatsarchiv Osnabrück Rep 950 Mel Nr. 1095.

sich der Eingabensteller erneut beim Landgerichtspräsidenten. Er bringt im April 1933 vor:

„Wenn Dr. Schulhof jetzt die Rollen vertauschen will, so dürfte hier der bekannte jüdische „Dreh" vorliegen."

Diese Eingaben bringen Rechtsanwalt Thalheim[12] auf den Plan, der mit deutlichen Worten die Sachlage klärt und sich verbittet, Dr. Schulhof in Zusammenhang mit irgendwelchen Unlauterkeiten zu bringen. Da er, Thalheim, es war, der die Handakten nicht herausgeben wollte, schließt er mit dem Bemerken, es komme ihm auf 9,30 Reichsmark nicht an. Wenn der Eingabensteller sich korrekt verhalten wolle, möge er eine Spende an eine gemeinnützige Einrichtung zahlen. Das geschieht durch den Querulanten, der 3,00 Reichsmark an die nationalsozialistische Fliegerstaffel zahlt. Die Angelegenheit war damit für Dr. Schulhof erledigt.

Rechtsanwalt Hans Thalheim bis zu seinem Tod Sozius von Dr. Schulhof.
Quelle: Privatbesitz.

Die weiteren Maßnahmen zum Entzug aller beruflichen Rechte sind vorgezeichnet. Die Frontkämpfereigenschaft kann den Rechtsanwalt noch ein wenig schützen. Der Entzug des Notaramtes geschieht am 01.10.1935[13]. Der Präsident des OLG Celle verfügt:

„Auf Anordnung des Reichsjustizministers untersage ich Ihnen mit sofortiger Wirkung die Fortführung Ihrer Amtstätigkeit als Notar."

Wenig später, im Dezember 1935, teilt Dr. Schulhof dem Landgerichtspräsidenten mit, er habe seine Praxis in die Möserstr. 10 in Osnabrück verlegt. Zuvor war sein Sozius Thalheim am 25.03.1935 im Alter von 53 Jahren verstorben. Sein Sohn[14] teilt dazu mit:

„Durch die Querelen mit den Nationalsozialisten ist die Gesundheit meines Vaters untergraben gewesen."

Dr. Schulhof habe sich bei der finanziellen Abwicklung großzügig um Frau Thalheim gekümmert und alles getan, sie zu unterstützen.

Der Sohn Thalheim führt weiter aus:

„Die einzige Hilfe und gute Ratschläge, die meine Mutter in dieser Zeit hatte, kamen von Dr. Schulhof, der selbst in finanziellen Schwierigkeiten war, weil schon 1935 die Nazis alles daran taten, seine Klienten zu vertreiben. Trotzdem setzte er alles daran, dass meine Mutter ihren fairen Anteil vom Einkommen der Praxis erhielt. Er gab meiner Mutter gute Ratschläge, wie sie ihre finanziellen Angelegenheiten so regeln könnte, um weiter existieren zu können."

Die Bemühungen von Dr. Schulhof, wieder als Notar zugelassen zu werden, scheiterten mit Bescheid vom 19.02.1936[15].

Das Ende seiner Tätigkeit als Rechtsanwalt kam mit Bescheid vom 21.10.1938, in dem Dr. Schulhof gemäß der 5. Verordnung zum Reichsbürgergesetz[16] seine Zulassung als Rechtsanwalt mit Ablauf des 30.11.1938 verlor.

Sein Leben nach der Vernichtung der beruflichen Existenz lässt sich der Versorgungsakte seiner Witwe teilweise entnehmen. Zunächst kam es den Nationalsozialisten darauf an, sein Vermögen an sich zu bringen. Durch Bescheide des Finanzamts Osnabrück wurde er 1938 gezwungen, insgesamt 10.000,00 Reichsmark und 1939 weitere 2.350,00 Reichsmark zu zahlen. Er hatte eine Zwangsabgabe in Höhe von 1.000,00 Reichsmark an die „Reichsvereinigung der Juden" zu zahlen. Ihm wurde die Pflicht auferlegt, Gold- und Silbersachen ohne Entschädigung abzugeben (1939). In diesem Zusammenhang beschlagnahmten die Behörden, offenbar um ganz sicher zu gehen, dass er eine berufliche Betätigung nie wieder aufnehmen konnte, auch seine letzte Schreibmaschine.

Es wird stimmen, dass Dr. Schulhof seit 1938 „sehr zurückgezogen in Osnabrück" lebte[17]. Seine Wohnung wurde durch SA-Trupps häufig durchsucht. Zuerst 1938 und erneut 1939 brachte ihn die SA in das KZ Sachsenhausen (wo er allerdings nach kurzer Zeit jeweils entlassen wurde). Die Eheleute Schulhof waren ständigen Repressalien durch die SA ausgesetzt. Diese Ereignisse ruinierten die Gesundheit des über 60-jährigen Mannes.

Der Sohn des verstorbenen Sozius Thalheim – 1942 Soldat im Fronturlaub – besuchte ihn wiederholt und beschreibt seine Erlebnisse wie folgt[18]:

„Die Eheleute Schulhof lebten in einem Mehrfamilienhaus an der Süsterstraße in Osnabrück. Ich hatte sie schon mehrfach vorher besucht, wenn ich als Offizier im Urlaub war, aber sonst immer in Zivilkleidung. Dieses Mal wollte ich wohl meiner Opposition zu den Nationalsozialisten Ausdruck geben und besuchte sie in Uniform. Als die Schulhofs einen deutschen Offizier vor ihrer Tür sahen, waren sie sehr aufgeregt. Als sie mich erkannt hatten, zogen sie mich schnell in ihre Wohnung. Dr. Schulhof erklärte, dass der Besuch eines Mannes in Uniform ihn und

sicherlich auch mich gefährden würde. Es war ein sehr emotionaler Besuch. Als ich ihn verließ, umarmte er mich und weinte."

Bald darauf wurde Dr. Schulhof sehr krank. Er hatte starke Kreislaufbeschwerden. Seine Ehefrau beschreibt, dass er als Jude „von der Konsultation durch Fachärzte" ausgeschlossen gewesen sei. Nach langem Suchen fand er zwei Osnabrücker Hausärzte, die dennoch eine Behandlung wagten. Sie haben später zum Ausdruck gebracht, dass die Sorgen, Nöte und Pressionen durch die Nazis seine Gesundheit zerstört hatten. Am 13.11.1944 starb Dr. Schulhof an einem Herzschlag[19].

Die Ehefrau Vlasta Schulhof lebte in der Wohnung bis 1986. Trotz der gezahlten Entschädigung war ihr Auskommen eher kärglich.

Die Eheleute Schulhof hatten keine Kinder. Nachdem Frau Vlasta Schulhof 1986 verstorben war, gab es keine Angehörigen mehr, die hätten Auskunft geben können. Freunde und Nachbarn sind inzwischen verstorben. Über die Enkel früherer Mitschüler von Dr. Schulhof – des Abiturjahrgangs 1896 des Ratsgymnasiums in Osnabrück – gelang es, zwei Fotos von ihm zu finden. Sie zeigen ihn, als die dunklen Wolken des Nationalsozialismus ihren Schatten noch nicht voraus warfen. Auf diese Weise konnte wenigstens ein Bild von Rechtsanwalt und Notar Dr. Schulhof beschafft werden, um auch in diesem Punkt seinem Andenken gerecht zu werden.

Anmerkungen

1 Später Internist in Berlin, verstorben 1927.
2 Schülerkartei des Ratsgymnasiums in Osnabrück.
3 Hugo Schulhof, Diss.jur. Göttingen 1899.
4 Staatsarchiv Osnabrück, Rep. 940 Akz. 2004/040, Nr. 1, zitiert Personalakte; Staatsarchiv, Rep. 940 Akz. 2004/040, Nr. 2 zitiert Notariatsprüfungsakte.
5 Personalakte, Seite 4.
6 Staatsarchiv Osnabrück Rep. 940 Akz. 2004/040 Nr. 2, Notariatsprüfungsakte.
7 Vorliegende Auszüge aus den Memoiren von Hans G. Thalheim, der in den USA Vorstand eines großen internationalen Unternehmens geworden ist.
8 Staatsarchiv Osnabrück Rep. 430 Dez. 304 Akz. 2003/036 Nr. 527.
9 Anhang, Anlage 2, Seite 200 f.
10 Später Staatssekretär im Justizministerium.
11 Personalakte, Seite 82 ff.
12 Personalakte, Seite 86.
13 Personalakte, Seite 83.
14 In den vorliegenden Memoiren, a.a.O.
15 Personalakte, Seite 101.
16 Personalakte, Seite 101.
17 Brückner, „Das Schicksal jüdischer Anwälte" in: 50 Jahre Rechtsanwaltskammer für den Oberlandesgerichtsbezirk Oldenburg, Rechtsanwälte links der Weser, Seite 79.
18 Memoiren Hans G. Thalheim.
19 Entschädigungsakte, Fußnote 8, Seite 5 Rückseite.

EMIGRANTENSCHICKSALE

Elmar Schürmann

Familie des Rechtsanwalts und Notars
DR. JACOBSON

Nachdem der frühere Rechtsanwalt und Notar am 08.10.1938 – inzwischen aller Möglichkeiten für eine berufliche Tätigkeit beraubt – verstorben war[1], war seine Ehefrau zusammen mit dem damals 10-jährigen Sohn Ralph Jacobson bestrebt, das Land zu verlassen. Die ältere Schwester war schon 1937 zu einem Bruder der Mutter in die USA emigriert[2]. Seit 1936 waren die Belästigungen der Familie durch SA-Leute, die mit Fackeln vor die Häuser der jüdischen Mitbürger zogen, immer unerträglicher geworden. Den Höhepunkt des Nazi-Terrors für die Familie Jacobson bildete die so genannte Kristallnacht am 9./10.11.1938. Der Schrecken jener Ereignisse in ganz Deutschland und in Osnabrück ist vielfach beschrieben.

Der damals 10-jährige Ralph Jacobson, Sohn des Rechtsanwalts, stellt die Ereignisse vom 9./10.11.1938 wie folgt dar:

> „Etwa einen Monat nachdem mein Vater gestorben war, ereignete sich die „Kristallnacht". Nachdem ein junger Jude einen deutschen Diplomaten in Frankreich am 9.11.1938 getötet hatte, nahm die deutsche Regierung dies zum Anlass, jüdische Synagogen und Geschäfte zu zerstören. Meine Mutter und ich hatten keine Zerstörungen erwartet, aber wir hörten dann nachts lautes Klopfen an der Tür, vor der fünf uniformierte Nazi-Braunhemden standen. Meine

Dr. Ernst Jacobson mit Ehefrau und Sohn Ralph.
Quelle: Privatbesitz.

Mutter fragte: „Was wollen Sie von uns?" Ein Mann sagte: „Wir haben das ganze Anwesen zu durchsuchen." „Was suchen Sie denn?" fragte meine Mutter. „Wir suchen jüdische Männer." Meine Mutter fragte: „Warum?" Die Antwort: „Das geht Sie nichts an." Zwei Männer bewachten meine Mutter und mich, während drei weitere unser großes Anwesen und alle Stockwerke unseres Hauses durchsuchten. Nach 20 Minuten kamen sie zurück und erklärten, es seien keine Männer im Haus. Einer zeigte auf mich und fragte: „Wie alt ist der?" „Er ist 10 Jahre alt." antwortete meine Mutter. „Das ist zu jung", sagte einer der Männer. Dann gingen sie davon.

Meine Mutter und ich waren sehr bestürzt. Am nächsten Tag ging ich zu der Lehrerin, bei der ich Englisch-Unterricht genommen hatte, um die Auswanderung vorzubereiten. Sie ließ mich nicht rein. Ich ging dann zur Synagoge, die ich teilweise verbrannt sah, die Fenster waren alle zerbrochen, die Gebetbücher, Schals und die Thora lagen außerhalb des Gebäudes herum und waren verschmutzt. Die Synagoge war komplett zerstört. Die Feuerwehr hatte den Brand schließlich gelöscht, wohl um das Übergreifen auf das nebenan befindliche Regierungsgebäude zu verhindern."

Nach dem 10.11.1938 verließen Mutter und Sohn Jacobson kaum noch das Haus. Nichtjüdische verbliebene Freunde kauften für sie ein und steckten ihnen die Einkäufe unter dem Gartenzaun zu.

Die Frau des verstorbenen Rechtsanwalts wurde bei ihren Bemühungen um eine Flucht tatkräftig unterstützt durch den verstorbenen Rechtsanwalt und Notar Dr. Adolf Kreft, Osnabrück, der bei Dr. Ernst Jacobson Referendar gewesen war. Ralph Jacobson berichtet darüber wie folgt[3]:

„Meine Mutter versuchte, ihren Plan zu verfolgen, Deutschland zu verlassen. Dr. Kreft war angesichts der Tatsache, dass unsere Familien sehr eng befreundet waren, sehr hilfreich zu meiner Mutter. Als mein Vater 1933/1934 einen Bürovorsteher hatte entlassen müssen, bat er seinen Freund Dr. Kreft, diesen Bürovorsteher zu beschäftigen. Das tat Dr. Kreft. Als 1938 meine Mutter Dr. Kreft in seinem Büro besuchte, sprach er sie mit „gnädige Frau" an.[4] Ein bei ihn beschäftigter Referendar erklärte ihm: „Wenn Sie die Frau nochmal so nennen, werde ich das den Nazis berichten und das kann Sie Ihre Zulassung kosten." Rechtsanwalt Dr. Kreft kümmerte sich nicht um ihn. Das waren Gefahren, wie sie auch Nichtjuden damals begegnen konnten."

Kurz vor seinem Tod hatte Dr. Ernst Jacobson seinen Berufskollegen und früheren Referendar Dr. Adolf Kreft gebeten, seiner Familie beizustehen, falls ihm etwas zustoße. An dieses Versprechen hat sich Dr. Adolf Kreft gehalten und Frau Jacobson unter anderem bei der Verwertung ihres Vermögens geholfen.

Rechtsanwalt und Notar Dr. Adolf Kreft (1892-1972).
Dr. Kreft hat der Witwe des verstorbenen Dr. Ernst Jacobson tatkräftig geholfen, zusammen mit ihrem Sohn Ralph die Flucht aus Nazideutschland zu schaffen.
Quelle: Privatbesitz.

Die Einreise in die USA war damals an Quoten gebunden. Auswanderer mussten anhand von Listen warten, bis sie an der Reihe waren. Jeder Interessierte hatte einen Bürgen in den USA vorzuweisen, der für die Versorgung aufkam. Frau Jacobsons Bruder in New York bürgte für sie und die Kinder. Das umfangreiche Vermögen der Familie Jacobson in Osnabrück musste veräußert werden. Die Emigranten konnten 50,00 bis 130,00 Reichsmark und einige ganz wenige Gegenstände in die USA mitnehmen.

Am elften Geburtstag von Ralph Jacobson, dem 15.01.1939, bestiegen seine Mutter und er ein Schiff in Hamburg, das sie direkt nach New York brachte. Ralph Jacobson besuchte dort das City College und studierte später mit guten Ergebnissen an der New York University Law School. 1953 leistete er zwei Jahre Dienst in der US-Armee und war dann 32 Jahre lang in Chicago Leiter der Rechtsabteilung eines großen Unternehmens. Seine Frau Vivian ist eine international bekannte Expertin der Malerei von Chagall, der ein Freund der Familie war. Die Eheleute Jacobson haben zwei Söhne und zwei Enkelkinder und leben seit der Pensionierung in Pinehurst, USA.

NIGHT OF TERROR
Jacobson Survived Long-Ago Nazi Atrocities

BY STEVE CRAIN
Special to The Pilot

Ralph Jacobson of Pinehurst was 10 years old and living in Germany when Nazis ravaged his neighborhood synagogue on "The Night of Crystal," or "Kristallnacht," Nov. 9, 1938.

"The first five years of my life were normal and perfect," says Jacobson, who was born in Onasbrueck, Germany, on Jan.15, 1928. "We had Christian friends and Jewish friends. But Hitler ran for chancellor in 1932 and won in 1933."

Ralph Jacobson, 75, a retired lawyer, graduated cum laude from New York University Law School in 1953 before serving two years in the U.S. Army. He spent 32 years with Sears, Roebuck and Co., retiring in 1990 as that corporation's senior attorney. He and his wife Vivian, who have two sons and two grandchildren, lived in Chicago before moving to Pinehurst in 1990.

SUNDAY SPECIAL

"Before Hitler's election, huge trucks drove through neighborhoods, blaring messages of anti-Semitism," Jacobson says. "They carried large signs condemning Jews and Bolsheviks (communist Russians). This was my first indication that something bad was going to happen."

In June 1933, Jacobson's father, Dr. Ernst Jacobson, a "notar" (recognition as a "notar" indicated the highest ranking a lawyer could hold in Germany), received notice that he could no longer practice law as a notar.

"My father was considered the best lawyer in Onasbrueck and had an office with several Christian associates," Jacobson says.

Jacobson's father, who was allowed to continue practicing law without the "notar" distinction, then received notice that he could not practice with his associates.

"Two uniformed SS troopers stood in front of his office to discourage clients," Jacobson says. "My father, however, continued representing Jewish people, but his court appearances were greatly limited."

Up until 1933, Jacobson's best friend was Wolfgang Kreft, a Christian whose father was also a notar.

"As a young lawyer, Wolfgang's father had gotten a start in my father's office," Jacobson says. "He was a few months older than I, and we were the best of friends until Hitler was elected. Then we were told that we couldn't play or talk together. We were heartbroken."

see **JACOBSON**, page A15

Ralph Jacobson sits in the Biedermeier German chair that belonged to his father's family.
GLENN M. SIDES/The Pilot

Left: Jacobson's childhood passport, with a "J" denoting Jewishness. Center: Jacobson with an anitque menorah. Right: Jacobson as a child in Germany.

Frontseite der amerikanischen Zeitschrift THE PILOT, Ausgabe vom 9. November 2003, u.a. mit einem Foto der Eheleute Vivian und Ralph Jacobson.
Quelle: Glenn M. Sides, THE PILOT.

Elsa, die Schwester von Ralph Jacobson, lebt heute in New York und ist 83 Jahre alt. Ralph und Vivian Jacobson unterhalten bis heute gute Kontakte zur Familie des Oberkreisdirektors a.D. Wolfgang Kreft. Ralph Jacobson und Wolfgang Kreft sind gleichaltrig und waren von Kind auf an befreundet. Als die Nazi-Zeit aufkam, wurden sie getrennt. Ralph Jacobson beschreibt das so[5]:

"Andere sagten uns, wir könnten nicht länger zusammen spielen und sprechen. Wir waren beide sehr sehr traurig."

Vivian und Ralph Jacobson haben seit 1996 Osnabrück wiederholt besucht. Vor Schülern und anderen Gruppen hat Ralph Jacobson von seinen Erlebnissen als Zeitzeuge sehr eindrucksvoll wiederholt berichtet[6]. Dieser Aufgabe hat er sich auch in den USA viele Male unterzogen, indem er zum Beispiel einen Film über den Holocaust kommentiert hat[7].

Letztmalig waren die Eheleute Jacobson 2005 in Osnabrück. Ralph Jacobson schilderte im Kreis einiger Freunde folgende Begebenheit:

"Im Jahre 1939 hat meine Mutter bei unserer Abreise aus Deutschland erwogen, in den USA durch Näharbeiten zum Lebensunterhalt der Familie beizutragen. Deshalb hatte sie eine Nähmaschine mit in die USA nehmen wollen. Das ist ihr von den Nazibeamten verboten worden. Man hat ihr lediglich gestattet, vier Bücher – unter anderem den „Faust" und ein Werk von Schiller – im Reisegepäck aus Deutschland mitzunehmen."

Ralph Jacobson hat 2005 diese Bücher an Freunde aus Osnabrück verschenkt: „Damit die Bücher in den Ort zurückkehren, woher sie kommen."

Einer seiner immer wiederholten Sätze, wenn er vor Schülern gesprochen hat, lautet: *„Ich vergebe; aber wir können nicht vergessen, was geschehen ist, damit es niemals wieder geschieht."*

Anmerkungen

1 Seite 128.
2 Voßgröne, Dr. Ernst Jacobson, Schicksal eines jüdischen Osnabrücker Bürgers, Seite 22; die folgenden Tatsachen beruhen auf vielen Gesprächen und Unterredungen des Verfassers mit Ralph Jacobson auf einem Interview, das bei Voßgröne, a.a.O., Seite 10 ff. dokumentiert ist und dem Bericht in The Pilot USA, Zeitungsbericht vom 9.11.2003.
3 The Pilot, a.a.O., Seite 2.
4 Im englischen Text „honorable Lady".
5 The Pilot, a.a.O., Seite 11.
6 Neue Osnabrücker Zeitung vom 17.07.1998.
7 Vorliegender Zeitungsausschnitt über „Holocaust-Film presented by Kristallnacht Witness".

EMIGRANTENSCHICKSALE

ELMAR SCHÜRMANN

Familie des Rechtsanwalts und Notars Dr. Netheim

Nachdem der frühere Rechtsanwalt und Notar Dr. Max Netheim Mitte 1939 aus der Haft in der Justizvollzugsanstalt Hannover entlassen worden war[1], kehrte er zu seiner Familie – Ehefrau und zwei Töchter – nach Osnabrück zurück. Das große Wohnhaus der Familie an der Albertsstraße 18 hatten die Nationalsozialisten inzwischen beschlagnahmt. Die Ehefrau und die Töchter waren in eine kleine Wohnung in einem Gebäude neben der Synagoge umgezogen. Die damals elf Jahre alte Tochter Eva Netheim lebt heute in den USA und beschreibt ihre Erlebnisse in einem Brief vom November 2006[2]. Zunächst erklärt sie, weshalb sie nicht alle Beschwernisse und Schikanen wiedergeben kann, die ihrem Vater widerfahren sind. Sie erklärt das so:

Dr. Max Netheim mit Ehefrau und Tochter Eva 1933.
Quelle: Privatbesitz.

> *„Was mein Vater in der Nazi-Zeit im einzelnen durchgemacht hat, weiß ich nicht. Ich wuchs sehr behütet durch meine Eltern auf, die alle ernsten und schwierigen Dinge hinter verschlossenen Türen besprachen."*

Dann aber nennt sie doch einige Einzelheiten, die es wert sind, (in wörtlicher Übersetzung) hier zitiert zu werden:

> *„Wir besaßen wenige Räume in der Nähe der Synagoge für einige Zeit. Mein Vater? Er war in das Gefängnis nach Hannover gebracht worden für ungefähr sechs Monate. Ich erinnere den „Schreck"[3], der uns erfasste, als es an die Tür klopfte und uniformierte Männer eintraten, um ihn abzuholen.*

Der Eingang der Synagoge am Morgen nach der Reichskristallnacht.
Quelle: Medienzentrum Osnabrück.

Meine Schwester[4] wurde die große Stütze und Vertraute meiner Mutter. Es war mein Vorteil, dass ich blaue Augen und blonde Haare hatte; so konnte ich auf den Straßen für eine Nichtjüdin durchgehen und wurde nur manchmal belästigt[5]. Wenn meine Mutter meinen Vater von Zeit zu Zeit im Gefängnis in Hannover besuchte, kam sie total erschöpft und weinend zurück, weil die Nazi-„Gentleman" sie sexuell anmachten oder es versuchten.

Alle normalen Betätigungen waren Juden verboten, und wir mussten Gelegenheiten nutzen, überhaupt in den Straßen zu erscheinen.

Meine Erinnerungen an die Kristallnacht 1938 (09.11.) sind jedoch hundertprozentig zuverlässig. Klar, da waren die verzweifelten Versuche meiner Familie und

Der Abriss der zerstörten Synagoge nach der Reichskristallnacht.
Quelle: Medienzentrum Osnabrück.

von Freunden unternommen worden, aus Deutschland zu fliehen. Eine Zeit lang hatte mein Vater, der das Eiserne Kreuz im ersten Weltkrieg bekommen hatte, sich selbst etwas vorgemacht, indem er geglaubt hatte, er und seine Familie wären sicher und brauchten nicht zu fliehen. Er wurde bald eines Besseren belehrt. Die Kristallnacht in Osnabrück begann in der Nacht als eine Vergeltung für den Tod eines deutschen Diplomaten in Paris durch die Hand eines Juden, der so über die systematische Verfolgung und Boykottierung von Juden in Deutschland aufgebracht war, dass er die Dinge in die eigene Hand nehmen wollte. So erwachte ich am 09.11.1938 aus dem Schlaf, weil beißender Rauch mein Schlafzimmer erfüllte (diese Räume waren in dem Haus, das an die Synagoge angebaut *war; wir bewohnten dies, nachdem unser eigenes Haus von den Nazis übernommen worden war). Die Feuerwehr war zuvor gewarnt worden, dass Feuer nicht zu löschen – und sie taten es auch nicht.*

Bücher, Thora und alles verbrannte, als das Gebäude zusammenbrach. Alle Bewohner rannten aus den Wohnungen heraus und suchten Zuflucht bei einer Familie namens Flatauer in der Nähe[6]. Es war schauerlich. Die Männer in Uniformen, die uns in Flatauers Haus bewachten, sperrten diese vielen Menschen in die Küche ein und verschlossen die Türen, während ihre Kumpane methodisch Möbel und den Rest im Hausinnern zerstörten. Sie nahmen alle Männer mit nach Buchenwald, glaube ich. Dies war das erste Mal, dass meine Mutter, meine Schwester und ich dankbar dafür waren, dass mein Vater nicht dabei war, weil er schon im Gefängnis einsaß. Das ungewisse Abwarten der Frauen, die Bedrohung durch die Nazis, Zerstörung der Einrichtungen – es war ein Alptraum -, meine Mutter bekam zufällig mit, dass meine Schwester befürchtete „dass sie nie wieder eine Morgendämmerung sehen würde". Genug… .

Diese Erinnerung eines damals 11-jährigen Mädchens zeigt auf bewegende Weise die schrecklichen Ereignisse jener Nacht.

Dr. Netheim gelang es, mit Ehefrau und beiden Töchtern über Holland in die USA zu fliehen[7]. Die Tochter Eva beschreibt die Flucht als „bei Nacht und Nebel und nur durch glückliche Umstände gelungen"[8]. Die Familie lebte in einem Flüchtlingslager in Rotterdam, erhielt in den letzten Dezembertagen 1939 eine Schiffspassage und kam in den USA in den ersten Tagen 1940 an.

Wie viele emigrierte Juristen konnte Dr. Netheim nicht in seinem erlernten Beruf arbeiten. Er erhielt durch eine jüdische Organisation die Möglichkeit, eine Geflügelfarm in New Jersey zu übernehmen[9]. Zusammen mit seiner Ehefrau bemühte er sich, diese Farm so gut es ging zu führen, bis er im Mai 1959 im Alter von 60 Jahren an einem Herzinfarkt verstarb. Seine Ehefrau und die älteste Tochter sind inzwischen auch verstorben. Sie haben unter den traumatischen Ereignissen viele Jahre leiden müssen[10]. Die in den USA lebende 79 Jahre alte Tochter Eva hält Kontakt zu den Angehörigen der Familie Jacobson, die gleichfalls in den USA leben.

In einem ihrer letzten Briefe schreibt sie, alle Großeltern von ihr seien in Theresienstadt umgekommen.

Anmerkungen

1. Seite 138.
2. Gerichtet an den Verfasser, in Auszügen hier wiedergegeben.
3. Im Originaltext sind wiederholt deutsche Begriffe verwendet. Spätere Korrespondenz mit Frau Eva Mayro geb. Netheim belegt, dass sie die deutsche Sprache weiterhin ziemlich gut beherrscht.
4. Damals 15 Jahre alt.
5. Im Original „stoned", was wörtlich übersetzt „steinigen" bedeutet.
6. Die Wohnhäuser der Familie Flatauer an der Herderstr. sind dokumentiert in „Ein anderer Stadtführer", herausgegeben von einer Arbeitsgruppe des Graf-Stauffenberg-Gymnasiums, Osnabrück unter Nr. 6, 6. Auflage, Seite 7 ff.
7. Nds.Landesarchiv Hauptstaatsarchiv Hannover, Entschädigungsakte Familie Netheim nach 1945, acc. 14/99 Nr. 166695 zitiert Entschädigungsakte.
8. Den zitierten Bericht, siehe oben.
9. Entschädigungsakte, Seite 1 ff.
10. Entschädigungsakte, Seite 1 ff.

Mathias Middelberg

Hans Calmeyer – Schindler oder Schwindler?

- ein Anwalt aus Osnabrück als „Judenreferent" in den besetzten Niederlanden während des Zweiten Weltkrieges[1]

„Schindler oder Schwindler?" – So überschrieb das Magazin „Der Stern"[2] einen Beitrag über den Juristen Hans Calmeyer und brachte damit eine lange währende Kontroverse auf den Punkt. Hat der damals knapp vierzigjährige Anwalt, der während des Zweiten Weltkrieges als „Judenreferent" an die deutschen Besatzungsbehörden in den Niederlanden abgeordnet war, Juden vor dem Holocaust gerettet oder hat er seine Geschichte nur geschönt? Hat er in so genannten Abstammungsverfahren, in denen über „rassische Grenzfälle", also über die Frage Jude oder „Arier", und damit, wie sich später herausstellte, über Leben und Tod zu urteilen war, bewusst falsch entschieden oder wurde er schlicht getäuscht und hat nachträglich Nachlässigkeit zur Rettungstat deklariert?

Auch die posthume Anerkennung des Juristen als „Gerechter der Völker" durch Israels Holocaust-Forschungsstätte Yad Vashem 1992[3] ließ die Kritiker nicht verstummen. Erst vor wenigen Jahren bezeichnete der Historiker Coenraad STULDREHER[4], lange Zeit führender Mitarbeiter im angesehenen Niederländischen Institut für Kriegsdokumentation in Amsterdam, Calmeyer als „funktionierendes Rädchen" der Mordmaschinerie. Der Anwalt sei „mitschuldig am Holocaust". Es gebe keinerlei Beweise dafür, dass Calmeyer wissentlich „falsche" Abstammungsentscheidungen getroffen und dadurch Menschen vor der Vernichtung „gerettet" habe. Der Jurist sei vielmehr ein „legalistischer Beamter" gewesen; er habe „gleichgültig" gehandelt, wenn nicht gar mit der „Mentalität eines Schreibtischmörders".

Die niederländischen Historiker Louis DE JONG[5] und Jacques PRESSER[6] waren zuvor zu ganz anderen – positiven – Einschätzungen gelangt. Calmeyer habe durch falsche Abstammungsentscheidungen Hunderte, DE JONG meint sogar „annähernd 3.000" Menschen vor dem sicheren Tod gerettet. Ein Biograf[7] sprach sogar von 17.000 Geretteten. – Calmeyer selbst hatte sich nach dem Krieg als „Saboteur der Judengesetzgebung"[8] bezeichnet. Ohne sein Zutun wären „ungefähr 17.000 Juden mehr" aus den Niederlanden deportiert worden.

Eine von der Stadt Osnabrück mit der Klärung des Sachverhalts beauftragte Gutachterin[9] kam zu keinem eindeutigen Ergebnis. Zwar gebe es falsche Abstammungsbescheide. Es sei jedoch nicht nachzuweisen, dass Hans Calmeyer sich in den entsprechenden Verfahren bewusst habe täuschen lassen. Bislang sei aus den Resultaten, d. h. den positiven Abstammungsentscheidungen, auf die Motive rückgeschlossen worden. Dieser Schluss sei jedoch nicht zwingend. Die „Rettung" einiger

hundert Menschen könne auch nur „das zufällige Nebenprodukt" seiner Tätigkeit gewesen sein.[10] Insgesamt habe Calmeyer in Den Haag „Böses und Gutes bewirkt".[11] Bis heute hat das führende niederländische Forschungsinstitut, das Niederländische Institut für Kriegsdokumentation, keine klare Einschätzung zum Wirken Calmeyers. Man verweist auf noch laufende Untersuchungen.[11a]
Was war der Anwalt aus Osnabrück nun – Schindler oder Schwindler?

1. Calmeyers Aufgabenspektrum im „Reichskommissariat"

Hans Calmeyer gehörte zu den wichtigsten Personen der deutschen Besatzungsverwaltung in Sachen Judenpolitik. Im April 1941 war er von der Wehrmacht in das „Reichskommissariat" – so bezeichnete sich die Besatzungsbehörde – gewechselt. Calmeyer leitete die Abteilung „Innere Verwaltung" und damit eine der zentralen Instanzen auf dem Gebiet der Judenpolitik. Das Aufgabenspektrum des Juristen war vielfältig. Eine Schwerpunktaufgabe aber lag in der Durchführung der Verordnung Nr. 6/41 „über die Meldepflicht von Personen, die ganz oder teilweise jüdischen Blutes sind".[12] Diese so genannte Meldeverordnung war das Fundament der gesamten antijüdischen Politik in den Niederlanden. Ziel der Vorschrift war die „vollständige Erfassung des Judentums in den Niederlanden". Die Deutschen erließen die Vorschrift im Januar 1941. Innerhalb von vier Wochen hatten sich sämtliche Personen mit jüdischen Vorfahren bei den zuständigen Gemeindeämtern zu melden. In einem ausführlichen Fragebogen war u. a. anzugeben, wie viele Großelternteile der jüdischen Religion zugehörten bzw. zugehört hatten. Nach der Zahl der jüdischen Großelternteile bestimmte sich, ob man nach den Rassegesetzen der Nationalsozialisten als Jude galt. In „Zweifelsfällen", d. h. wenn unklar war, von wem jemand abstammte, sollte das Reichskommissariat entscheiden. Diese Prüfungen, wie sich später ergab, Entscheidungen über Leben und Tod, fielen Calmeyer zu. Die Zahl der damit verbundenen „Abstammungsprüfungen" summierte sich bis 1944 auf annähernd 6.000. Etwa 3.700 dieser Verfahren wurden „positiv" entschieden, d. h. die Antragsteller wurden als „Arier" oder „arische Mischlinge" eingestuft. Die von Calmeyer eingerichtete „Entscheidungsstelle über die Meldepflicht aus der Verordnung Nr. 6/41" beschäftigte zeitweise mehr als ein Dutzend Mitarbeiter.

2. Die Abstammungsentscheidungen

Entscheidungen über „arische" bzw. „nicht-arische" Abstammung waren im Dritten Reich alltäglich. Die verquere Rassendoktrin der Nationalsozialisten erreichte jeden Winkel des Lebens. Wer bestimmte Berufe ausüben wollte, wer bestimmte Ämter einnahm, selbst wer heiraten wollte, benötigte einen sogenannten Abtammungsnachweis. Die Abstammungsverhältnisse mussten in einer Ahnentafel detailliert dargestellt werden. Wer mehr als zwei jüdische Großelternteile hatte, galt nach den Rassegesetzen als „Volljude". Bei zwei jüdischen Großeltern stand man „auf der Kippe". War man Mitglied der jüdischen Gemeinde oder mit einem jüdischen Partner verheiratet, zählte man ebenfalls zu den „Volljuden". Diesen drohten später Deporta-

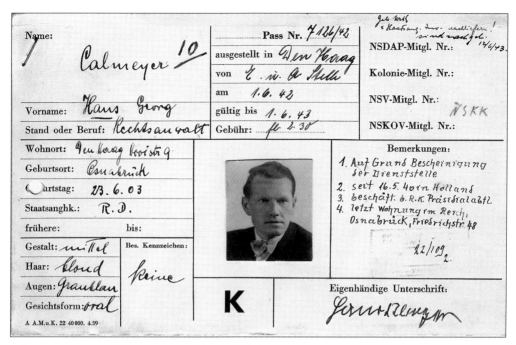

Calmeyers Karteikarte aus der Personalstelle des Reichskommissariates.
Quelle: NIOD.

tion und Tod. Alle anderen galten als „jüdisch versippt" bzw. als „Mischlinge"; sie wurden diskriminiert, aber nicht ermordet.

In „Zweifelsfällen", z. B. wenn die Großeltern unbekannt waren oder der Betreffende angab, nicht seine urkundlichen, sondern andere „arische" Personen seien seine leiblichen Vorfahren, war eine behördliche Entscheidung einzuholen. In Deutschland war dafür das „Reichssippenamt" in Berlin zuständig. Diese dem Innenministerium zugeordnete Behörde – ein Abspalter aus der Parteiorganisation der NSDAP – bearbeitete bis Kriegsende annähernd 160.000 Abstammungsverfahren. Bis zu 100 Mitarbeiter waren allein mit der Ausstellung entsprechender „Abstammungsbescheide" beschäftigt.[13] Die Prüfungspraxis war eingefahren, die Richtlinien äußerst streng.

Mit der Verschärfung der antijüdischen Politik nach 1936 stieg die Anzahl der Anträge auf Erteilung eines Abstammungsbescheides enorm an. Viele Juden sahen in der Durchführung einer Abstammungsprüfung die letzte Chance, sich den immer drückender werdenden Verfolgungsmaßnahmen zu entziehen. Im Reichssippenamt beobachtete man die Entwicklung mit Argwohn. Ein Sachbearbeiter notierte: *Es ist in den letzten Jahren fortschreitend beobachtet worden, dass Juden die sich für sie aus den Personenstandsurkunden ergebende rassische Einordnung anzweifeln und auch in einzelnen Fällen eine günstigere rassische Einordnung, sei es durch richterliches Urteil oder sei es durch Abstammungsbescheid des Reichssippenamtes, ereichen. Dieser Sachverhalt hat Bedenken ausgelöst.*[14]

Die Entwicklung in den Niederlanden verlief ganz ähnlich. Die Meldeaktion gemäss der Verordnung Nr. 6/41 ging fast reibungslos vonstatten. Die niederländische Meldeorganisation, die damals in Europa ohnehin als mustergültig galt, funktionierte perfekt. Es gab nur ganz vereinzelt „Fehlmeldungen". Viele Juden hatten Angst vor den angedrohten drastischen Strafen. Andere konnten sich einfach (noch) nicht vorstellen, dass die harmlos erscheinende Meldeaktion nur der Auftakt einer beispiellosen Verfolgungs- und Ermordungsaktion sein sollte.

Nur wenige Wochen nach der Meldeaktion aber begannen die Nazis damit, die „Schlinge langsam zuzuziehen". Eine diskriminierende Bestimmung folgte der anderen. Die niederländischen Juden wurden entrechtet, enteignet, ghettoisiert und ab Sommer 1942 schließlich deportiert. Nicht wenige – wie z. B. die Familie von Anne Frank – tauchten unter. Andere versuchten sich durch einen Antrag auf Überprüfung ihrer Abstammungsverhältnisse zu retten. Ein solcher Antrag auf „Arisierung" brachte wenigstens Zeitaufschub. Wer ein Abstammungsverfahren „laufen hatte", wurde nämlich zunächst nicht deportiert.

Viele der Antragsteller erfanden jetzt „neue Familienverhältnisse". Statt des im Meldebogen angegebenen jüdischen Vaters wurde ein außerehelicher „arischer Erzeuger" behauptet, mit dem die Mutter fremdgegangen sei. Es gab aber auch Antragsteller, denen ihr Abstammungshintergrund tatsächlich unbekannt war. Diese hatten den Meldebogen unvollständig abgegeben. Das Reichssippenamt in Deutschland hätte in diesen Fällen detaillierte Nachforschungen anstellen lassen. In den Niederlanden dagegen verzichtete Calmeyer auf solche Ermittlungen. Er ließ zum Beweis der „arischen" Abkunft eine eidesstattliche Versicherung genügen, in der der Betroffene schlicht zu erklären hatte, dass ihm „keine Umstände bekannt sind, aus denen hervorgehen könnte, dass der fragliche Großelternteil der Rasse nach volljüdisch ist bzw. war". Weitere Nachforschungen fanden nicht statt. Die Beweislast für die Tatsache der „nicht-arischen" Abkunft blieb so – im Gegensatz zur Beweispraxis im Reich – auf Seiten der Behörde.

Mit der Verschärfung der Judengesetzgebung im Laufe des Jahres 1941 kamen dann immer mehr Anträge, die eine Änderung bereits vollständig abgegebener Meldungen begehrten. Die meisten dieser Anträge waren „falsch". Die behaupteten Sachverhalte (z. B. ein unehelicher „arischer" statt des angegebenen jüdischen Vaters) waren erfunden. In diesen Fällen konnte eine eidesstattliche Versicherung als Beweismittel nicht genügen. Die Betroffenen hatten durch ihre Anmeldung ja bereits einen gegenteiligen Sachverhalt als wahr bekundet.

Calmeyer kam aber auch hier den Betroffenen entgegen. Es wurden Beweismittel zugelassen, die gemessen an der – eigentlich maßgeblichen – Praxis des Reichssippenamtes keinesfalls hätten berücksichtigt werden dürfen:

In vielen Fällen war die Religionszugehörigkeit für die „rassische Einordnung" maßgeblich. Petenten z. B., die sich mit zwei jüdischen Großeltern und als Mitglied einer jüdischen Gemeinde gemeldet hatten, mussten nun nachweisen, dass sie dieser Religionsgemeinschaft doch nicht angehört hatten. Häufig bestand diese „Proble-

Das „Aanmeldingsformulier" gemäß der Verordnung Nr. 6/41, hier exemplarisch das der nach Amsterdam emigrierten deutschen Schauspielerin Camilla Spira.
Quelle: CGB, Sammlung Calmeyer II, persoonsdossiers, Karton 188.

matik" bei Abkömmlingen aus „jüdisch-arischen Mischehen". Nur wenn feststand, dass diese Personen nicht der jüdischen Glaubensgemeinschaft angehörten und angehört hatten, konnte die „Entscheidungstelle" sie als „Mischling" einstufen. Anderenfalls galten sie als „Halbjuden" und wurden deportiert. In Fällen dieser Art akzeptierte Calmeyer in großer Zahl entsprechende Feststellungsurteile niederländischer Zivilgerichte, die die Antragsteller gegen die „Nederlandsch-Israelitische Hoofdsynagoge" erstritten. Die Zahl dieser Klagen stieg in kurzer Zeit enorm an. Offenbar ausnahmslos gelangten die niederländischen Richter zu der Feststellung, der Antragsteller sei „zu keinem Zeitpunkt Mitglied der jüdischen Gemeinde" gewesen.[15] Der durchgängig positive Ausgang dieser Verfahren fiel dann auch bald auf. „Kollegen" Calmeyers im Reichskommissariat monierten das Abstellen auf die Entscheidungen der „politisch wenig zuverlässigen" niederländischen Gerichte. Kammergerichtsrat Seiffert z. B., Leiter der Hauptabteilung Justiz im Reichskommissariat, mahnte: *Die Frage wird nicht dahingestellt werden dürfen, welche Mischlinge nach niederländischen bürgerlichen Recht wirksam einer jüdischen Kultusgemeinschaft beigetreten sind, sondern dahin, ob die Mischlinge ... im Reich unter Judenrecht stehen oder nicht. ... In keinem der bisher vorliegenden Gerichtsverfahren hat die Gemeinde streitig verhandelt und jedes Mal ist demgemäss ein Urteil ergangen, das die Nichtzugehörigkeit des Mischlings zur jüdischen Gemeinde feststellt. ... Schließlich ist auch die Befürchtung nicht von der Hand zu weisen, dass die Judengemeinde Mischlinge durch vereinbarte Prozesse aus der Qualifizierung als Jude befreien wird.*[16]

In der „Entscheidungstelle" sah man über solche Mahnungen jedoch hinweg. Die Urteile der niederländischen Zivilgerichte blieben maßgebend.[17]
Als „problematisch" erwies sich auch die Einordnung „halbjüdischer" Minderjähriger. Calmeyer stellte auf die zivilrechtliche Situation in den Niederlanden ab.[18] Danach konnte „ein minderjähriger niederländischer Staatsangehöriger nicht selbstständig Mitglied der jüdischen Religionsgemeinschaft sein". Den damals siebenjährigen „Mischlingsjungen" Julius Maarten Menko, ursprünglich als „Volljude" eingeordnet, stufte Calmeyer dementsprechend als „arischen Mischling" ein.[19] Dass niederländisches Zivilrecht und nicht die tatsächlichen Verhältnisse für die „rassische Einordnung" eines „Halbjuden" maßgeblich sein sollte, hätte einen deutschen Rassenrechtler aufhorchen lassen. In Deutschland kam es allein auf die tatsächlichen Umstände an, z. B. auf die Eintragung in Gemeindelisten oder die Beschneidung des Jungen.[20] Und tatsächlich protestierte Dr. Dr. Rabl, der Leiter der Abteilung Rechtsetzung im Reichskommissariat: *Es kommt nicht darauf an, ob eine Person rein rechtlich betrachtet imstande ist, eine rechtserhebliche Erklärung im Sinne der bürgerlich-rechtlichen Vorschriften abzugeben, sondern vielmehr darauf, ob sie ihrer Zugehörigkeit zu der in Rede stehenden Glaubensgemeinschaft durch aktives Handeln Ausdruck verleiht ... Nach meiner Ansicht ist daher das minderjährige Kind aus einer arisch-jüdischen Mischehe, das vor dem 9. Mai 1940 geboren*

IN NAAM VAN HET RECHT
De Arrondissements.Rechtbank
te Amsterdam, Eerste Kamer,
heeft het navolgende vonnis gewezen:

No.1907/1943:
BAREND LUTERAAN, wonende te Amsterdam,
EISCHER bij exploit van dagvaarding, uitgebracht
door den deurwaarder B.A.Tromp te Amsterdam, d.d.
27 Juli 1943, verschijnende bij den Procureur Mr.
H.K.Köster,

tegen:
DE NEDERLANDSCH-ISRAELIETISCHE HOOFDSYNAGOGE TE
AMSTERDAM, gevestigd en kantoorhoudende te Amsterdam,
GEDAAGDE bij voormeld exploit, verschijnende bij
den Procureur Mr.J.A.E.Gomperts.-

DE RECHTBANK:
Gezien de stukken;
OVERWEGENDE TEN AANZIEN VAN DE FEITEN:
dat de eischer bij dagvaarding en daarmede
overeenstemmende conclusie van eisch gesteld
dat eischer op 3 Juli 1878 te Amsterdam geboren afstamt van twee Joodsche grootouders van
moederszijde, terwijl zijn beide grootouders van
vaderszijde geen jood in den zin van de verordening 6/1941;
dat eischer ter gelegenheid van zijn aanmelding overeenkomstig de verordening 6/1941 heeft
opgegeven, dat hij stamte uit 2 Joodsche grootouders, onder mededeeling, dat he, niet bekendwas in
hoeverre hij als lid van eenige Joodsche kerkelijke gemeenschap was ingeschreven;
dat bij de uitreiking van zijn persoonsbewijs door eischer is bemerkt, dat hij als Jood in
den zin van voornoemde Verordening 6/1941 werd
beschouwd;
dat echter eischer nadien is gebleken, dat hij
geen lid van eenige joodsch kerkelijke gemeenschap
is geweest;
dat immers noch eischers ouders gedurende
zijn minderjarigheid, noch hij zelf vóór of na het
bereiken zijner meerderjarigheid, ooit eenige daad
hebben verricht, waaruit zijn wil om zich aan gedaagde te binden zou kunnen blijken;
dat eischer met het oog op de bovengenoemde
Verordening 6/1941 recht en belang heeft, dat door
een rechterlijke uitspraak worde vastgesteld, dat
hij naar Nederlandsch burgerlijk recht op 9 Mei
1940 geen lid van gedaagde was, noch ook na dien
datum als lid van gedaagde is aangenomen;
Met conclusie: dat het der Rechtbank behage
te verstaan, dat eischer, geboren te Amsterdam op
3 Juli 1878, naar Nederlandsch burgerlijk recht op
9 Mei 1940 geen lid van gedaagde was en dat ook
na dien datum niet is geworden, kosten rechtens;
dat gedaagde daarop heeft geantwoord:
dat gedaagde, de tot het Nederlandsch Israelie-

Urteil der 1. Kammer des Amsterdamer Landgerichts vom 19. August 1943 über die Feststellungsklage des Barend Luteraan gegen die Niederländisch-Isrealitische Hauptsynagoge zu Amsterdam wegen dessen Religionszugehörigkeit.

tisch kerkgenootschap behoorende plaatselijke kerkelijke gemeente Amsterdam erkent het een eischer omtrent zijn geboorte en afstamming van moederszijde heeft gesteld;
dat gedaagde eveneens erkent, dat noch eischers ouders gedurende zijn minderjarigheid, noch hijzelf ooit jegens gedaagde eenige daad heeft verricht, waaruit had kunnen blijken van den wil, dat eischer lid van gedaagde zou zijn;
dat gedaagde zich ten aanzien van de door eischer ingestelde vordering aan het oordeel der Rechtbank refereert;
dat gedaagde buiten kosten behoort te blijven;
Met conclusie: dat het der Rechtbank behage gedaagde van de gedane referte acte te verleenen en eischer te veroordeelen in de kosten van het geding;

IN RECHTE:
Overwegende dat, nu gedaagde de gestelde vast feiten niet heeft betwist, met name erkennende, dat noch eischers ouders gedurende zijn minderjarigheid, noch hijzelf ooit jegens gedaagde eenige daad heeft verricht, waaruit had kunnen blijken van den wil, dat eischer lid van gedaagde zou zijn, vaststaat dat eischer naar Nederlandsch Burgerlijk Recht op 9 Mei 1940 geen lid van gedaagde was en dat ook na dien datum niet is geworden;
Overwegende dat vermits de vordering is ingesteld teneinde een declaratoir vonnis te verkrijgen en de gedaagde zich aan het oordeel der Rechtbank heeft gerefereerd, er termen zijn de kosten van het geding ten laste van eischer te brengen;

RECHTDOENDE:
Verstaat voor recht dat Barend Luteraan, geboren te Amsterdam op 3 Juli 1878, naar Nederlandsch Burgerlijk Recht op 9 Mei 1940 geen lid van gedaagde was en dat ook na dien datum niet is geworden;
Veroordeelt eischer in de kosten van het geding, tot heden aan de zijde van gedaagde begroot op f.40.- (veertig gulden);
Gewezen door Mrs. A.J. van Royen, President, B. de Gaay Fortman en J.E. Hoekstra, Rechters en uitgesproken ter Openbare Terechtzitting van de Arrondissements-Rechtbank te Amsterdam, EERSTE-KAMER, van den 19den Augustus 1943, in tegenwoordigheid van Mr. A. van Laer, Substituut-Griffier.-
coll.:/.
             (get.) A.J. van Royen.-
              " A. van Laer.-
Uitgegeven voor Grosse;
De Griffier:

Die Urteile fielen wohl ausschließlich günstig aus, d. h. es wurde festgestellt, daß der Kläger niemals Mitglied der jüdischen Gemeinde gewesen sei. Calmeyer machte diese Urteile in zahlreichen Fällen zur Grundlage seiner Entscheidungen.
Quelle: CGB, Sammlung Calmeyer II, persoonsdossiers, Karton 107.

und beschnitten worden ist, als dann dem jüdischen Gottesdienst beigewohnt hat, in der jüdischen Religion unterwiesen wurde und auch in sonstiger Weise, insbesondere durch Teilnahme an gottesdienstlichen Übungen und Verrichtungen sich als aktives Mitglied der jüdischen Religionsgemeinschaft bekannt hat, ... als Jude anzusehen. Wollte man anders entscheiden, so würde man dadurch die Möglichkeit schaffen, dass zweifelsfreie Juden von ihren in dieser Hinsicht selbstverständlich beflissen arbeitenden Eltern durch einfache Willenserklärung zu jüdischen Mischlingen dekretiert werden, was nicht erwünscht sein kann.[21] – Calmeyer hielt an seiner Praxis dennoch fest.

Abweichend vom deutschen Vorbild war auch das Verfahren beim Urkundsbeweis. War die Echtheit einer maßgeblichen Urkunde zweifelhaft, wurde nicht etwa behördlicherseits, d. h. durch das Reichskommissariat, ein Sachverständiger benannt, sondern dem Antragsteller wurde aufgegeben, durch Beibringung privater Gutachten den entsprechenden Beweis zu führen. Diese Privatgutachten wurden in aller Regel dann auch akzeptiert. Im Fall des Jacob Cohen z. B., in dem die Echtheit eines ärztlichen Gutachtens aus dem Jahre 1891 in Rede stand, das eine Geschlechtskrankheit des jüdischen Großvaters dokumentierte und insofern eine außereheliche Erzeugung des Petenten nahe legte, begnügte sich die „Entscheidungsstelle" hinsichtlich der Beurteilung des Alters von Papier und Tinte mit dem Befund einer Papiergroßhandlung bzw. der Begutachtung durch einen niederländischen Gerichtssachverständigen. Letzterer war in Untergrundkreisen bekannt für seine Rezepturen zur Herstellung „historischer" Schreibflüssigkeiten.

In den zahlreichen Fällen vorgeblicher unehelicher Geburt legte Calmeyer immer wieder die Aussagen der vermeintlich „betrogenen" jüdischen Ehemänner seinen Entscheidungen zu Grunde. Diese Praxis stand in klarem Widerspruch zur Verfahrensweise des Reichssippenamtes[22] und zu den einschlägigen Weisungen der Reichsministerien des Innern[23] und der Justiz. Danach hatten Zeugenbekundungen von Juden generell unbeachtet zu bleiben: *Dem Verhalten des Juden, dem es nur Recht sein konnte, dass sein Blut unerkannt in die deutsche Volksgemeinschaft eindrang*, durfte *in keinem Falle* Bedeutung beigemessen werden.[24] – Calmeyer jedoch hielt sich nicht an diese Weisungen. Im Fall des Komponisten Ignacy Lilien z. B. wartete er im Sommer 1942 sogar auf eine aus den Vereinigten Staaten herbeigeschaffte eidesstattliche Versicherung des jüdischen Vaters, in der dieser dann darlegte, dass sein Sohn außerehelich mit einer „Arierin" gezeugt worden sei.[25]

Waren Urkunds- und Zeugenbeweise nicht ergiebig, wurde ergänzend eine so genannte anthropologische oder erbbiologische Untersuchung veranlasst. An Hand körperlicher Ähnlichkeitsmerkmale sollten dann die „echten Abstammungsverhältnisse" ermittelt werden. Im Reich war das Verfahren dafür streng geregelt. Nur die vom Reichssippenamt ausdrücklich benannten Gutachter durften beauftragt werden. In den Niederlanden dagegen begnügte Calmeyer sich mit entsprechenden Befunden niederländischer Ärzte. Erst ab Herbst 1942 erfolgte eine Überprüfung dieser Testate durch eine Art „Obergutachten" des vom Reichssippenamt anerkannten

490.

Im Abstammungsverfahren des

Julius Maarten Menko, geboren am 4.6.1936 in Enschede, wohnhaft in Amsterdam, Michel Angelostraat 108 hs, gemeldet mit 4 jüdischen Groszeltern, wird auf Antrag vom 28.Mai 1943, wie folgt entschieden:

Julius Maarten Menko ist statt J 4 einzuordnen als G I.

Begründung.

Julius Maarten Menko, ist der Sohn des Juden: Hendrik Frederik Julius Menko und der : Annie Helene Cats, die laut Entscheidung des General Kommissars für Verwaltung und Justiz vom 17.4.1943 NICHTMELDEPFLICHTIGER
erklärt wurde.

Er stammt also väterlicherseits von unbestritten volljüdischen Groszeltern, mütterlicherseits von arischen Groszeltern.

Er ist minderjähriger niederländische Staatsangehörige, er kann also nach niederländischem Rechte nicht selbständig Mitglied der jüdischen Religionsgemeinschaft sein.

Er ist daher einzuordnen als G I.

den Haag, den 5. August 1943.

Entscheidung im Abstammungsverfahren des minderjährigen Julius Maarten Menko vom 5. August 1943. Wie hier entschied Calmeyer für zahlreiche minderjährige „Mischlinge", daß diese, weil sie nach niederländischem Recht nicht rechtswirksam Mitglied einer Religionsgemeinschaft sein könnten, auch nicht Juden seien.
Quelle: NIOD, Archiv 25, 167.

Prof. Dr. Hans Weinert[26] aus Kiel. Calmeyer und Weinert allerdings sollen sich „den Ball zugespielt haben".[27] Der Kieler „Experte" gelangte ohne Ausnahme zu bestätigenden, für die Antragsteller positiven Beurteilungen.[28]

Der niederländische Arzt Dr. A. de Froe, der ca. 400 anthropologische Gutachten in Abstammungssachen erstellt hatte, berichtete in diesem Zusammenhang: *Calmeyer war eine außerordentlich gewiefte und clevere Figur. Er machte Eindruck auf mich. Jemand, der die Dinge so zu sagen wußte, dass man ihm keinen Strick daraus drehen konnte. ... Er wußte, dass man ihn für einen Narren hielt. ... Er war gegen die ganze Judengeschichte.*[29]

3. Wusste Calmeyer, dass er getäuscht wurde?

Die Anträge, die Calmeyers Dienststelle erreichten, waren ganz überwiegend „falsch".[30] Die unehelichen „arischen" Väter waren zumeist frei erfunden, Dokumente und Aussagen gefälscht. Tatsächlich hatte sich im niederländischen Untergrund eine regelrechte Kleinindustrie etabliert, die auf die Herstellung falscher bzw. die Verfälschung echter Urkunden, Kopien, Fotografien, etc. spezialisiert war.[31] Sogar die Anwälte beteiligten sich an den Täuschungsmanövern. Der Rechtsanwalt A. N. Kotting, der nach dem Krieg dem Nederlands Instituut voor Oorlogsdocumentatie die von ihm bearbeiteten Abstammungsakten zur Verfügung stellte, übersandte zugleich zahlreiche Blanko-Urkunden (Taufbescheinigungen, Verlustanzeigen für Personalausweise und Blutgruppenkarten des Roten Kreuzes) und „passende" Stempel und erläuterte dazu: *Sämtliche Vorlagen sind Fälschungen und wurden während der deutschen Besatzung von mir gebraucht, um ‚Beweismaterial' herzustellen zur Untermauerung der Antragsschriften, die die Registrierung von Personen betrafen, die sich als Abkömmlinge jüdischer Großeltern angemeldet hatten (sogenannte Calmeyer-Sachen).*[32]

Dass Calmeyer und seine Mitarbeiter von diesen Täuschungen wussten, sie aber aus Gutwilligkeit trotzdem akzeptierten, liegt angesichts der Vielzahl der „gefälschten" Anträge nahe, wurde und wird aber gleichwohl in Frage gestellt.[33]

Die Zeitzeugen und die ganz überwiegenden Stimmen in der Literatur sind dagegen überzeugt, dass Calmeyer und seine Mitarbeiter bewusst Täuschungen „akzeptierten", um Antragstellern zu helfen. Die Fälschungen mussten jedoch Qualität haben. Die Sache musste vertretbar sein, damit die Dienststelle nicht in Verdacht geriet. Vor allem die beteiligten Anwälte waren bzw. sind sich ohne Ausnahme einig, dass Calmeyer und seine Mitarbeiter „falsche" Fälle als echt akzeptierten. Nach Darstellung des Anwalts Dr. Benno J. Stokvis[34] wollte Calmeyer „sachkundig" betrogen werden: *Er wollte selbst an die Richtigkeit seiner Entscheidungen glauben. Aber tief im Innersten wusste er, dass 98 von 100 Menschen, die er rettete, exakt genauso viel jüdisches Blut hatten wie die Tausenden, die er in die Gaskammern gehen ließ.*[35]

J. van Proosdij sagte nach dem Krieg gegenüber den niederländischen Untersuchungsinstanzen: *Ich habe Antragsschriften bei ihm eingereicht, von denen er wußte, dass sie falsch waren. Trotzdem half er in Hunderten von Fällen.*[36]

Anthropologisches Institut
der Universität
Direktor: Prof. Dr. HANS WEINERT

KIEL, den 1. Juni 1944
Hospitalstraße 20
Fernruf 5504

Abstammung Camilla S p i r a .

Der Prüfling gibt an, daß nicht der verstorbene Jude Jacob Spira, sondern der arische Ungar V. P a l f y ihr Vater sei. Da ihre Mutter Lotte Andresen arisch ist, müßte auch sie selbst Vollarierin sein.

Von der Eltern/Generation werden Bilder vorgelegt. Ebenso von dem jüdischen Ehemann Hermann Eisner und von älteren Sohn Peter Paul Der Prüfling und ihre Tochter Susanne -- von denen auch Bilder vorliegen-stehen für die persönliche Untersuchung zur Verfügung.

Der Prüfling im Alter von 38 Jahren, 165 cm groß, macht keinen jüdischen Eindruck. Haar und Augen sind hell, die Augen normal eingebettet, die Nase gerade, Mund und Ohren normal.

Haltung ist aufrecht, alle Körperteile gerade, Besonderheiten fehlen. Unterhautfett verstärkt, aber kein Verdachtsgrund.

Jacob Spira war mittelgroß, hatte aber große Judennase und vorstehende Unterlippe. Auch die Ohren waren ziemlich groß, Haare und Augen o. B. Auffällig ist die scharf eingeschnittene und senkrecht gestellte Kinngrube. Gerade dieses Merkmal, das erbwichtig ist, ist beim Prüfling nicht vorhanden. Andererseits läßt sich nichts feststellen, was auf Abstammung von Spira hinweisen müßte.

Der Arier P a l f y ist dem Prüfling nicht bekannt. Auf dem Lichtbild fällt aber seine breite Stirn auf. Gerade dieses Merkmal zeigt der Prüfling in auffälliger Weise. Das Zusammentreffen dürfte kaum auf Zufall beruhen.

Die Mutter Andresen weicht in diesen Merkmalen ab. Sie ist größer als der Prüfling und hat ein schmales Gesicht mit schmaler Stirn und entsprechend lange Nase. Dazu kommen dunkle Augen und dunkle Haare. Ohren und Hände stimmen bei Mutter und Tochter überein und wohl auch der Fettreichtum.

Von den Kindern zeigt der Sohn wahrscheinlich etwas stärkeren Anteil vom jüdischen Vater Eisner.

Die untersuchte Tochter Susanne, im Alter von 7 Jahren, läßt aber keinen jüdischen Einfluß erkennen. Sie ist ein auffallend schlankes Kind.

Nach Allem kann der Einordnung des Prüflings als arisch durchaus zugestimmt werden. Die beiden Kinder sind demnach Mischling I.Gr

Prof. Weinert.

Ein typisches „erbbiologisches Gutachten" des Kieler „Rassenanthropologen" Prof. Dr. Hans Weinert, hier im Fall Spira, vom 1. Juni 1944.
Quelle: CGB, Sammlung Calmeyer II, persoonsdossiers, Karton 188.

Sein Kollege Kotting[37] bestätigte diese Einschätzung. Auch der Anwalt Y. H. M. NIJGH[38] war sicher, dass Calmeyer um die massenhaften Täuschungen wußte. Die Juristin Lya L. W. van den Dries berichtete, sie habe Calmeyer bei Ihrem erstem Zusammentreffen fünf Fälle präsentiert, von denen nur einer „echt" gewesen sei. Gleichwohl habe er vier Fälle „akzeptiert": *In diesem ersten Gespräch erklärte Calmeyer mir, ... dass ich ihn betrügen könne, soviel ich wolle, sofern ich es nur so anstellte, dass er keinen Ärger mit der Grünen Polizei (der Ordnungspolizei, d. Verf.) bekäme. Über letzteres mußte ich innerlich ziemlich lachen, weil ich dies bereits ohne seine Aufforderung getan hatte.*[39]

H. van Bemmel Suyck-Einhorn, Witwe des Haager Anwalts J. R. C. van Bemmel Suyck, berichtete über Kontakte zwischen Calmeyer und dem Anwalt E. O. Goldstein: *Er besprach solche Fälle (gemeint sind die Abstammungsverfahren, d. Verf.) vielfach ganz offen mit Calmeyer, der sehr gut wußte, dass da meistens Betrug im Spiel war.*[40]

Von betroffenen Petenten selbst gibt es nur wenige dokumentierte Aussagen über die Tätigkeit der „Entscheidungsstelle". Das ist nicht verwunderlich. Die überwiegende Zahl der Antragsteller wurde anwaltlich vertreten. Gleichwohl hat z. B. Susanne Thaler, die Tochter der nach Amsterdam emigrierten Berliner Schauspielerin Camilla Spira[41], bekundet, dass Calmeyer die erfundene Abstammungsgeschichte ihrer Mutter durchschaut, aber dennoch dem Antrag auf Änderung der Meldung stattgegeben habe.[42] Sie wisse dies aus Berichten ihrer Eltern. Camilla Spira hatte behauptet, sie entstamme einem Seitensprung ihrer Mutter mit einem ungarischen „arischen" Schauspieler.[43] Calmeyer ließ über die Gestapo in Berlin die Mutter zu diesem Sachverhalt vernehmen; Prof. Weinert lieferte eine positive Begutachtung. Und so erklärte Calmeyer die Petentin schließlich zur „Vollarierin", obwohl diese sich ursprünglich mit zwei jüdischen Großeltern, mit dem Glaubenbekenntnis „mosaisch" und als mit einem Juden verheiratet gemeldet hatte. Frau Spiras Ehe mit Dr. Hermann (Israel) Eisner wurde so zu einer so genannten Privilegierten Mischehe. Die jüdischen Partner und die Kinder solcher „Mischehen" wurden nicht deportiert.

Bei der Beantwortung der Frage, ob Calmeyer sich bewusst täuschen ließ oder schlicht überlistet wurde, wird schließlich eine detaillierte Auswertung der von der „Entscheidungsstelle" bearbeiteten Abstammungsakten vorgeschlagen.[44] Dass eine solche Analyse Erkenntnisgewinn verschafft, ist jedoch sehr fraglich. Abgesehen von dem erheblichen kriminaltechnischen Aufwand, der nötig wäre, um z. B. die Echtheit vorgelegter Urkunden zu überprüfen, ließe sich bestenfalls feststellen, in welchem ungefähren Umfang „falsche" Beweismittel vorgelegt wurden. Dieser Anteil ist mit mindestens 90 % aus den insoweit übereinstimmenden Zeugenbekundungen aber ohnehin bekannt. Die eigentlich strittige Frage, ob Calmeyer bzw. seine Mitarbeiter die Fälschungen seinerzeit als solche erkannt haben, wäre mit einer solchen Untersuchung nicht zu klären.

Bei Calmeyers Kenntnis bzw. der seiner Mitarbeiter handelt es sich um subjektive Sachverhalte. Aus dem Vorliegen objektiver Tatsachen – vorliegend aus der hohen

-5-

In dem Abstammungsverfahren

<u>1.</u> der Camilla Sara S p i r a , verehelichte E i s n e r geb. zu Hamburg am 1.3.1906 ,

<u>2.</u> des Peter Paul E i s n e r , geb. zu Berlin am 1.12.1927 ,

<u>3.</u> der Susanne E i s n e r , geb. zu Berlin am 15.8.1937 ,

<u>4.</u> des Dr.Herrmann (Israel) E i s n e r , geb. zu Gleiwitz am 16.10.1897 ,

sämtlich wohnhaft Amsterdam , Deurloostraat 59 III, zurzeit sämtlich Lager W e s t e r b o r k , früher deutscher Nationalität , jetzt staatenlos wird auf den Antrag vom 25.9.42 wie folgt entschieden :

I. Die Antragstellerin zu 1. ist vorläufig als <u>nicht meldepflichtig festgestellt</u> .

II. Die Antragsteller zu 2.und 3. werden vorläufig als <u>GI (Mischling I.Grades)</u> eingeordnet .

III. Die Ehe des Antragstellers zu 4. gilt vorläufig als <u>Mischehe Gruppe A</u> .

<u>Gründe:</u>

Die Antragstellerin zu 1. hat sich mit 2 volljüdischen Großeltern als Mitglied der jüdischen Kirche gemeldet . Sie ist verheiratet mit dem Juden Eisner , Herrmann und ist dementsprechend als J(2) eingetragen .

Durch Schreiben vom 25.9.42 beantragt sie Abänderung der bisherigen Registrierung und ihre Feststellung als Arierin. Zur Begründung dieses Gesuches führt sie an , daß sie innerhalb der Ehe ihrer arischen Mutter mit einem Juden von einem Arier erzeugt sei .
Die A. zu 1. wurde am 1.3.1906 zu Hamburg geboren . Ihre gesetzlichen Eltern sind Jacob (genannt Fritz) Spira und Wilhelmine Charlotte Andresen , die am 20.12.1905 die Ehe geschlossen haben . Diese Ehe wurde am 7.2.1939 geschieden . Der gesetzliche Vater ist unstreitig Jude , die Mutter ist unstreitig deutschblütig .

Antragstellerin zu 1. will erzeugt sein von dem ungarischen Staatsbürger Victor P a l f y . Antragstellerin hat für ihre Behauptung Beweis angetreten durch Zeugnis der Mutter . Diese ist auf Ersuchen des Reichssippenamtes in Berlin von der Geheimen Staatspolizei ,Staatspolizeileitstelle Berlin , am 13.9.43 vernommen worden . Die Aussage der Mutter , die durch frühere Erklärungen unterstützt und ergänzt wird , ist nicht unglaubhaft . Außerdem sind Bilder des gesetzlichen Vaters , des angeblichen Erzeugers , der Antragstellerin, ihres Mannes und ihrer Kinder vorgelegt . Nach diesem Bildmaterial , insbesondere nach dem erbbiologischen Befund , den die Antragstellerin zu 1. selbst abgibt , ist höchstwahrscheinlich , daß A.zu 1. irgend welchen jüdischen Einschlag hat , insbesondere von ihrem jüdischen gesetzlichen Vater erzeugt wurde . Eine Erzeugung durch den Schauspieler Palfy , der als Nichtjude der entscheidenden Dienststelle bekannt ist , ist nicht unwahrscheinlich .

-2-

Vorläufige Entscheidung Calmeyers im Fall Spira vom 30. September 1943. Doch „erscheint es geboten, den Beweis noch zu verstärken" durch Einholung eines „gründlichen erbbiologischen Gutachtens".

–2–

Zwar erscheint es angebracht und nach Lage der Umstände geboten, den der A.zu 1. obliegenden Beweis noch zu verstärken , und zwar durch Beibringung weiterer Bilder , durch Ermittlung und Vernehmung des wahrscheinlichen Erzeugers Palfy , schließlich durch Heranziehung eines gründlichen erbbiologischen Gutachtens.
Doch kann schon jetzt und unter Vorbehalt der Verdichtung des Beweises festgestellt werden, daß die A. zu 1. jüdischen Bluteinschlag nicht hat , demgemäß vorläufig als nicht meldepflichtig zu registrieren ist .
Mit der insoweit zu treffenden Entscheidung über die Rasse der A. zu 1. scheidet eine Qualifizierung durch Religion oder die Eheschließung mit einem Juden aus .
Zur Meldung der A.zu 1. zur Religion ist übrigens festzustellen, daß eine formelle Zugehörigkeit oder innere Bindung zur jüdischen Religion entgegen der eigenen Meldung nicht vorliegt.
Aus der vorläufigen Entscheidung über die Einordnung der A.zu 1. ergeben sich die vorläufigen Entscheidungen hinsichtlich der 3 weiteren Antragsteller .

III. Mische des Antragstellers zu 1. ist vorläufig als
Mischehe Gruppe A

DER GENERALKOMMISSAR
für Verwaltung und Justiz

Im Auftrage:

Den Haag , den 30. September 1943 (Calmeyer)

Über die Kinder wird mitentschieden. Der Ehemann ist geschützt, weil die Ehe als »Mischehe der Gruppe A«, d. h. als sogenannte Privilegierte Mischehe, festgestellt wird.
Quelle: CGB, Sammlung Calmeyer II, persoonsdossiers, Karton 188.

Fälschungsquote der Anträge – könnte auf das Vorliegen solcher subjektiven Sachverhalte, d. h. auf die Kenntnis von der Unechtheit bestimmter Beweismittel geschlossen werden. Zwingend ist ein solcher Schluß jedoch nicht. Was Calmeyer wußte, darüber konnten letztlich nur er selbst oder Zeugen, mit denen er sich seinerzeit austauschte, Auskunft geben. Calmeyer selbst hat klar bekundet, dass er zwar nicht jede einzelne Fälschung erkannt, um den insgesamt hohen Anteil „falscher" Anträge jedoch gewusst habe. Die Zeugen haben seine Darstellung bestätigt. Dass insbesondere die Anwälte ausnahmslos angaben, Calmeyer habe von den „Fälschungen" gewusst, ist besonders hoch einzuschätzen. Die Advokaten hätten eher Veranlassung gehabt, ihr eigenes Tun ins Licht zu rücken und dem Publikum zu suggerieren, vor allem Dank ihres Einsatzes und ihrer (Täuschungs-) Strategie sei es gelungen, die deutschen Beamten zu überlisten. Dass sie eben dies nicht taten, sondern freimütig einräumten, nicht allein ihr Bemühen, sondern vor allem das Wohlwollen der Beamten des Besatzungs- und Verfolgungsregimes habe den Erfolg ermöglicht, macht ihre Aussagen ungleich gewichtiger.

In nicht wenigen Fällen dürften sich Calmeyers Mitarbeiter sogar an der Beschaffung bzw. Herstellung falscher Beweismittel beteiligt haben. N<small>IJGH</small>[45] z. B. berichtete, Calmeyers Stellvertreter Heinrich Miessen habe ihm Blanko-Personenstandsurkunden besorgt, die die Fälschungen echter hätten aussehen lassen. Außerdem habe er ihm Hinweise gegeben, Dokumente so zu fälschen, dass eine Überprüfung durch deutsche Behörden kaum möglich war. Ähnliches bestätigte Cees Teutscher.[46]

Calmeyer hat im Übrigen in keinem Fall Antragsteller oder Anwälte angezeigt oder verraten. Im Gegenteil: Bei Ablehnung eines Antrages informierte er vielfach die beteiligten Anwälte noch vor der Sicherheitspolizei (Sipo). Nicht wenige der abgelehnten Petenten hatten so noch die Möglichkeit vor dem Zugriff der Sipo „abzutauchen".[47]

4. Unter Beobachtung der SS

Calmeyer stand mit seiner Entscheidungstätigkeit in Abstammungssachen von Anfang an unter „aufmerksamer" Beobachtung der Sipo. Anfangs wollte diese die Entscheidungen in Abstammungssachen sogar vollständig an sich ziehen. Der zuständige „Judenreferent" der Sipo formulierte in einem internen Vermerk: *Nachdem aber die Frage, wer als Jude anzusehen ist, eine wichtige Vorfrage für die Absteckung des Kreises jener Personen, die ausgesiedelt werden sollen, bildet und die Aussiedlung vom Reich aus zentral gesteuert wird, muß diese Angelegenheit in deutschen Händen verbleiben. Da die Aussiedlung dem Chef der Sicherheitspolizei und des SD (Sicherheitsdienst, d. Verf.) übertragen wurde, wäre zweckmäßigerweise die Sicherheitspolizei auch hier zu betrauen.*[48]

Als mit Beginn der Deportationen die Zahl der Anträge gemäß § 3 VO 6/41 sprunghaft anstieg, schaltete sich die Sipo erneut ein. Mitte Juli 1942 beschwerte sich der Befehlshaber der Sipo und des SD (BdS), Dr. Harster, persönlich bei Calmeyer, die

Aussiedlung werde *erschwert, weil immer mehr Juden plötzlich auf eine Rückstellung wegen laufender Abstammungsprüfung verweisen könnten.*[49]

Im Laufe des Jahres 1943 wurden die Rückstellungen wegen Abstammungsprüfung zwar stetig abgebaut, gleichwohl schöpfte man beim BdS den Verdacht, zahlreiche Juden würden die Verfahren *nur betreiben, um ihre wahre Abstammung zu verschleiern oder um Zeit zu gewinnen*. In einem Vermerk vom Mai 1943 hieß es: *Ebenfalls müssen die Abstammungsjuden einmal überprüft werden. ... Auffallend war, dass ausgerechnet ein Teil dieser Calmeyerjuden einen derartig hervorstechend galizischen Typ darstellten, dass der Verdacht bestätigt wurde, dass diese Juden die Abstammungserklärung nur laufen haben, um noch eine gewisse Zeit vom Arbeitseinsatz freigestellt zu sein.*[50]

In der Folgezeit verdichteten sich aus Sicht der Sipo die Hinweise auf *Manipulationen*. Im Sommer 1944 schließlich beschloss man eine *sicherheitspolizeiliche Nachprüfung aller zweifelhaften Abstammungsfälle, insbesondere auch die nochmalige Überholung sämtlicher vom Generalkommissar für Verwaltung und Justiz durchgeführten Abstammungsverfahren befohlen.*[51]

Weil der SS in den Niederlanden geeignetes Personal fehlte, erbat der BdS die Abordnung eines *sachkundigen Bearbeiters* aus Berlin. Aus dem Rasse- und Siedlungshauptamt der SS wurde darauf hin der Untersturmführer Dr. Ulrich Grotefend abbeordert. Der gelernte Archivrat hatte sich freiwillig zur SS gemeldet, arbeitete seit 1942 als Sachbearbeiter im „Ahnentafelamt" des Rasse- und Siedlungshauptamtes und hatte sich dort ausschließlich mit Abstammungsfragen beschäftigt.[52] Grotefend war insofern prädestiniert, Fehler in der Calmeyerschen Prüfungspraxis aufzudecken. Im August 1944 reiste er nach Holland. Nur wenige Tage später berichtete er an seine Berliner Vorgesetzten: *Wenn sämtliche bisher im Büro Dr. C. durchgeführten Abstammungsüberprüfungen nachgeprüft werden sollen, so müssen alle in Frage kommenden Vorgänge zur Verfügung gestellt werden. Nach Ansicht aller ... Beteiligten (das waren andere SS-Offiziere, d. Verf.) wird aber Dr. C. diese Vorgänge nicht herausgeben, da er Gründe hierfür haben will. Die von hier dann vorzubringenden Behauptungen von Fälschungen wird er sicherlich entschieden zurückweisen, so dass an die Vorgänge nur im Wege der Aktion Schmidt herangekommen werden kann.*[53]

Das Misstrauen gegenüber Calmeyer war deshalb manifest. Die „Aktion Schmidt", die Beschlagnahme der Abstammungsakten durch die SS, kam jedoch glücklicherweise nicht mehr zustande. Die zügig näher rückende alliierte Front vereitelte das Vorhaben.

Calmeyer und seine Mitarbeiter dürfte dies vor drastischen Folgen bewahrt haben. Vor allem aber die bis dato „Arisierten" blieben unentdeckt. Die Fälschung von Beweismitteln und die wissentliche Akzeptanz dieser „Beweise" wäre zwar schwierig zu belegen gewesen, die im Vergleich zum Reich für die Antragsteller deutlich günstigere Verfahrenspraxis, aber z. B. auch die auffällig hohe Zahl der angeblich außerehelichen Erzeuger wären dem Abstammungsexperten Grotefend jedoch rasch aufgefallen.

Geslachtsnaam (Fam.name)	Voornamen (Vornamen)	Geboortedatum	Woonplaats (Wohnort)	Adres
Lavino	Abraham	23-6 '18	Rotterdam	
Lavino	Meijer	30-4 '78	Rotterdam	
Lazarus	Julius	'04	Tilburg	
Lebbin (geh. m. Wormstall)	Vera	7-12 '96	's-Gravenhage	Heuvelstraat 24
Leefmans	E. R.	21-8 '88	Amsterdam	Fr. v. Wierisstraat 77hs
Leefmans	Selina	26-3 '83	's-Gravenhage	
Leenes	Isidoor	28-10 '01	's-Gravenhage	v. Beverningkstraat 14
Leerink	Johan Adolf	29-8 '06	Amsterdam	
Leeuw, de	Bernard	17-7 '87	Hengelo (O.)	Sumatrastraat 12
Leeuw, de	Piet	18-8 '17	's-Gravenhage	de Riemerstraat 164
Leeuw, de	Willem	26-7 '21	Amsterdam	
Leeuwen, van	Betje	17-8 '34	Hilversum	
Leeuwen, van	Hendrikus Franciscus Maria	8-2 '41	's-Gravenhage	
Leeuwen, van	Johanna Hendrika	22-5 '27	Hilversum	
Leeuwen, van	Jonny Elkan	30-6 '30	Rotterdam	
Leever	Maria Elisabeth	14-8 '14	Amsterdam	
Leiser	Hans Arthur	2-8 '22	Westerbork	
Lemberger	Paul	7-5 '00	Amsterdam	
Lenzberg	Kurt Israel Carl	19-8 '86	Amsterdam	
Leon	Geertruida Jacoba	22-9 '92	's-Gravenhage	
Leon, de	Georgine Elisabeth Heloise	10-1 '02	Amsterdam	
Leon, de	Jules	5-4 '96	's-Gravenhage	
Leon, de	Wilhelmina Hilda Leonie	30-10 '98	Amsterdam	
Leser	David	17-9 '09	Amsterdam	
Leven	Ruth	10-3 '19	Amsterdam	
Levetus	Magde	20-11 '75	's-Gravenhage	
Levi	Michel	23-11 '98	Rotterdam	
Levie, de	Louis	18-11 '78	Bussum	
Levie, de (Jansen)	Mina	5-4 '02	Utrecht	Knippelhoutstraat 5 bis
Levin	Dan Levy	20-11 '34	Amsterdam	
Levin	Mendel	3-5 '15	Scheveningen	Keizerstraat 19
Levitan (geh. m. Sang)	M.	23-8 '97	's-Gravenhage	
Levy (geh. m. Hollaender)	Bertha	29-9 '88	Amersfoort	
Lewedow (wed. Bolle)	Henriette	21-11 '68	Voorburg	
Lewysohn	Herbert	31-10 '10	Amsterdam	
Licht	Maria Elisabeth	10-12 '26	Amsterdam	
Lichtenstein (geh. m. Houthakker)	Marion	28-10 '02	Amsterdam	
Lichtenstein,	Salomon	17-7 '67	's-Gravenhage	Rimkensstraat 2 E
Liebeskind	Irena	10-8 '06	Oirschot	
Liemann	Schorsch	12-7 '24	Westerbork	
Liepmann	Adolph Johannes	1-6 '89	Dordrecht	Singel 146
Liepmann	Adolphine Cornelia	26-7 '83	Dordrecht	
Lier, van	Charles	5-9 '97	Blaricum	
Lierens	Johny	9-2 '15	Amsterdam	
Lifschütz	Alexander Josef Berthold	3-10 '90	Amsterdam	
Lifschütz	Helmut	24-5 '24	Velthuizen	Zonnehuis
Lilien	Ignacy	29-3 '97	Apeldoorn	
Lilien	Jan Joris	19-7 '31	Apeldoorn	
Lilien	Robert Matthias	9-5 '33	Apeldoorn	
Lindemann	Lea Pauline Gertrud	28-2 '96	Amsterdam	
Lindner	Karl	16-10 '88	Utrecht	
Lissa, van	Julie	27-1 '74	's-Gravenhage	
Lissa, van	Victor	21-6 '71	's-Gravenhage	
Löb	Alfred	2-5 '83	's-Gravenhage	
Lobo	Anna Jessurin		Amsterdam	
Loch	Gustaf Herman	22-2 '11	Rotterdam	Oosteinde 84 a
Lodski	Usrael	16-12 05	's-Gravenhage	
Loon, van	Marianne	16-10 '01	Amsterdam	
Loonstein	Isidore Jacob	24-2 '29	Amsterdam	
Loonstein	Simon	11-2 '03	Amsterdam	
Lopes Cardozo	Abigael	16-11 '66	Amsterdam	
Lopes Cardozo	Abraham	10-4 '84	Rotterdam	
Lopes Cardozo	Abraham	25-4 '04	Amsterdam	Stadionkade 147
Lopes Cardozo	David	24-2 '76	Amsterdam	Noorder Amstellaan 206
Lopes Cardozo	David	20-2 '02	Amsterdam	Amstellaan 40

Exemplarisch: Zwei Seiten der „Liste der Personen jüdischen Blutes, deren genealogische Abstammung auf Grund von eigenen Anträgen oder auf Grund von Vorstellungen amtlicher deutscher Stellen bei der Abteilung Innere Verwaltung des Generalkommissars für Verwaltung und Justiz, sich noch in der Prüfung befindet" („Zurückstellungsliste").

Geslachtsnaam (Fam.name)	Voornamen (Vornamen)	Geboörtedatum	Woonplaats (Wohnort)	Adres
Lopes Cardozo	Freddy	6-2 '24	Rotterdam	
Lopes Cardozo	Freddy Arnold	2-10 10	Amsterdam	Noorder Amstellaan 206
Lopes Cardozo	Hendrik	24- 9 '13	Rotterdam	
Lopes Cardozo	Henri	22-3 '24	Amsterdam	
Lopes Cardozo	Jacques	17-4 '01	Amsterdam	
Lopes Cardozo	Jacob	24-2 '83	Leeuwarden	Bleeklaan 63
Lopes Cardozo	Lodewijk	1-6 '10	Rotterdam	
Lopes Cardozo (geh. m. Jessurun d'Oliveyra)	Louisa	21-4 '88	Amsterdam	de Lairessestraat 121
Lopes Cardozo	Maurits	21-2 '99	Amsterdam	
Lopes Cardozo	Rebecca	24-4 '74	Amsterdam	Zuider Amstellaan 235
Lopes de Leao Laguna	Celina Rebecca	28-6 '99	Amsterdam	
Lopez de Leao Laguna	Rebecca	3-10 '83	Amsterdam	
Lopes Suasso	Anna	30-1 '67	's-Gravenhage	
Lopes Suasso	David Gabriël Leonard	25-4 '91	's-Gravenhage	
Lopes Suasso,	Francisco Ephraim	31-10 '64	's-Gravenhage	
Lorjé	Peter Martin	15-4 '96	Arnhem	Steenstraat 4
Lur, van	Gompert	12-12 '99	Zwolle	
Lurie (geh. m. Koppels)	Sara	8-12 '96	Naarden	
Luteranan	Barend	3-7 '78	Amsterdam	
Maas	Eduard	18-11 '90	Rotterdam	Schietbaanstraat 41
Maas	Levie Herman	28-2 '23	Rotterdam	
Maas	Wilhelmus Josephus	3-11 '25	Enschede	Hyacinthstraat 56
Maduro	George John Lionel	15-7 '16	's-Gravenhage	
Maitland (geh. m. Scheurer)	Hanna Petronella Maria	10-2 '88	's-Gravenhage	
Majerowicz	Kurt Arthur	22-11 '18	Westerbork	
Maks	Wilhelmina Johanna	3-4 '94	's-Gravenhage	
Malsch	Ilse Thea	5-12 '18	Amsterdam	
Mamlok	Julius Israel	25-4 '78	Amsterdam	
Mamroth	Georg Israel	3-2 '95	Amsterdam	
Mann	Erno	9-8 '98	Eindhoven	
Mann	Hendrik	18-2 '10	Amsterdam	Ambonstraat 12 III
Mar, de la	Johanna	4-6 '73	Zeist	
Margules	Hans Joachim	5-5 '18	Westerbork	
Markus	Abraham Barend	27-4 '93	Haarlem	
Marx	Fred	1-7 '35	Amsterdam	
Matteman (geh. m. Visser)	Elisabeth	10-11 '07	Amsterdam	
Matteman	Hendrik	27-12 '24	Amsterdam	
Matteman	Jacob	28-12 '30	Amsterdam	
Matteman	Samuel	30-11 '32	Amsterdam	
Matteman	Willem	4-6 '26	Amsterdam	
Matzcinsky	Herrirn	25-10 '72	Krimpen a/d IJssel	
Matzka	Suzanne	28-4 '26	Utrecht	
May	Rolf	3-12 '22	Maastricht	
Mayer	Eva Ruth	24-8 '33	Enschede	
Mayer	Ingeborg Rose-Marie	19-4 '38	Enschede	
Meerloo (geh. m. Bruins, F. P.)	Jeanette Lily	8-8 '12	Amsterdam	
Meertens	Francina Pieternella	11-4 '03	Middelburg	
Meeth	Elizabeth	7-4 '63	Hilversum	
Meeth	Mathilda Agnes	12-5 '88	Hilversum	
Meewis	Heintje		Hengelo (O.)	Sumatrastraat 12
Melchers	André Bernard	19-12 '30	Amsterdam	
Melchers	Hanna	16-9 '24	Amsterdam	
Mendell	Carl	4-12 '68	Hilversum	
Mendels	Cornelia	1-4 '98	Amsterdam	
Mendels	Willem Johannes	25-1 '94	Amsterdam	
Mendelsohn	Heinz	4-12 '26	Amsterdam	Parnassusweg 16
Mendes da Costa	Judith	25-8 '95	Amsterdam	
Mendes da Costa	Samuel	27-7 '62	Amsterdam	
Metzelaar (geh. m. Melchers)	Hendrika	16-10 '98	Amsterdam	
Meijer	Alfred	19-7 '86	Amsterdam	

Anfangs wurden diese Listen noch per Maschine geschrieben, später dann sogar gedruckt. Hier ein Auszug aus der 1. Ergänzungs- und Berichtigungsliste vom 16. September 1942.
Quelle: NIOD, Archiv 25, 125 d.

5. Judenrettung auf anderen Wegen

Calmeyer hat aber nicht nur durch falsche Abstammungsentscheidungen Juden gerettet. Ganz wesentlich war – das ist bislang weitgehend unbeachtet geblieben – seine Einflussnahme auf die Auslegung grundlegender „judenrechtlicher" Bestimmungen schon im Vorfeld der Abstammungsprüfungen.

Hinsichtlich des zentralen Rechtsbegriffs „Jude" z. B. votierte der Jurist – ganz im Sinne der Nazis – für eine Auslegung streng nach Rassekriterien. Diese vordergründig „legalistische" Argumentation führte jedoch in den Niederlanden nicht zu schärferen Regelungen, sondern zu einer Verkleinerung des Kreises der Verfolgten. Die Mitglieder der portugiesisch-israelitischen Gemeinde z. B. – dies waren Nachkommen der im 16. Jahrhundert vor der Inquisition aus Spanien und Portugal nach Amsterdam geflohenen Sepharden – seien, so argumentierte Calmeyer, *streng rassisch betrachtet* eigentlich gar keine Juden. Der *Prozentsatz jüdischen Blutes* liege *bei vielen Personen unter 25 %*. Der Jurist schlug deshalb vor, die „portugiesischen Israeliten" nach Spanien oder Portugal auswandern zu lassen.

Calmeyers Initiative stieß jedoch auf Skepsis. Letztlich wurden die „Portugiesen" deportiert. Immerhin erreichte Calmeyer jedoch einen erheblichen Zeitaufschub bis zum Februar 1944. Nicht wenige erhielten so noch die Chance zur Flucht bzw. zum Untertauchen. Sein nicht ermüdender Einsatz für diese Sondergruppe ließ ihn bei den SS-Vertretern eher als Anwalt dieser Juden, denn als Sachwalter des Reichskommissars erscheinen. Der Judenreferent der Sicherheitspolizei, SS-Sturmbannführer Wilhelm Zöpf, sagte nach dem Krieg: *Dieser Intervention von Calmeyer zuliebe wurde bei unserer Dienststelle die Rückstellungsgruppe „portugiesische Juden" gegründet. Dabei erschien uns Herr C. nicht als Vertreter des Generalkommissars für Verwaltung und Justiz, sondern mehr als Vertreter dieser Judengruppe, für die er sich persönlich bemühte.*[54]

6. Bilanz

Nach außen gab Hans Calmeyer den regimetreuen Rassenrechtler. Tatsächlich aber nutzte er seinen Einfluss dazu, dieses Rassenrecht mildernd zu gestalten oder schlicht zu umgehen. Viele, die nach den Kriterien der Nationalsozialisten eigentlich als Juden galten, blieben so vor Verfolgung geschützt.

Es war eine glückliche und zugleich höchst bemerkenswerte Koinzidenz, dass ausgerechnet diesem Hans Calmeyer die Stelle eines Entscheiders in rasserechtlichen Zweifelsfragen übertragen wurde. Aus Sicht der Nationalsozialisten musste dies ein schwerer Fehler sein. Denn Calmeyer war nicht nur kein Befürworter der nationalsozialistischen Judenpolitik. Er war ein Gegner des Nationalsozialismus von Anfang an. Nur wenige Monate nach der Machtübernahme 1933 war ihm die weitere Ausübung seines Anwaltsberufes verboten worden. Auf Strafverteidigungen spezialisiert, hatte der Jurist vielfach auch Kommunisten verteidigt. Nun warf man ihm selbst vor, „marxistisch-kommunistisch eingestellt" zu sein. Sozialdemokraten und Kommunisten

Aktenzeichen 31 f /119

1. Vor- und Zuname:
   (akademischer Grad)
   Hans Calmeyer   Hans Georg Calmeyer

2. Geburtstag:
   23.6.1903   23. Juni 1903

3. Geburtsort:
   Osnabrück   Osnabrück

4. Glaubensbekenntnis:
   ev.-luth.   evg. luth.

5. Wohnung:
   (Ort, Straße, Hausnummer, Fernsprecher)
   Osnabrück Friedrichstr. 48 Tel. 3323   Osnabrück, Friedrichstr. 48 Tel. 3323

6. Beruf des Vaters:
   Oberlandesgerichtspräsident   Oberlandesgerichtsvizepräsident

7. Tag, Ort und Ergebnis*)
   a) der ersten Staatsprüfung: in Jena 1926 am 12.12.1926 {1. Tag: vollbefr. bestanden, 2. Tag: gut}
   b) der zweiten Staatsprüfung: in Berlin 1930 am 11.4.1930, vollbefriedigend.
   c) einer sonstigen Fachprüfung für den
      Justizdienst: keine

8. Tag
   a) der ersten Vereidigung im Staats-
      dienst: Halle a.S. Saale, Mai 1930
                                    4.1.52 = Bd. 5
   b) der Vereidigung
      nach dem 8. Mai 1945:   Osnabrück November 1946

9. Dienstlaufbahn: 1930-1931 Referendar Halle a.S.
                                    1931 feste Anstalt in Osnabrück
                                    1933-1934 gelöscht aus politischen Gründen
                                    1934-1945 sind Rechtsanwalt in Osnabrück unterbrochen durch Kriegsdienst ab Mai 1940
                                    1945 - Sept. 1946 Kriegsgefangenschaft
                                    1946 Nov. - 1947 Okt. Abteilungsleiter in d. Militärregierung Hannover
                                    1948 Okt. ab sind Rechtsanwalt + Notar in O.

Vordruck Nr. 188. Personalbogen
Pohl, Celle CEF 315 - 1000. 7.48 Kl. A

*) bei Wiederholung auch der vorhergegangenen Prüfung

Die erste Seite von Calmeyers Personalakte, die beim Landgericht Osnabrück geführt wurde.
Quelle: StA Osnabrück, Rep 940, Az 2001/015, Nr. 4.

Der Oberlandesgerichtspräsident   Celle, den 11. August 1933.

10. C. 15.

An

Herrn Rechtsanwalt Hans Calmeyer

in

Osnabrück.

Möserstrasse 8, I.

Der Herr Justizminister hat durch Erlass vom 8. August 1933 - IIe 2624 - dahin entschieden:

"Die Zulassung des Rechtsanwalts Hans Calmeyer in Osnabrück zur Rechtsanwaltschaft bei dem Amtsgericht und dem Landgericht daselbst wird gemäss § 3 des Gesetzes über die Zulassung zur Rechtsanwaltschaft vom 7. April 1933 - RGBl.I. S. 188 - zurückgenommen, weil er sich in kommunistischem Sinne betätigt hat."

Diese Entscheidung wird Ihnen hiermit zugestellt.

Wegen Ihrer Löschung in der Rechtsanwaltsliste werden die beteiligten Gerichte/von Amts wegen das Erforderliche veranlassen.

In Vertretung.

gez. Reuthe.

Celle, den 11. August 1933.

An den

Herrn Landgerichtspräsidenten

in Osnabrück.

1 Anlage.

Vorstehende Abschrift erhalten Sie zur Kenntnis und weiterer Veranlassung wegen der Löschung des Rechtsanwalts in der Rechtsanwaltsliste. Die Löschung ist dem Herrn Justizminister unmittelbar und auch mir anzuzeigen. (s.meine Verfügung

Die Mitteilung des Oberlandesgerichtspräsidenten über den Erlass des Justizministers vom 8. August 1933, mit dem Calmeyer die Zulassung zur Anwaltschaft entzogen wurde.
Quelle: StA Osnabrück, Rep 940, Az 2001/015, Nr. 2.

gäben sich in seiner Kanzlei „die Türe in die Hand".[55] Außerdem, so würde angeführt, beschäftige er eine jüdische Kanzleisekretärin.

Der gerade 29-jährige Berufsanfänger bestritt die Vorwürfe und wollte sich noch nicht einmal jetzt von seiner jüdischen Mitarbeiterin, Henriette Hirsch, trennen:

Fräulein Hirsch hat das in sie gesetzte Vertrauen bisher vollauf gerechtfertigt. ... Ich darf bemerken, dass ich aus rein egoistischen Gründen seit der nationalen Revolution wiederholt den Gedanken erwogen habe, Fräulein Hirsch zu entlassen, um mich und mein Büro nicht Missdeutungen auszusetzen. Wenn ich solche Absichten, die mir mein eigenes Interesse gebot, nicht verwirklicht habe, so geschah dies lediglich mit Rücksicht auf die besonderen Leistungen von Fräulein Hirsch, auf ihre tatsächlich untadelige Führung, auf die Stellungslosigkeit, die eine Entlassung für Fräulein Hirsch bedeuten musste, kurz gesagt, aus menschlicher Rücksichtnahme. Ich glaube auch, dass eine jetzt erfolgende Entlassung oder aber eine Entlassung lediglich wegen der jüdischen Konfession vielleicht eher einen Vorwurf gegen mich rechtfertigen würde, als die Weiterbeschäftigung von Fräulein Hirsch. Ich bin mir bewusst, dass ich mich dadurch Missdeutungen aussetze, auch vielleicht beruflich und finanziell und mich dadurch schädige.[56]

Die neuen Machthaber ließen sich durch derart verwobene Argumente nicht beeindrucken. Und so wurde Calmeyer die Anwaltszulassung durch Erlass vom 8. August 1933 „gemäß § 3 des Gesetzes über die Zulassung zur Rechtsanwaltschaft"[57] entzogen, „weil er sich im kommunistischen Sinne betätigt hat".[58] Es sollte fast ein Jahr dauern bis der Jurist seine Zulassung – die Umstände sind bis heute nicht ganz geklärt – dann doch noch zurückerhielt.

Der vermeintliche Legalismus war bei Calmeyer deshalb nicht Substanz, sondern Tarnung. Mit offener Opposition hätte er – als Nicht-Parteigenosse und als vormalig wegen kommunistischer Betätigung ausgeschlossener Anwalt – wenig erreichen können. Unter dem Deckmantel systemkonformer Rechtstreue und verbal „mit den Wölfen heulend" konnte Calmeyer mehr bewegen. Das „Image" eines strengen Verfechters des nationalsozialistischen Rassenrechts machte ihn unangreifbar und gerade deshalb effizient.

STULDREHER kritisiert, Calmeyer hätte sich dem Druck der SS durch Beantragung einer Versetzung jederzeit entziehen können und sollen.[59] Durch sein Verbleiben im Reichskommissariat habe er letztlich mitgewirkt am reibungslosen Ablauf der Deportationen.

Theoretisch hätte Calmeyer eine solche Versetzung betreiben können.[60] Vielleicht scheute er die Rückkehr zur Truppe. Vielleicht erkannte er aber auch frühzeitig, dass er mehr bewirken konnte, wenn er im System blieb. Die Überlegungszeit jedenfalls war kurz. Denn folgenlos wäre eine Versetzung nur geblieben, wenn sie noch im Jahr 1941 stattgefunden hätte. Danach gab es schon zu viele „falsche" Abstammungsentscheidungen. Eine Versetzung 1942 oder später hätte die „Entscheidungsstelle" und die bis dato „Arisierten" in ernstliche Gefahr gebracht. Die Aufgabe der Abstammungsprüfungen wäre dann der SS, vielleicht auch einem abgeordneten Mitarbeiter des Berliner Reichssippenamtes zugefallen. Die Wahrscheinlichkeit, dass der Nachfolger Calmeyers den „Abstammungsschwindel" aufgedeckt hätte, wäre in jedem Fall hoch gewesen.

Calmeyer konnte – das steht heute fest – vielen Menschen das Leben retten. Wie viel es exakt waren, ist im Grunde ohne Belang. Andererseits sind die kursierenden Zahlenangaben derart divergent, dass sie auch die Frage nach Calmeyers eigener Glaubwürdigkeit aufwerfen. Während die Augenzeugen von Hunderten[61], zum Teil auch von Tausenden[62] sprachen, nannte Calmeyer selbst ja die Zahl „17.000".

Manche meinen, die Divergenz der Zahlenangaben sei nur scheinbar.[63] Von einer Abstammungsentscheidung seien im Regelfall mehrere Personen (ein Ehepaar, eine Familie) betroffen gewesen. Deshalb dürfe man die Zahl der positiven Abstammungsentscheidungen mit einem Faktor fünf oder sechs multiplizieren. Bei ca. 3.000 positiv entschiedenen Abstammungsanträgen ergäben sich dann 15.000 bis 18.000 Gerettete.

Diese zunächst plausibel erscheinende Erklärung erweist sich bei näherer Prüfung jedoch als nicht stichhaltig. Zwar trifft es zu, dass die Abstammungsverfahren in der Regel mehrere Personen betrafen. In den Rückstellungslisten, auf die sich die Zahlenangaben der Berichte beziehen, aber auch in den Entscheidungen der Verfahren, ist dieser Umstand zumeist jedoch berücksichtigt. Im übrigen enthielten die Entscheidungen häufig mehrere Beschlüsse („Einordnungen") hinsichtlich verschiedener Personen (Familienmitglieder).[64] Zum Teil wurde über Angehörige auch nachträglich gesondert entschieden.[65] Selbst wenn die Zahl der positiv entschiedenen Abstammungsfälle deshalb geringfügig zu erhöhen wäre, eine Multiplikation mit einem Faktor fünf oder sechs ist nicht statthaft.

Die mangelnde Schlüssigkeit der „Multiplikations-These" erhellt auch aus einer anderen Überlegung: Von den insgesamt 140.000 in den Niederlanden registrierten Juden sind etwa 107.000 deportiert worden.[66] Ca. 4.000 hatten versucht, ins Ausland zu fliehen (von denen etwa 2.000 überlebten). Demnach verblieben ca. 29.000 im Land. Davon waren etwa 8.500 Partner einer „Privilegierten Mischehe". Fast 1.000 blieben bis Kriegsende im Lager Westerbork. Kleinere Gruppen waren aus anderen Gründen (z. B. wegen ihrer protestantischen Religionszugehörigkeit oder als Staatsbürger neutraler Staaten) von der Deportation ausgenommen. Mindestens 10.000, die Schätzungen reichen bis 17.000, überlebten im Untergrund. Bestenfalls blieben dann noch 9.500 Juden, die Calmeyer durch eine positive Abstammungsentscheidung gerettet haben könnte. Es dürften, da die Zahl derer, die im Untergrund überlebt haben, wohl eher mit 15.000 bis 16.000 zu veranschlagen ist[67], eher weniger gewesen sein. Die Zahl 17.000 jedenfalls ist nicht annähernd erreichbar.

Calmeyer selbst hat auch anders gerechnet: In einer umfänglichen 1946 im Scheveninger Gefängnis verfassten Darstellung sprach er ausdrücklich davon, dass *die Bearbeitung der Zweifelfälle und meine weiteren Bemühungen* ungefähr 17.000 Juden vor der Deportation bewahrt hätten. Die Zahl 17.000 ergab sich für ihn deshalb nicht allein aus den Abstammungsprüfungen. Er rechnete, das geht aus dem Kontext seiner Darstellung hervor, z. B. auch die „Mischehen" oder sogar die zunächst nach Theresienstadt deportierte Gruppe der „portugiesischen Juden" dazu.[68] Der Vorwurf, Calmeyer neige dazu, die Tatsachen für sich zu interpretieren[69], ist deshalb nicht ganz unbegründet. Doch ist zu berücksichtigen, dass seine Möglichkeiten, die Dinge zu überschauen, während des Krieges und auch 1946 begrenzt waren. Dass z. B. die „portugiesischen Juden" schließlich doch in Auschwitz ermordet wurden, durfte Calmeyer seinerzeit kaum bekannt gewesen sein.

Die Gesamtzahl der durch Hans Calmeyer „Geretteten" ist letztlich kaum zu ermessen. Die Zahl der „positiv" entschiedenen Abstammungsfälle liegt bei mindestens 3.709. Diese Zahl ergibt sich aus dem letzten einschlägigen Bericht des BdS.[70] Eine Beschränkung der Betrachtung auf die Abstammungsentscheidungen ist jedoch, wie gezeigt, nicht sachgerecht. Calmeyer hat vor allem auch durch seine „Rechtspolitik" eine erhebliche Anzahl von Menschen vor der Deportation bewahrt. Vor allem die Gestaltung der Verfahrens- und Beweispraxis in den Abstammungssachen eröffnete vielen überhaupt erst die Möglichkeit, diese „Prüfung" erfolgreich zu bestehen. In Sachen „Mischehe" trug Calmeyer durch die Einführung eines Meldeverfahrens und die formelle Feststellung der „Privilegierten Mischehen" viel zu einer vollständigen Erfassung und zu einem weitgehenden Schutz der Betroffenen bei. Und, was noch mehr ins Gewicht fiel: In zahlreichen Fällen wurden solcher „Mischehen" durch eine positive Abstammungsentscheidung überhaupt erst begründet. Die „volljüdischen" Partner und „halbjüdischen" Kinder in diesen „Mischehen" waren dann auch geschützt, obwohl hinsichtlich ihrer Person selbst keine oder sogar eine negative Abstammungsentscheidung ergangen sein mochte. Die Zahl der dadurch Geschützen dürfte mindestens auf einige Hundert zu schätzen sein. Darüber hinaus ist zu bedenken, dass die gesamte durch Calmeyer initiierte höchst aufwendige Prüfungsmaschinerie und damit verbunden die Rückstellungspraxis für „Abstammungsjuden", „Portugiesische Israeliten" und „Mischehenpartner" vielen Menschen einen vielleicht lebenswichtigen Zeitaufschub gewährte. Selbst, wer letztlich nicht für „arisch" befunden oder als Partner einer „Privilegierten Mischehe" festgestellt wurde, gewann kostbare Zeit zur Flucht bzw. zum Untertauchen. Schließlich ist beachten, dass nicht wenige der „Abgelehnten" durch die Entscheidungsstelle „vorinformiert" wurden. Die Zahl derer, zu deren Rettung Calmeyer und seine Mitarbeiter zumindest beitrugen, dürfte deshalb insgesamt deutlich höher liegen als die Zahl der günstig entschiedenen Abstammungsfälle. Sie mag zwischen 4.000 und 6.000 zu veranschlagen sein. Calmeyer hat damit mehr Juden gerettet als jeder andere Deutsche während des Zweiten Weltkrieges.

Letztlich ist nicht wesentlich, wie viele Menschen exakt Hans Calmeyer retten konnte bzw. zur Rettung wie vieler er beitrug. Entscheidend ist das Bemühen des Juristen und seiner Helfer, die Bedrängten vor dem grausamen Schicksal zu bewahren. Und dieses Bemühen wird zum Teil sogar deutlicher in den Fällen, in denen die Hilfeleistung letztlich nicht („portugiesische Israeliten") oder nur teilweise zum Erfolg führte. Der ehemalige Direktor von Yad Vashem, Joseph MICHMAN[71], erklärte deshalb zu Recht: *Es kann keinen Zweifel daran geben, dass Calmeyers Motive redlich waren: seine Abscheu gegen das Nazi-Regime und seine Empörung angesichts der Judenverfolgung. ... Den privaten Kampf zur Rettung von Juden führte er mit Verstand, Mut und Kühnheit, in ständiger Gefahr für Leib und Leben schwebend.*

Anmerkungen

1 Der Beitrag basiert auf der Dissertationsschrift des Autors „Judenrecht, Judenpolitik und der Jurist Hans Calmeyer in den besetzten Niederlanden 1940-1945" (V & R unipress, Göttingen, 2004).
2 Ausgabe vom 4. Februar 1999.
3 Vgl.: Mordechai PALDIEL, Es gab auch Gerechte. Retter und Rettung jüdischen Lebens im deutschbesetzten Europa 1939-1945, Konstanz 1999, S. 38 ff.
4 STULDREHER hat seine Ansichten nicht schriftlich niedergelegt. Sie sind allerdings durch Presseveröffentlichungen (z. B. in: „Calmeyer hätte besser verschwinden sollen", Neue Osnabrücker Zeitung vom 19. November 1998) und durch Geraldien VON FRIJTAG DRABBE KÜNZEL dokumentiert. Vgl.: dies., Gutachten zur Tätigkeit von Hans Calmeyer in den Niederlanden, Amsterdam 2000, S. 15 ff.
5 In: Het Koninkrijk der Nederlanden in de Tweede Wereldoorlog, Den Haag 1969-1991, Bd. V/1, S. 535 ff; Bd. VI/1, S. 305 ff.
6 In: Ondergang. De vervolging en verdelging van het Nederlandse Jodendom 1940-1945, Amsterdam 1965, Bd. II, S. 50 ff.
7 Peter NIEBAUM, Hans Calmeyer (1903-1972), Biographie, unveröff. Manuskript, Osnabrück 1999, S. 207
8 Schriftliche Einlassung Calmeyers in Ergänzung zu den Vernehmungen während der Nachkriegs-Untersuchungshaft in den Niederlanden, Scheveningen, 16./17. April 1946, S. 1, Nederlands Instituut voor Oorlogsdocumentatie (NIOD), Doc. I, 271, 9.
9 Geraldien VON FRIJTAG DRABBE KÜNZEL, Gutachten zur Tätigkeit von Hans Calmeyer in den Niederlanden, Amsterdam (2000).
10 Franziska AUGSTEIN, Schluss mit der Affinität. In Osnabrück steht der Fall Calmeyer zur Diskussion – und in einer Tagung wurden Leben und Ideologie weiterer Funktionäre des nationalsozialistischen Regimes untersucht, in: Süddeutsche Zeitung vom 17. November 2001.
11 So Geraldien VON FRIJTAG DRABBE KÜNZEL, in: „Was hätte Calmeyer in Rußland tun können?", Neue Osnabrücker Zeitung vom 12. November 2001. Kritisch auch: Nanno IN'T VELD, zitiert nach: Louis DE JONG, Het Koninkrijk der Nederlanden in de Tweede Wereldoorlog, Den Haag 1969-1991, Bd. XIV/1, S. 410; Abel J. HERZBERG, Kroniek der Jodenvervolging 1940-1945, Amsterdam 1978, S. 137.
11a Vgl.: R. E. van GALEN-HERRMANN, „De controverse rond het ambtelijk functioneren van Hans Calmeyer tijdens de bezetting 1940-1945", Nederlands Juristenblad 2006, S. 940 ff.
12 Verordnungsblatt des Reichskommissars für die besetzten niederländischen Gebiete, Jg. 1941, S. 19 ff.
13 Im Einzelnen: Diana SCHULLE, Das Reichssippenamt. Eine Institution nationalsozialistischer Rassenpolitik, Berlin 2001, S. 169.
14 Vermerk vom Herbst 1942, Bundesarchiv (BA), R 1509, 20, Bl.12.
15 Vgl. z. B. die Entscheidungen der „Arrondissements-Rechtbank te Amsterdam" vom 12. Mai 1942 in der Sache Jozef Limburg ./. Nederlandsch-Israelitische Hoofdsynagoge, No. 1798/42, und vom 20. Juli 1942 in Sachen Annie u. Nathan Wertheim, No. 2373/42, Centraal Bureau voor Genealogie (CGB), Sammlung Calmeyer II (persoonsdossiers), Kart. 106 u. 221.
16 Schreiben der Hauptabteilung Justiz vom 3. Juni 1942, NIOD, Archiv 25, 122 c.
17 Z. B. in den Fällen: Jozef Limburg, Theodor und Judith Sidonie Spiegel oder Jacobus Swaab, CGB, Sammlung Calmeyer II (persoonsdossiers), Kart. 106, 188 u. 199. Auch im Fall des Barend Luteraan (1878-1970) stützte Calmeyer seine Entscheidung vom 6. September 1943 auf ein Urteil des Amsterdamer Landgerichts. Luteraan wurde statt „J 2" als „G I" kategorisiert (NIOD, Archiv 25, 167). Der Arbeiterführer hatte sich in den 20er Jahren in der Kommunistischen Partei und später bei den „Unabhängigen Sozialisten" engagiert. Nach dem Krieg war er Mitglied der Spartakus-Bewegung und Parlamentsmitglied der Partei der Arbeit (PvdA).
18 Schreiben vom 11. Mai 1942, NIOD, Archiv 77-85, 183 b.
19 Entscheidung im Abstammungsverfahren des Julius Maarten Menko vom 5. August 1943, NIOD, Archiv 25, 167.
20 Zu den Kriterien der Feststellung der Zugehörigkeit zur „jüdischen Rasse" vgl. z. B.: Rudolf LEPPIN, Der Schutz des deutschen Blutes und der deutschen Ehre. Ein Überblick über Rechtsprechung und Schrifttum, Juristische Wochenschrift 1937, S. 3076, 3077.

21 Schreiben des Leiters der Abteilung Rechtsetzung, Dr. Dr. Rabl, vom 16. Mai 1942, NIOD, Archiv 25, 123 c.
22 Vgl.: Christoph Ulrich FRHR. V. ULMENSTEIN, Begriff und Nachweis der arischen Abstammung. Die Abstammungsvermutung bei unehelicher Geburt, Standesamtszeitung 20 (1936), S. 364.
23 Vgl.: Schreiben des Reichsministeriums des Innern (Dr. Linden) vom 19. Februar 1943 an „die zur Erstattung von erbbiologischen Abstammungsgutachten zugelassenen Sachverständigen": „Immer wieder kommen mir erb- und rassenkundliche Gutachten zur Kenntnis, die sich gegen die jüdische Abstammung der begutachteten Personen aussprechen, obwohl die wissenschaftlichen Unterlagen für die Begründung dieser Schlußfolgerung nicht ausreichen. ... Zeugenaussagen von Juden ist in diesen Dingen überhaupt keine Beweiskraft zuzumessen." Zitiert nach: Horst SEIDLER/Andreas RETT, Das Reichssippenamt entscheidet. Rassenbiologie im Nationalsozialismus, München 1982, S. 196 f.
24 Heinz BOBERACH, Richterbriefe. Dokumente zur Beeinflussung der deutschen Rechtsprechung 1942-1944, Boppard a. Rh. 1975, S. 79 f. (Richterbrief Nr. 5 vom 1. Februar 1943).
25 Die eidesstattliche Versicherung wurde am 7. Juli 1942 durch einen Notar in Chicago aufgenommen und nach den Haag übermittelt. Akte Ignacy Lilien, CGB, Sammlung Calmeyer II (persoonsdossiers), Kart. 106.
26 Vor dem Wechsel nach Kiel war Weinert Kustos der Schädelsammlung am Kaiser Wilhelm-Institut für Anthropologie in Berlin-Dahlem gewesen. 1929 hatte er sich mit einer Arbeit über Kreuzungsmöglichkeiten zwischen Affe und Mensch promoviert. 1932 wurde Weinert Extraordinarius, 1935 Ordinarius. Der NSDAP trat er erst 1937 bei. Weinert publizierte u. a. 1934 über „Biologische Grundlagen für Rassenkunde und Rassenhygiene". Näheres zu seiner Person bei: Ernst KLEE, Deutsche Medizin im Dritten Reich. Karrieren vor und nach 1945, Frankfurt a. M. 2001, S. 126 u. 264.
27 Vgl. die Aussage des niederländischen Anthropologen Dr. J. Dankmeijer am 22. Oktober 1945 gegenüber dem „Bureau voor Nationale Veiligheid" (BNV), NIOD, Doc. I, 271, 2.
28 Benno STOKVIS, Advocat in bezettingstijd (1968), S. 49. Vgl. auch: van Proosdij im Gespräch mit Presser, 23. und 31. August 1955, NIOD, Doc. II, 1005, 16. In den Aktenbeständen des Centraal Bureau voor Genealogie (CGB) in Den Haag sind zahlreiche Vorgänge, in denen Weinert eine Expertise erstellt hatte. Ein Fall, in dem der Anthropologe zum Nachteil des „Prüflings" von den Vorgaben Calmeyers abgewichen ist, findet sich nicht. Weinert gutachtete auch in Deutschland wohl nicht selten zugunsten „arischer" Abstammung. Die Akten des Reichssippenamtes sind aufgrund ihrer erheblichen Dezimierung zwar nicht mehr repräsentativ. Gleichwohl finden sich mehrere Vorgänge, in denen das Reichssippenamt den Feststellungen Weinerts widersprach (BA, R 1509/226).
29 Die Aufzeichnung über dieses Gespräch mit Jacques Presser ist undatiert. NIOD, Doc. II, 1005, 15.
30 Vgl. nur: Louis DE JONG, Het Koninkrijk der Nederlanden in de Tweede Wereldoorlog, Den Haag 1969-1991, Bd. VI/1, S. 306 f.; Jacques PRESSER, Ondergang. De vervolging en verdelging van het Nederlandse Jodendom 1940-1945, Amsterdam 1965, Bd. II, S. 50 ff.
31 Vgl. nur: Abel J. HERZBERG, Kroniek der Jodenvervolging 1940-1945, Amsterdam 1978, S. 138 f.
32 Schreiben Kottings vom 24. August 1959, NIOD, Archiv 182 c.
33 Coenraad STULDREHER, in: „Calmeyer hätte besser verschwinden sollen", Neue Osnabrücker Zeitung vom 19. November 1998. Kritisch auch: Geraldien VON FRIJTAG DRABBE KÜNZEL, Gutachten zur Tätigkeit von Hans Calmeyer in den Niederlanden (2000), S. 55 f.; Heinz WIELEK, De Oorlog die Hitler won, Amsterdam 1946, S. 253.
34 Benno J. STOKVIS (1901-1977) arbeitete 50 Jahre als Rechtsanwalt in Amsterdam. Schon in den Dreißiger Jahren trat er durch eine Publikation gegen die Tabuisierung der Homosexualität hervor. Während der Besatzungszeit verteidigte er Widerständler. Nach dem Krieg gehörte er für die Kommunistische Partei der Niederlande (CPN) der Zweiten Kammer (dem niederländischen Parlament) an. In einem Nachruf auf ihn heißt es, das „rücksichtslos te hulp snellen" habe ihn Zeit seines Lebens nicht losgelassen. STOKVIS sei ein „herausragender Rebell und bemerkenswerter Widerständler" gewesen. Vgl.: Peter H. DE WINDE, In Memoriam Mr. Dr. Benno Stokvis, Advocatenblad 1977, 163 ff.
35 In: Advocaat in bezettingtijd (1968), S. 35.
36 Aussage gegenüber dem BNV vom 22. Oktober 1945, NIOD, Doc. I, 271, 3.
37 Aussage gegenüber dem BNV vom 22. Oktober 1945, NIOD, Doc. I, 271, 3.
38 In: Genealogie gedurende de bezetting, in: Centraal Bureau voor Genealogie, Liber Amicorum. Jhr. Mr. C. C. van Valkenburg (1985), S. 219, 231.
39 Schreiben der Anwältin Lya L. W. van den Dries an Prof. Dr. Louis de Jong vom 22. Juli 1975, NIOD, Doc. I, 271, 12.
40 Gesprek met van der Leeuw, Den Haag, 4. November 1971, in: Rapport door het Rijksinstituut voor Oorlogsdocumentatie uitgebracht aan de minister van justitie inzake de activiteiten van drs. F. Weinreb gedurende de jaren 1940-1945, in het licht van nadere gegevens bezien, hg. v. D. Giltay Veth/A. J. van der Leeuw, Amsterdam 1976, Bd. II, S. 839.
41 Camilla Spira, 1906 in Hamburg geboren, bereits mit 13 Jahren Elevin an der berühmten Rheinhardt-Schauspielschule, spielte in Berlin am Wallner-Theater, am Deutschen Theater, an den Kammerspielen, am Renaissance-Theater und am Schauspielhaus, aber auch in Wien am Theater in der Josefstadt. 1933 erhielt sie Spielverbot und emigrierte 1938 mit ihrem jüdischen Mann in die Niederlande. 1943 wurde sie in das Durchgangslager Westerbork deportiert, auf Grund des Abstammungsbescheides vom 30. September 1943 aber wieder freigelassen. Nach dem Krieg kehrte Camilla Spira nach Berlin zurück und begann eine zweite erfolgreiche Schauspielkarriere. 1997 starb sie in Berlin. Vgl.: Der Tagesspiegel vom 26. August 1997.

42 Vgl.: „Eine Notlüge rettete ihr das Leben", Neue Osnabrücker Zeitung vom 26. März 2001. Persönliche Unterredung des Autors mit Susanne Thaler am 15. Juni 2002.
43 Akte Camilla Sara Spira, CBG, Sammlung Calmeyer II (persoonsdossiers), Kart. 188.
44 Die Akten der Abstammungsprüfungen sind noch in größerem Umfang erhalten. Der bedeutendere Teil befindet sich heute im Centraal Bureau voor Genealogie (CBG). Dieser Aktenbestand dürfte während des Krieges in der Rijksinspectie van de bevolkingsregisters im Haus Kleykamp in Den Haag gelagert worden sein. Die allgemeine Korrespondenz (correspondentie) ist als Teil I der „Collectie Calmeyer", die personenbezogenen Vorgänge (persoonsdossiers) sind als Teil II erfaßt. Ein kleinerer Bestand an personenbezogenen Vorgängen (meist nur Abschriften der Entscheidungen) findet sich im Nederlands Instituut voor Oorlogsdocumentatic (NIOD) in Amsterdam, Archiv 25 (Innere Verwaltung), 167 ff.
45 In: Nijgh, Genealogie gedurende de bezetting, in: Centraal Bureau voor Genealogie, Liber Amicorum. Jhr. Mr. C. C. van Valkenburg (1985), S. 219, 228.
46 Vgl. Cees Teutschers Bericht über seine Tätigkeit betreffend „Jodse Nederlanders gedurende bezetting", NIOD, Doc. II, 1005 (Joden – afstammingsonderzoek), 25.
47 Vgl. z. B. die Aussage Dr. J. Dankmeijers vom 22. Oktober 1945 gegenüber dem BNV, NIOD, Archiv Doc. I, 271, 3.
48 Vermerk des „Judenreferenten" der Sicherheitspolizei, SS-Sturmbannführer Erich Rajakowitsch, für Dr. Harster vom 15. Oktober 1941, NIOD, Archiv 77-85, 182 b.
49 Vermerk Calmeyers betreffend „Anruf Oberführer Harster" vom 16. Juli 1942, NIOD, Archiv 25, 151 h.
50 Vermerk der Angestellten Slottke vom 27. Mai 1943, NIOD, Archiv 77-85, 181 a.
51 Bericht des BdS Dr. Schöngarth vom 5. Juli 1944 an den Chef des Rasse- und Siedlungshauptamtes und den Chef der Sicherheitspolizei und des SD, NIOD, Archiv 77-85, 183 b u. BA, NS 2, 224, Bl. 8 ff.
52 Dr. phil. Ulrich Grotefend wurde 1907 in Marburg a. d. Lahn geboren. Er studierte Geschichte und Germanistik in Breslau und Marburg und promovierte 1930 zum Dr. phil.. Seine berufliche Laufbahn begann Grotefend 1931 im Staatsarchiv Berlin-Dahlem. 1932 wechselte er zum Staatsarchiv Osnabrück. Am 1. Dezember 1932 folgte die Aufnahme in den preußischen Archivdienst. Bereits der Vater und der Großvater hatten im Archivdienst als Staatsarchivdirektoren gearbeitet. Grotefend war bis 1934 in Osnabrück beschäftigt. Im Mai 1934 wechselte Grotefend als Archivassistent zunächst nach Wiesbaden, ein Jahr später nach Marburg. 1937 wurde er zum Staatsarchivrat befördert. Bereits im Januar 1933 war Grotefend der NSDAP, Gau Weser-Ems, Ortsgruppe Osnabrück, beigetreten. 1940 hatte er sich freiwillig zur Waffen-SS gemeldet. Nach diversen Ausbildungsstationen folgte 1942 die Versetzung zum Berliner Rasse- und Siedlungshauptamt der SS. Dort war er als Sachbearbeiter im Ahnentafelamt beschäftigt. Aufgabe dieses Amtes war die Erarbeitung einer Ahnenkartei zur vollständigen sippenkundlichen Erfassung aller SS-Angehörigen. Vgl.: Eigenhändig verfaßter Lebenslauf u. Personalbogen in seiner Personalakte, BA (ehem. BDC), RuSHA, Ulrich Grotefend.
53 Vermerk Grotefends vom 20. August 1944, BA, NS 2, 224, Bl. 6 ff.
54 Vernehmung durch das bayerische Landeskriminalamt am 8. August 1960, S. 5, NIOD, Doc. I, 1955, a-1.
55 So die Anschuldigungen eines Osnabrücker Einzelhändlers gegen Calmeyer, die die Untersuchung durch den Präsidenten des Oberlandesgerichtes Celle hinsichtlich „Betätigung im kommunistischen Sinne" auslösten, Beiakte 2 (Beweisheft zum Bericht vom 25. Juli 1933) zur Personalakte (PA) I C 13 beim Oberlandesgericht Oldenburg, Bl. 29 ff.
56 Stellungnahme Calmeyers zu den Vorwürfen, Beiakte 2 (Beweisheft zum Bericht vom 25. Juli 1933) zur PA I C 13, Bl. 33 ff. u. 42 ff.
57 RGBl. I, S. 188.
58 PA I C 13, Bl. 11.
59 In: „Calmeyer hätte besser verschwinden sollen", Neue Osnabrücker Zeitung vom 19. November 1998. Die Alternative einer Versetzung erwägt auch: B. A. Sijes, Aufzeichnung über ein Gespräch mit Calmeyer, Osnabrück, 12. Juli 1967, NIOD, Doc. I, 271, 18.
60 Bemerkenswerterweise hat z. B. Calmeyers Jugendfreund, Eberhard Westerkamp, der seit 1940 als Leiter der Hauptabteilung Inneres (vergleichbar Stüler) in der deutschen Zivilverwaltung des „Generalgouvernements" fungierte, als ihm die Ziele der Judenpolitik deutlich wurden, für seine Person die Versetzung zur Wehrmacht beantragt. In seinem „Kündigungsschreiben" vom 14. April 1942 an den Staatssekretär im Reichsinnenministerium, Stuckart, berichtete Westerkamp über eine Unterredung mit dem HSSPF Krüger am 29. Januar 1942. Danach habe er Krüger erklärt, dass ihm die „Bespitzelungspsychose im deutschen Volk" und „gewisse Methoden und Auswüchse bei der Behandlung des Judenproblems ... Kopfzerbrechen" bereiteten. Auf diese Bedenken, so Westerkamp, „ging (Krüger) sachlich ein". Das Beispiel Westerkamps zeigt, dass Kritik - jedenfalls aus bestimmter Position heraus und in einem begrenzten Rahmen - durchaus möglich war. Auch Versetzungen waren nicht ausgeschlossen. Westerkamp hat sein Verhalten keinerlei Nachteile eingebracht, er blieb sogar in den Kreisen der SS anerkannt. Dies belegt ein Schreiben von Krüger an Stuckart vom 21. April 1942: „Bei der Verabschiedung von Oberlandrat Westerkamp habe ich (Krüger) ihm bedeutet, dass ich bereit wäre, ihm behilflich zu sein, falls er in irgendeiner Form meine Unterstützung benötigte. ... Nebenbei darf ich erwähnen, dass in verschiedenen Unterhaltungen, die ich mit SS-Obergruppenführer Heydrich hatte, er gleich gute Meinung von Oberlandrat Westerkamp besaß, ganz unabhängig von der sachlich verschiedenen Auffassung." Vgl. im einzelnen: Bogdan Musial, Deutsche Zivilverwaltung und Judenverfolgung im Generalgouvernement, Wiesbaden 1999, S. 212 ff.
61 Z. B.: Van Proosdij gegenüber dem BNV, 22. Oktober 1945, NIOD, Doc. I, 271, 3.

62 Vgl. z. B. die Aussagen Kottings und Nijghs gegenüber dem BNV vom 22. Oktober 1945, NIOD, Doc. I, 271, 3.
63 Z. B.: NIEBAUM, Hans Calmeyer (1903-1972), Biographie, unveröff. Manuskript (1999), S. 207.
64 Vgl. z. B. die Verfahren der Henriette Auerhaan oder des Hans Jacob Jolenberg. Die Entscheidungen enthalten jeweils gesonderte Beschlüsse hinsichtlich der Ehepartner bzw. Kinder. NIOD, Archiv 25, 167.
65 Z. B.: Verfahren des Julius Maarten Menko, NIOD, Archiv 25, 167.
66 Zu dieser und den folgenden Zahlenangaben vgl.: Gerhard HIRSCHFELD, Niederlande, in: Dimension des Völkermords. Die Zahl der Opfer des Nationalsozialismus, hg. v. Wolfgang Benz, München 1991, S. 137, 156 ff.
67 Johannes HOUWINK TEN CATE zählt „maximal 16.100 überlebende Untergetauchte". Vgl.: ders., Mangelnde Solidarität gegenüber Juden in den besetzten niederländischen Gebieten?, in: Solidarität und Hilfe für Juden während der NS-Zeit, hg. v. Wolfgang Benz/Juliane Wetzel, Bd. III, Berlin 1999, S. 87, 125 (Fn. 220). Louis DE JONG, Het Koninkrijk der Nederlanden in de Tweede Wereldoorlog, Den Haag 1969-1991, Bd. VI//1, S. 343 f., schätzte 18.400 Überlebende im Untergrund.
68 Erklärung Calmeyers, Scheveningen, 16./17. April 1946, S. 6 f., NIOD, Doc. I, 271, 9.
69 Vgl. eine entsprechende Stellungnahme des NIOD, Algemeen Dagblad vom 11. Mai 1963.
70 Bericht des Befehlshabers der Sicherheitspolizei, Dr. Schöngarth, vom 5. Juli 1944 an den Chef des Rasse- und Siedlungshauptamts und den Chef der Sicherheitspolizei und des SD, NIOD, Archiv 77-85, 183 b.
71 Vgl. auch Joseph MICHMANS Stellungnahme vom Oktober 1999 gegenüber der Neuen Osnabrücker Zeitung: „Calmeyer war sehr wohl der Schutzengel der Juden. Obwohl ihm selbst KZ oder gar Todesstrafe drohte, hat er in einer Art und Weise manövriert, die Bewunderung verdient.", Ausgabe vom 11. Oktober 1999 („Wer alle Juden retten wollte, rettete niemanden"). Joseph MICHMAN nannte sich während des Krieges Joop Melkman. Er überlebte die Verfolgung in den Niederlanden, wanderte 1956 nach Israel aus und arbeitete dort u. a. als Direktor von Yad Vashem.

Inge Jaehner

Felix Nussbaum „Triumph des Todes"

Felix Nussbaum, Triumph des Todes, 18. April 1944
Öl auf Leinwand, 100 x 150 cm
Felix-Nussbaum-Haus Osnabrück
mit der Sammlung der Niedersächsischen Sparkassenstiftung

Als Felix Nussbaum dieses großformatige Gemälde am 18. April 1944 signiert und datiert, hat der Künstler nur noch gut drei Monate zu leben bis er am 2. August 1944 in den Gaskammern in Auschwitz im Alter von 39 Jahren umgebracht wird. Dieses Bild ist für den Künstler der Abschluß seiner Kunst und eine Bilanz seines Lebens. Der Leierkastenmann als sein alter ego ist bereits vom Tod gezeichnet.

In der unverkennbaren Tradition von mittelalterlichen Totentänzen und Weltuntergangsszenarien lärmen Knochenmänner mit unspielbaren Instrumenten über ihrem Zerstörungswerk. Eine Allegorie, die sich nicht nur auf das persönliche Leben des Künstlers bezieht, das zerbrochen im Schutt liegt, sondern auch auf den Untergang abendländischer Kultur und ihrer Werte. Darauf verweist die akribische Auflistung von persönlichen Alltagsgegenständen, von beschädigten Dingsymbolen früherer Gemälde und Zitaten aus der Kunstgeschichte. Jedes Detail hat eine Bedeutung in seinem persönlichen Leben wie in einem größeren Sinnzusammenhang. So auch die Justitia, deren fast vollständig zerstörter Kopf zwischen Trümmern liegt, sie hält die Waage gar nicht mehr in der Hand. Diese hat sich in einem Stacheldraht verfangen und ist ihr entrissen worden. Auch hier spielt Nussbaum nicht nur auf die Rechtlosigkeit der Zeit an, sondern verknüpft diesen Hinweis auch mit persönlicher Erfahrung, denn der Stacheldraht ist in seiner Kunst ein häufig wiederkehrendes Symbol, das auf die Erfahrungen des Künstlers im Internierungslager St. Cyprien Bezug nimmt und damit auf die Entrechtung des Individuums.

Der 1904 in wohlhabenden Verhältnissen in Osnabrück geborene Felix Nussbaum lässt hier noch einmal sein Leben Revue passieren. Seine hoffnungsvoll beginnende Karriere als junger Künstler im Berlin der 20er Jahre gipfelt 1932 in einem Studienaufenthalt in der Villa Massimo in Rom. Doch er kann durch den aufkommenden Nationalsozialismus nicht wieder nach Deutschland zurückkehren. Seit dieser Zeit war er ständig auf der Flucht, die ihn über Italien nach Belgien ins Exil führte. Brüssel war seine letzte Station. Doch durch die Hilfe von Freunden bekommt er auch in dieser Zeit die für ihn lebenswichtigen Malmaterialien und kann wie im Auge des Or-

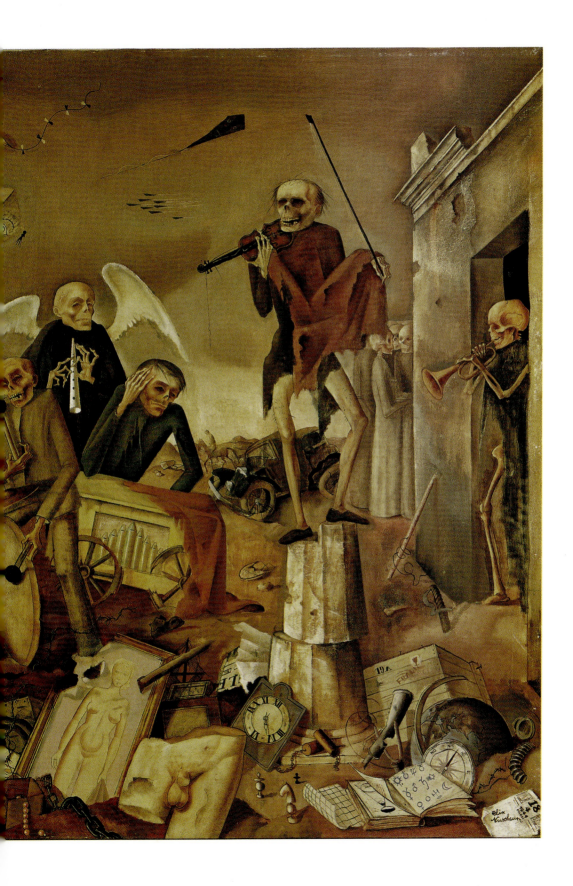

kans seiner Verfolgung, seinen Ängsten durch große Kunst Ausdruck verleihen. In einem versteckten Atelier malte er als sein letztes Bild diesen Triumph des Todes. Allein die Tatsache, dass er noch malen kann, wird für ihn ein Akt des Widerstands „Ich wehre mich und werde nicht müde, es geht" schreibt er noch 1943 in einem letzten Brief an eine befreundete Familie in Brüssel. Seinen hohen künstlerischen Anspruch opfert er nicht dem ständig steigenden Druck. Die Kunst wird zu seinem Überlebensmittel; worauf er hofft ist, als Künstler unsterblich zu werden. Für sich selbst sieht er zu diesem Zeitpunkt keine Möglichkeit mehr zu überleben. „Wenn ich untergehe, lasst meine Bilder nicht sterben!" Diesen Wunsch gibt er dem Verwahrer seines Vermächtnisses als Auftrag und dem fühlt sich das Felix-Nussbaum-Haus auch heute, mehr als 60 Jahre nach seinem Tod noch verpflichtet. Das Oeuvre des Künstlers, das wie durch ein Wunder die Zeit überstanden hat, wird dauerhaft in dem von Daniel Libeskind entworfenen Felix-Nussbaum-Haus in Räumen gegen das Vergessen präsentiert.

Anhang

Elmar Schürmann

Chronologie

Die in diesem Buch genannten wichtigsten Ereignisse und legislativen oder administrativen Maßnahmen.

Die mit * markierten Gesetze, Verordnungen und Erlasse sind als Anlage 1 bis 15 in zeitlicher Reihenfolge beigefügt.

Daten

27.02.1933	Zerstörung des Reichstagsgebäudes in Berlin durch Brandstiftung
28.02.1933	Verordnung des Reichspräsidenten zum Schutz von Volk und Staat* Zur Abwehr kommunistischer staatsgefährdender Gewaltakte werden die Grundrechte außer Kraft gesetzt
31.03.1933	Funkspruch des Reichskommissars für die Justiz Kerrl.* Vorläufiges Verbot aller jüdischen Rechtsanwälte Gerichtsgebäude zu betreten
01.04.1933	Boykott vieler jüdischen Geschäfte und Juristen durch SA-Aktionen
07.04.1933	Gesetz zur Wiederherstellung des Berufsbeamtentums* Ausschluss nichtarischer Beamter mit Ausnahmeregelungen für Frontkämpfer
07.04.1933	Gesetz über die Zulassung zur Rechtsanwaltschaft* Rücknahme der Zulassung von Rechtsanwälten unter den Voraussetzungen des Gesetzes zur Wiederherstellung des Berufsbeamtentums. Ausschluss nicht arischer Rechtsanwälte und solcher, die sich im „kommunistischem Sinne betätigt" hatten
10.05.1933	Bücherverbrennungen
26.07.1933	Erlass des Reichsfinanzministers Zur Förderung jüdischer Auswanderungen kann im Falle der Auswanderung eine „Reichsfluchtsteuer" erhoben werden
02.08.1934	Nach dem Tod von Hindenburg wird Hitler Staatsoberhaupt und Oberbefehlshaber der Wehrmacht
Mitte 1935	Massenversammlungen und Aufmärsche mit demagogischen und antisemitischen Parolen Schilder an Ortseingängen, Geschäften, Rechtsanwaltskanzleien und Restaurants mit der Aufschrift „Juden unerwünscht"
15.09.1935	Reichsparteitag der NSDAP auf dem die antisemitischen und rassistischen Nürnberger Gesetze* beschlossen werden

15.09.1935	Reichsbürgergesetz* Ausschluss jüdischer Mitbürger von der deutschen Staatsbürgerschaft
15.09.1935	Gesetz zum Schutze des deutschen Blutes und der deutschen Ehre* Eheschließungen zwischen Juden und Staatsangehörigen deutschen und artverwandten Blutes sind verboten. Außerehelicher Verkehr zwischen Juden und Nichtariern wird unter Strafe gestellt
14.11.1935	1. Verordnung zum Reichsbürgergesetz* Entzug des Wahlrechts für jüdische Mitbürger, Entlassung aller jüdischen Beamten und Entlassung aller jüdischen Notare
13.12.1935	Gesetz zur Verhütung von Missbräuchen auf dem Gebiete der Rechtsberatung* Erlaubnisvorbehalt für eine geschäftsmäßige Beratung
13.12.1935	Verordnung zur Ausführung des Gesetzes zur Verhütung von Missbräuchen auf dem Gebiete der Rechtsberatung* Die Verordnung schließt Erlaubnisse für Juden aus
01.08.1936	Eröffnung der Olympischen Sommerspiele in Berlin Phase relativer Zurückhaltung bei antisemitischen Maßnahmen mit Rücksicht auf die Weltöffentlichkeit
26.04.1938	Verordnung über die Anmeldung des Vermögens von Juden Verpflichtung aller jüdischen Mitbürger und ihrer nicht jüdischen Ehegatten, ihr Vermögen anzumelden
17.08.1938	2. Verordnung zur Durchführung des Gesetzes über die Änderung von Familiennamen und Vornamen* Verpflichtung jüdischer Mitbürger, ihren Vornamen den weiteren Vornamen „Sara" oder „Israel" beizufügen
27.09.1938	5. Verordnung zum Reichsbürgergesetz* Ausschluss aller jüdischen Rechtsanwälte aus dem Berufsleben. Begründung des sogenannten „Konsulenten"–Status für Rechtsberatung jüdischer Mitbürger
29.09.1938	Münchener Abkommen, Vertrag zur Lösung der deutsch-tschechoslowakischen Krise um das Sudetenland; mit Rücksicht auf diese Verhandlungen wird das Inkrafttreten der 5. Verordnung für das Reichsbürgergesetz auf den 30.11.1938 verschoben
05.10.1938	Verordnung über Reisepässe* Einziehung von Reisepässen der Juden und Kennzeichnung ihrer Papiere durch „J"
08.11.1938	Attentat auf einen Beamten der Deutschen Botschaft in Paris durch einen polnischen Juden
09./10.10.1938	Als Reaktion darauf sog. „Reichskristallnacht" Zerstörung zahlreicher Synagogen im ganzen Deutschen Reich, Deportationen, Inhaftierungen, Zerstörung von Geschäften und Kanzleien jüdischer Mitbürger

12.11.1938	Verordnung zur Ausschaltung der Juden aus dem deutschen Wirtschaftsleben *Ausschaltung jüdischer Kaufleute und Handwerker aus dem Wirtschaftsleben
12.11.1938	Verordnung über die Sühneleistung der Juden deutscher Staatsangehörigkeit durch den Beauftragten des Vierjahresplans Generalfeldmarschall Göring* Juden wird eine Kontribution von 1.000.000,00 RM auferlegt
12.11.1938	Verordnung „zur Wiederherstellung des Straßenbildes" Jüdische Gewerbetreibende werden gezwungen, die aus Anlaß der Reichskristallnacht angerichtete Schäden auf eigene Kosten zu beseitigen
15.11.1938	Jüdische Kinder werden vom allgemeinen Schulbesuch ausgeschlossen
13.12.1938	Verordnung über die Zwangsveräußerung jüdischer Gewerbebetriebe; Das im Wege der sog."Arisierung" zu veräußernde jüdische Eigentum muß zu billigen Preisen verkauft werden. Der Erlös wird auf ein Sperrkonto eingezahlt; das Deutsche Reich hat dieses Vermögen im Laufe des Krieges konfiziert
01.09.1941	Einführung des sog. „Judensterns" im ganzen Reich
19.10.1941	Beginn der Deportationen u.a. nach Auschwitz
20.01.1942	Sog. „Wannsee-Konferenz" zur „Endlösung" der Judenfrage Verfolgungen, Deportationen und Vernichtung

Gesetze, Verordnungen und Erlasse

… Anlage 1

Reichsgesetzblatt
Teil I

| 1933 | Ausgegeben zu Berlin, den 28. Februar 1933 | Nr. 17 |

Inhalt: Verordnung des Reichspräsidenten zum Schutz von Volk und Staat. Vom 28. Februar 1933 .... S. 83

Verordnung des Reichspräsidenten zum Schutz von Volk und Staat. Vom 28. Februar 1933.

Auf Grund des Artikels 48 Abs. 2 der Reichsverfassung wird zur Abwehr kommunistischer staatsgefährdender Gewaltakte folgendes verordnet:

§ 1

Die Artikel 114, 115, 117, 118, 123, 124 und 153 der Verfassung des Deutschen Reichs werden bis auf weiteres außer Kraft gesetzt. Es sind daher Beschränkungen der persönlichen Freiheit, des Rechts der freien Meinungsäußerung, einschließlich der Pressefreiheit, des Vereins- und Versammlungsrechts, Eingriffe in das Brief-, Post-, Telegraphen- und Fernsprechgeheimnis, Anordnungen von Haussuchungen und von Beschlagnahmen sowie Beschränkungen des Eigentums auch außerhalb der sonst hierfür bestimmten gesetzlichen Grenzen zulässig.

§ 2

Werden in einem Lande die zur Wiederherstellung der öffentlichen Sicherheit und Ordnung nötigen Maßnahmen nicht getroffen, so kann die Reichsregierung insoweit die Befugnisse der obersten Landesbehörde vorübergehend wahrnehmen.

§ 3

Die Behörden der Länder und Gemeinden (Gemeindeverbände) haben den auf Grund des § 2 erlassenen Anordnungen der Reichsregierung im Rahmen ihrer Zuständigkeit Folge zu leisten.

§ 4

Wer den von den obersten Landesbehörden oder den ihnen nachgeordneten Behörden zur Durchführung dieser Verordnung erlassenen Anordnungen oder den von der Reichsregierung gemäß § 2 erlassenen Anordnungen zuwiderhandelt oder wer zu solcher Zuwiderhandlung auffordert oder anreizt, wird, soweit nicht die Tat nach anderen Vorschriften mit einer schwereren Strafe bedroht ist, mit Gefängnis nicht unter einem Monat oder mit Geldstrafe von 150 bis zu 15 000 Reichsmark bestraft.

Wer durch Zuwiderhandlung nach Abs. 1 eine gemeine Gefahr für Menschenleben herbeiführt, wird mit Zuchthaus, bei mildernden Umständen mit Gefängnis nicht unter sechs Monaten und, wenn die Zuwiderhandlung den Tod eines Menschen verursacht, mit dem Tode, bei mildernden Umständen mit Zuchthaus nicht unter zwei Jahren bestraft. Daneben kann auf Vermögenseinziehung erkannt werden.

Wer zu einer gemeingefährlichen Zuwiderhandlung (Abs. 2) auffordert oder anreizt, wird mit Zuchthaus, bei mildernden Umständen mit Gefängnis nicht unter drei Monaten bestraft.

§ 5

Mit dem Tode sind die Verbrechen zu bestrafen, die das Strafgesetzbuch in den §§ 81 (Hochverrat), 229 (Giftbeibringung), 307 (Brandstiftung), 311 (Explosion), 312 (Überschwemmung), 315 Abs. 2 (Beschädigung von Eisenbahnanlagen), 324 (gemeingefährliche Vergiftung) mit lebenslangem Zuchthaus bedroht.

Mit dem Tode oder, soweit nicht bisher eine schwerere Strafe angedroht ist, mit lebenslangem Zuchthaus oder mit Zuchthaus bis zu 15 Jahren wird bestraft:

1. Wer es unternimmt, den Reichspräsidenten oder ein Mitglied oder einen Kommissar der Reichsregierung oder einer Landesregierung zu töten oder wer zu einer solchen Tötung auffordert, sich erbietet, ein solches Erbieten annimmt oder eine solche Tötung mit einem anderen verabredet;
2. wer in den Fällen des § 115 Abs. 2 des Strafgesetzbuchs (schwerer Aufruhr) oder des § 125 Abs. 2 des Strafgesetzbuchs (schwerer Landfriedensbruch) die Tat mit Waffen oder in bewußtem und gewolltem Zusammenwirken mit einem Bewaffneten begeht;
3. wer eine Freiheitsberaubung (§ 239) des Strafgesetzbuchs in der Absicht begeht, sich des der Freiheit Beraubten als Geisel im politischen Kampfe zu bedienen.

§ 6

Diese Verordnung tritt mit dem Tage der Verkündung in Kraft.

Berlin, den 28. Februar 1933.

Der Reichspräsident
von Hindenburg

Der Reichskanzler
Adolf Hitler

Der Reichsminister des Innern
Frick

Der Reichsminister der Justiz
Dr. Gürtner

Herausgegeben vom Reichsministerium des Innern. — Gedruckt in der Reichsdruckerei, Berlin.

Anlage 2

Abschrift.

Abschrift.
P o l i z e i = F u n k d i e n s t
Polizei-Funkstelle Osnabrück.

ssd Berlin nr 125/1 145 31 1915 - an sämtliche Justizbehörden in Preussen zur weiteren Bekanntgabe und Veranlassung.

―――――

Die Erregung des Volkes über das anmassende Auftreten amtierender jüdischer Rechtsanwälte und jüdischer Ärzte hat Ausmasse erreicht, die dazu zwingen, mit der Möglichkeit zu rechnen, dass besonders in der Zeit des berechtigten Abwehrkampfes des deutschen Volkes gegen die alljüdische Greuelpropaganda das Volk zur Selbsthilfe schreitet. Das würde eine Gefahr für die Aufrechterhaltung der Autorität der Rechtspflege darstellen. Es muss daher Pflicht aller zuständigen Behörden sein, dafür zu sorgen, dass spätestens mit dem Beginn des von der NSDAP. geleiteten Abwehrboykotts die Ursache solcher Selbsthilfeaktionen beseitigt wird. Ich ersuche deshalb, umgehend allen amtierenden jüdischen Richtern nahe zu legen, sofort ihr Urlaubsgesuch einzureichen und diesem sofort stattzugeben. Ich ersuche ferner, die Kommissarien jüdischer Assessoren sofort zu widerrufen. In allen Fällen, in denen jüdische Richter sich weigern, ihr Urlaubsgesuch einzureichen, ersuche ich, diesen kraft Hausrechts das Betreten des Gerichtsgebäudes zu untersagen. Jüdische Laienrichter (Handelsrichter, Schöffen, Geschworene, Arbeitsrichter usw.) ersuche ich nicht mehr einzuberufen. Wo etwa hierdurch die Gefahr einer Stockung der Rechtsprechung herbeigeführt wird, ersuche ich, sofort zu berichten. Jüdische Staatsanwälte und jüdische Beamte im Strafvollzug ersuche ich umgehend zu beurlauben. Besondere Erregung hat das anmassende Auftreten jüdischer Anwälte hervorgerufen. Ich ersuche deshalb, mit den Anwaltskammern oder örtlichen Anwaltsvereinen oder sonstigen geeigneten Stellen noch heute zu vereinbaren, dass ab morgen früh 10 Uhr nur noch bestimmte jüdische Rechtsanwälte, und zwar in einer Verhältniszahl, die dem Verhältnis der jüdischen Bevölkerung zur sonstigen Bevölkerung etwa entspricht, auftreten. Die danach zum Auftreten autorisierten Rechtsanwälte ersuche ich im Einvernehmen mit dem Gaurechtsstellenleiter der NSDAP. oder dem Vorsitzenden der Gaugruppe des Bundes nationalsozialistischer deutscher Juristen auszuwählen und zu bestimmen. Wo eine Vereinbarung dieses Inhaltes infolge Obstruktion der jüdischen Anwälte nicht zu erzielen ist, ersuche ich, das Betreten des Gerichtsgebäudes diesen zu verbieten. Mir scheint es selbstverständlich zu sein, dass die Beiordnung jüdischer Anwälte als Armenanwälte oder Bestellung von solchen als Pflichtverteidigern, zu Konkursverwaltern, Zwangsverwaltern usw. ab morgen 10 Uhr nicht mehr erfolgt, da solche Maßnahmen ein Vergehen gegen die Boykottpflicht des deutschen Volkes enthalten. Aufträge zur Vertretung von Rechtsstreitigkeiten des Staates an jüdische Anwälte ersuche ich sofort zurückzuziehen und nichtjüdische Anwälte mit der Vertretung des Staates zu betrauen. Dabei bitte ich, mit den neuen Vertretern zu vereinbaren, dass diese die bei den bisherigen Prozessvertretern entstandenen Gebühren nicht nochmals berechnen. Meine Auffassung geht dahin, dass das Einverständnis hiermit nicht gegen die Standespflicht des Anwalts verstösst. Den Gesamtrücktritt des Vorstandes der Anwaltskammern ersuche ich durch entsprechende Verhandlungen herbeizuführen. Mit der vorläufigen Wahrnehmung der Geschäfte der Anwaltskammer ersuche ich einen Kommissar zu beauftragen, der nach Anhörung der nationalsozialistischen oder sonstigen nationalen Anwaltsorgani-

Anlage 2,1

Anwaltsorganisationen zu bestellen ist. Verweigert der Vorstand und Vorstandsmitglieder Durchführung der oben angegebenen Massnahmen, ist im verständnisvollen Zusammenwirken mit der Bevölkerung für die Aufrechterhaltung einer geordneten und würdigen Rechtspflege unter Einsatz aller geeigneten Mittel Sorge zu tragen. Wenn von den Gau-und Kreisleitungen der NSDAP. der Wunsch geäussert wird, durch uniformierte Wachen die Sicherheit und Ordnung innerhalb des Gerichtsgebäudes zu überwachen, ist diesem Wunsche Rechnung zu tragen, und damit die dringend erforderliche Beachtung der Autorität der Gerichtsbehörden sicherzustellen. Ich hoffe, dass dadurch die unbedingt erforderliche Aufrechterhaltung der Autorität der Rechtspflege gesichert ist.

    Reichskommissar für das Preussische Justizministerium

Reichsgesetzblatt

Teil I

| 1933 | Ausgegeben zu Berlin, den 7. April 1933 | Nr. 34 |

Inhalt: Gesetz zur Wiederherstellung des Berufsbeamtentums. Vom 7. April 1933 .... S. 175

Gesetz zur Wiederherstellung des Berufsbeamtentums.
Vom 7. April 1933.

Die Reichsregierung hat das folgende Gesetz beschlossen, das hiermit verkündet wird:

§ 1

(1) Zur Wiederherstellung eines nationalen Berufsbeamtentums und zur Vereinfachung der Verwaltung können Beamte nach Maßgabe der folgenden Bestimmungen aus dem Amt entlassen werden, auch wenn die nach dem geltenden Recht hierfür erforderlichen Voraussetzungen nicht vorliegen.

(2) Als Beamte im Sinne dieses Gesetzes gelten unmittelbare und mittelbare Beamte des Reichs, unmittelbare und mittelbare Beamte der Länder und Beamte der Gemeinden und Gemeindeverbände, Beamte von Körperschaften des öffentlichen Rechts sowie diesen gleichgestellten Einrichtungen und Unternehmungen (Dritte Verordnung des Reichspräsidenten zur Sicherung der Wirtschaft und Finanzen vom 6. Oktober 1931 — Reichsgesetzbl. I S. 537 —, Dritter Teil Kapitel V Abschnitt I § 15 Abs. 1). Die Vorschriften finden auch Anwendung auf Bedienstete der Träger der Sozialversicherung, welche die Rechte und Pflichten der Beamten haben.

(3) Beamte im Sinne dieses Gesetzes sind auch Beamte im einstweiligen Ruhestand.

(4) Die Reichsbank und die Deutsche Reichsbahn-Gesellschaft werden ermächtigt, entsprechende Anordnungen zu treffen.

§ 2

(1) Beamte, die seit dem 9. November 1918 in das Beamtenverhältnis eingetreten sind, ohne die für ihre Laufbahn vorgeschriebene oder übliche Vorbildung oder sonstige Eignung zu besitzen, sind aus dem Dienste zu entlassen. Auf die Dauer von drei Monaten nach der Entlassung werden ihnen ihre bisherigen Bezüge belassen.

(2) Ein Anspruch auf Wartegeld, Ruhegeld oder Hinterbliebenenversorgung und auf Weiterführung der Amtsbezeichnung, des Titels, der Dienstkleidung und der Dienstabzeichen steht ihnen nicht zu.

(3) Im Falle der Bedürftigkeit kann ihnen, besonders wenn sie für mittellose Angehörige sorgen, eine jederzeit widerrufliche Rente bis zu einem Drittel des jeweiligen Grundgehalts der von ihnen zuletzt bekleideten Stelle bewilligt werden; eine Nachversicherung nach Maßgabe der reichsgesetzlichen Sozialversicherung findet nicht statt.

(4) Die Vorschriften der Abs. 2 und 3 finden auf Personen der im Abs. 1 bezeichneten Art, die bereits vor dem Inkrafttreten dieses Gesetzes in den Ruhestand getreten sind, entsprechende Anwendung.

§ 3

(1) Beamte, die nicht arischer Abstammung sind, sind in den Ruhestand (§§ 8 ff.) zu versetzen; soweit es sich um Ehrenbeamte handelt, sind sie aus dem Amtsverhältnis zu entlassen.

(2) Abs. 1 gilt nicht für Beamte, die bereits seit dem 1. August 1914 Beamte gewesen sind oder die im Weltkrieg an der Front für das Deutsche Reich oder für seine Verbündeten gekämpft haben oder deren Väter oder Söhne im Weltkrieg gefallen sind. Weitere Ausnahmen können der Reichsminister des Innern im Einvernehmen mit dem zuständigen Fachminister oder die obersten Landesbehörden für Beamte im Ausland zulassen.

§ 4

Beamte, die nach ihrer bisherigen politischen Betätigung nicht die Gewähr dafür bieten, daß sie jederzeit rückhaltlos für den nationalen Staat eintreten, können aus dem Dienst entlassen werden. Auf die Dauer von drei Monaten nach der Entlassung werden ihnen ihre bisherigen Bezüge belassen. Von dieser Zeit an erhalten sie drei Viertel des Ruhegeldes (§ 8) und entsprechende Hinterbliebenenversorgung.

§ 5

(1) Jeder Beamte muß sich die Versetzung in ein anderes Amt derselben oder einer gleichwertigen Laufbahn, auch in ein solches von geringerem Rang und planmäßigem Diensteinkommen — unter Vergütung der vorschriftsmäßigen Umzugskosten — gefallen lassen, wenn es das dienstliche Bedürfnis erfordert. Bei Versetzung in ein Amt von geringerem Rang und planmäßigem Diensteinkommen behält der Beamte seine bisherige Amtsbezeichnung und das Diensteinkommen der bisherigen Stelle.

(Vierzehnter Tag nach Ablauf des Ausgabetags: 21. April 1933)
Reichsgesetzbl. 1933 I

(2) Der Beamte kann an Stelle der Versetzung in ein Amt von geringerem Rang und planmäßigem Diensteinkommen (Abs. 1) innerhalb eines Monats die Versetzung in den Ruhestand verlangen.

§ 6

Zur Vereinfachung der Verwaltung können Beamte in den Ruhestand versetzt werden, auch wenn sie noch nicht dienstunfähig sind. Wenn Beamte aus diesem Grunde in den Ruhestand versetzt werden, so dürfen ihre Stellen nicht mehr besetzt werden.

§ 7

(1) Die Entlassung aus dem Amte, die Versetzung in ein anderes Amt und die Versetzung in den Ruhestand wird durch die oberste Reichs- oder Landesbehörde ausgesprochen, die endgültig unter Ausschluß des Rechtsweges entscheidet.

(2) Die Verfügungen nach §§ 2 bis 6 müssen spätestens am 30. September 1933 zugestellt werden. Die Frist kann im Einvernehmen mit dem Reichsminister des Innern verkürzt werden, wenn die zuständige oberste Reichs- oder Landesbehörde erklärt, daß in ihrer Verwaltung die Maßnahmen dieses Gesetzes durchgeführt sind.

§ 8

Den nach §§ 3, 4 in den Ruhestand versetzten oder entlassenen Beamten wird ein Ruhegeld nicht gewährt, wenn sie nicht mindestens eine zehnjährige Dienstzeit vollendet haben; dies gilt auch in den Fällen, in denen nach den bestehenden Vorschriften der Reichs- und Landesgesetzgebung Ruhegeld schon nach kürzerer Dienstzeit gewährt wird. §§ 36, 47 und 49 des Reichsbeamtengesetzes, das Gesetz über eine erhöhte Anrechnung der während des Krieges zurückgelegten Dienstzeit vom 4. Juli 1921 (Reichsgesetzbl. S. 825) und die entsprechenden Vorschriften der Landesgesetze bleiben unberührt.

§ 9

(1) Den nach §§ 3, 4 in den Ruhestand versetzten oder entlassenen Beamten darf bei der Berechnung der ruhegeldfähigen Dienstzeit, abgesehen von der Dienstzeit, die sie in ihrem letzten Anstellungsverhältnis zurückgelegt haben, nur eine Dienstzeit im Reichs-, Landes- und Gemeindedienst nach den bestehenden Vorschriften angerechnet werden. Die Anrechnung auch dieser Dienstzeit ist nur zulässig, wenn sie mit der zuletzt bekleideten Stelle nach Vorbildung und Laufbahn in Zusammenhang steht; ein solcher Zusammenhang liegt insbesondere vor, wenn der Aufstieg eines Beamten aus einer niedrigeren Laufbahn in eine höhere als ordnungsmäßige Beförderung anzusehen ist. Würde der Beamte in einer früheren nach Vorbildung und Eignung ordnungsmäßig erlangten Stellung unter Hinzurechnung der späteren Dienstjahre ein höheres Ruhegeld erlangt haben, so greift die für ihn günstigere Regelung Platz.

(2) Die Anrechnung der Dienstzeit bei den öffentlich-rechtlichen Körperschaften sowie den diesen gleichgestellten Einrichtungen und Unternehmungen regeln die Ausführungsbestimmungen.

(3) Festsetzungen und Zusicherungen ruhegeldfähiger Dienstzeit, die der Durchführung der Vorschriften des Abs. 1 entgegenstehen, treten außer Kraft.

(4) Härten können bei Beamten des Reichs und der der Reichsaufsicht unterliegenden öffentlich-rechtlichen Körperschaften, Einrichtungen und Unternehmungen der Reichsminister des Innern im Einvernehmen mit dem Reichsminister der Finanzen, bei anderen Beamten die obersten Landesbehörden ausgleichen.

(5) Abs. 1 bis 4 sowie § 8 finden auch auf solche Beamte Anwendung, die schon vor dem Inkrafttreten dieses Gesetzes in den Ruhestand oder in den einstweiligen Ruhestand getreten sind und auf die die §§ 2 bis 4 hätten angewandt werden können, wenn die Beamten beim Inkrafttreten dieses Gesetzes noch im Dienst gewesen wären. Die Neusetzung der ruhegeldfähigen Dienstzeit und des Ruhegeldes oder des Wartegeldes hat spätestens bis zum 30. September 1933 mit Wirkung vom 1. Oktober 1933 an zu erfolgen.

§ 10

(1) Richtlinien, die für die Höhe der Besoldung von Beamten aufgestellt sind, werden der Berechnung der Dienstbezüge und des Ruhegeldes zugrunde gelegt. Liegen Entscheidungen der zuständigen Behörde über die Anwendung der Richtlinien noch nicht vor, so haben sie unverzüglich zu ergehen.

(2) Haben Beamte nach der Entscheidung der zuständigen Behörde über die Anwendung der Richtlinien höhere Bezüge erhalten, als ihnen hiernach zustanden, so haben sie die seit 1. April 1932 empfangenen Mehrbeträge an die Kasse zu erstatten, aus der die Bezüge gewährt worden sind. Der Einwand der nicht mehr bestehenden Bereicherung (§ 812 ff. BGB.) ist ausgeschlossen.

(3) Abs. 1 und 2 gilt auch für Personen, die innerhalb eines Jahres vor dem Inkrafttreten dieses Gesetzes in den Ruhestand getreten sind.

§ 11

(1) Sind bei der Festsetzung eines Besoldungsdienstalters Beamten, die auf Grund der §§ 3, 4 ausscheiden, Beschäftigungen außerhalb des Reichs-, Landes- oder Gemeindedienstes angerechnet worden, so ist das Besoldungsdienstalter neu festzusetzen. Dabei darf nur eine Beschäftigung im Reichs-, Landes- oder Gemeindedienst oder, nach Maßgabe der Ausführungsbestimmungen, im Dienst der öffentlich-rechtlichen Körperschaften sowie der diesen gleichgestellten Einrichtungen und Unternehmungen angerechnet werden. Ausnahmen können für Reichsbeamte der Reichsminister des Innern im Einvernehmen mit dem Reichsminister der Finanzen, für andere Beamte die obersten Landesbehörden zulassen.

(2) Kommt nach Abs. 1 eine Neufestsetzung des Besoldungsdienstalters in Betracht, so ist bei den nach §§ 3, 4 in den Ruhestand versetzten oder entlassenen Beamten die Neufestsetzung jedenfalls mit der Festsetzung des Ruhegeldes vorzunehmen.

(3) Dasselbe gilt für die in § 9 Abs. 5 genannten Personen.

§ 12

(1) Die Bezüge der seit dem 9. November 1918 ernannten Reichsminister, die nicht nach den Vorschriften der §§ 16 bis 24 des Reichsministergesetzes vom 27. März 1930 (Reichsgesetzbl. I S. 96) berechnet sind, sind neu festzusetzen. Bei der Neufestsetzung sind die genannten Vorschriften des Reichsministergesetzes so anzuwenden, als ob sie bereits zur Zeit des Ausscheidens des Reichsministers aus dem Amt in Kraft gewesen wären. Hiernach seit dem 1. April 1932 zuviel empfangene Bezüge sind zurückzuzahlen. Der Einwand der nicht mehr bestehenden Bereicherung (§ 812 ff. BGB.) ist unzulässig.

(2) Abs. 1 findet auf die seit dem 9. November 1918 ernannten Mitglieder einer Landesregierung mit der Maßgabe Anwendung, daß an die Stelle des Reichsministergesetzes die entsprechenden Vorschriften der Landesgesetze treten, jedoch die Landesbezüge nur bis zu der Höhe gezahlt werden dürfen, die sich bei der Anwendung der Grundsätze der §§ 16 bis 24 des Reichsministergesetzes ergibt.

(3) Die Neufestsetzung der Bezüge hat bis zum 31. Dezember 1933 zu erfolgen.

(4) Nachzahlungen finden nicht statt.

§ 13

Die Hinterbliebenenbezüge werden unter entsprechender Anwendung der §§ 8 bis 12 berechnet.

§ 14

(1) Gegen die auf Grund dieses Gesetzes in den Ruhestand versetzten oder entlassenen Beamten ist auch nach ihrer Versetzung in den Ruhestand oder nach ihrer Entlassung die Einleitung eines Dienststrafverfahrens wegen der während des Dienstverhältnisses begangenen Verfehlungen mit dem Ziele der Aberkennung des Ruhegeldes, der Hinterbliebenenversorgung, der Amtsbezeichnung, des Titels, der Dienstkleidung und der Dienstabzeichen zulässig. Die Einleitung des Dienststrafverfahrens muß spätestens am 31. Dezember 1933 erfolgen.

(2) Abs. 1 gilt auch für Personen, die innerhalb eines Jahres vor dem Inkrafttreten dieses Gesetzes in den Ruhestand getreten sind und auf die die §§ 2 bis 4 anzuwenden gewesen wären, wenn diese Personen beim Inkrafttreten dieses Gesetzes noch im Dienst gewesen wären.

§ 15

Auf Angestellte und Arbeiter finden die Vorschriften über Beamte sinngemäße Anwendung.

Das Nähere regeln die Ausführungsbestimmungen.

§ 16

Ergeben sich bei der Durchführung dieses Gesetzes unbillige Härten, so können im Rahmen der allgemeinen Vorschriften höhere Bezüge oder Übergangsgelder gewährt werden. Die Entscheidung hierüber treffen für Reichsbeamte der Reichsminister des Innern im Einvernehmen mit dem Reichsminister der Finanzen, im übrigen die obersten Landesbehörden.

§ 17

(1) Der Reichsminister des Innern erläßt im Einvernehmen mit dem Reichsminister der Finanzen die zur Durchführung und Ausführung dieses Gesetzes erforderlichen Rechtsverordnungen und allgemeinen Verwaltungsvorschriften.

(2) Erforderlichenfalls erlassen die obersten Landesbehörden ergänzende Vorschriften. Sie haben sich dabei im Rahmen der Reichsvorschriften zu halten.

§ 18

Mit Ablauf der in diesem Gesetze bestimmten Fristen werden, unbeschadet der auf Grund des Gesetzes getroffenen Maßnahmen, die für das Berufsbeamtentum geltenden allgemeinen Vorschriften wieder voll wirksam.

Berlin, den 7. April 1933.

Der Reichskanzler
Adolf Hitler

Der Reichsminister des Innern
Frick

Der Reichsminister der Finanzen
Graf Schwerin von Krosigk

Das Reichsgesetzblatt erscheint in zwei gesonderten Teilen — Teil I und Teil II —.
Fortlaufender Bezug nur durch die **Postanstalten**. Bezugspreis vierteljährlich für Teil I = 1,10 ℛℳ, für Teil II = 1,50 ℛℳ. **Einzelbezug** jeder (auch jeder älteren) Nummer nur vom **Reichsverlagsamt**, Berlin NW 40, Scharnhorststr. 4 (Postscheckkonto: Berlin 96 200). Preis für den achtseitigen Bogen 15 ℛ𝓅𝒻, aus abgelaufenen Jahrgängen 10 ℛ𝓅𝒻 ausschließlich der Postdrucksachengebühr. Bei größeren Bestellungen 10 bis 40 v. H. Preisermäßigung.
Herausgegeben vom Reichsministerium des Innern. — Gedruckt in der Reichsdruckerei, Berlin.

Gesetz über die Zulassung zur Rechtsanwaltschaft. Vom 7. April 1933.

Die Reichsregierung hat das folgende Gesetz beschlossen, das hiermit verkündet wird:

§ 1

Die Zulassung von Rechtsanwälten, die im Sinne des Gesetzes zur Wiederherstellung des Berufsbeamtentums vom 7. April 1933 (Reichsgesetzbl. I S. 175) nicht arischer Abstammung sind, kann bis zum 30. September 1933 zurückgenommen werden.

Die Vorschrift des Abs. 1 gilt nicht für Rechtsanwälte, die bereits seit dem 1. August 1914 zugelassen sind oder im Weltkriege an der Front für das Deutsche Reich oder für seine Verbündeten gekämpft haben oder deren Väter oder Söhne im Weltkriege gefallen sind.

§ 2

Die Zulassung zur Rechtsanwaltschaft kann Personen, die im Sinne des Gesetzes zur Wiederherstellung des Berufsbeamtentums vom 7. April 1933 (Reichsgesetzbl. I S. 175) nicht arischer Abstammung sind, versagt werden, auch wenn die in der Rechtsanwaltsordnung hierfür vorgesehenen Gründe nicht vorliegen. Das gleiche gilt von der Zulassung eines der im § 1 Abs. 2 bezeichneten Rechtsanwälte bei einem anderen Gericht.

§ 3

Personen, die sich in kommunistischem Sinne betätigt haben, sind von der Zulassung zur Rechtsanwaltschaft ausgeschlossen. Bereits erteilte Zulassungen sind zurückzunehmen.

§ 4

Die Justizverwaltung kann gegen einen Rechtsanwalt bis zur Entscheidung darüber, ob von der Befugnis zur Zurücknahme der Zulassung gemäß § 1 Abs. 1 oder § 3 Gebrauch gemacht wird, ein Vertretungsverbot erlassen. Auf das Vertretungsverbot finden die Vorschriften des § 91 b Abs. 2 bis 4 der Rechtsanwaltsordnung (Reichsgesetzbl. 1933 I S. 120) entsprechende Anwendung.

Gegen Rechtsanwälte der im § 1 Abs. 2 bezeichneten Art ist das Vertretungsverbot nur zulässig, wenn es sich um die Anwendung des § 3 handelt.

§ 5

Die Zurücknahme der Zulassung zur Rechtsanwaltschaft gilt als wichtiger Grund zur Kündigung der von dem Rechtsanwalt als Dienstberechtigten abgeschlossenen Dienstverträge.

§ 6

Ist die Zulassung eines Rechtsanwalts auf Grund dieses Gesetzes zurückgenommen, so finden auf die Kündigung von Mietverhältnissen über Räume, die der Rechtsanwalt für sich oder seine Familie gemietet hatte, die Vorschriften des Gesetzes über das Kündigungsrecht der durch das Gesetz zur Wiederherstellung des Berufsbeamtentums betroffenen Personen vom 7. April 1933 (Reichsgesetzbl. I S. 187) entsprechende Anwendung. Das gleiche gilt für Angestellte von Rechtsanwälten, die dadurch stellungslos geworden sind, daß die Zulassung des Rechtsanwalts zurückgenommen oder gegen ihn ein Vertretungsverbot gemäß § 4 erlassen ist.

Berlin, den 7. April 1933.

Der Reichskanzler
Adolf Hitler

Der Reichsminister der Justiz
Dr. Gürtner

Anlage 5

Nr. 48 — Tag der Ausgabe: Berlin, den 6. Mai 1933   253

Anlage

Fragebogen
zur Durchführung des Gesetzes zur Wiederherstellung des Berufsbeamtentums vom 7. April 1933
(Reichsgesetzbl. I S. 175)

1. Name ....

   Vornamen ....

   Wohnort und Wohnung ....

   Geburtsort, -tag, -monat und -jahr ....

   Konfession (auch frühere Konfession) ....

2. Amtsbezeichnung ....

3. § 2 des Gesetzes:
   a) Wann sind Sie in das Beamtenverhältnis eingetreten?

   Durch Ernennung zum ....

   Falls seit 9. November 1918:
   b) Haben Sie die für Ihre Laufbahn vorgeschriebene oder übliche Vorbildung*)

   oder

   c) sonstige Eignung*) besessen?

*) Vorbildung und Eignung sind kurz zu begründen.

4. **§ 3 des Gesetzes:**

   a) Sind Sie bereits am 1. August 1914 Beamter gewesen und seitdem geblieben?

   In welcher Stellung?

   oder

   b) Lagen am 1. August 1914 bei Ihnen die Voraussetzungen der Dritten Verordnung zur Durchführung des Gesetzes zur Wiederherstellung des Berufsbeamtentums vom 6. Mai 1933 (Reichsgesetzbl. I S. 245) zu § 3, Nr. 2 Satz 2, vor?

   oder

   c) Haben Sie im Weltkrieg an der Front für das Deutsche Reich oder für seine Verbündeten gekämpft?

   oder

   d) Sind Sie Sohn (Tochter) oder Vater eines im Weltkrieg Gefallenen?

   Falls nein zu a bis d:

   e) Sind Sie arischer Abstammung im Sinne der Ersten Verordnung zur Durchführung des Gesetzes zur Wiederherstellung des Berufsbeamtentums vom 11. April 1933 (Reichsgesetzbl. I S. 195) zu § 3, Nr. 2 Abs. 1?

   (Nachweise zu 4c bis e gemäß der Ersten Verordnung zur Durchführung des Gesetzes zur Wiederherstellung des Berufsbeamtentums vom 11. April 1933 — Reichsgesetzbl. I S. 195 — zu § 3, Nr. 2 Abs. 2, sind beizufügen.)

Nähere Angaben über die Abstammung:

Eltern:

Name des Vaters ....

Vornamen ....

Stand und Beruf ....

Wohnort und Wohnung ....

Geburtsort, -tag, -monat und -jahr ....

Sterbeort, -tag, -monat und -jahr ....

Konfession (auch frühere Konfession) ....

verheiratet { in ....
{ am ....

Nr. 48 — Tag der Ausgabe: Berlin, den 6. Mai 1933

Geburtsname der Mutter ....

  Vornamen ....

  Geburtsort, -tag, -monat und -jahr ....

  Sterbeort, -tag, -monat und -jahr ....

  Konfession (auch frühere Konfession) ....

Großeltern:

Name des Großvaters (väterlicherseits) ....

  Vornamen ....

  Stand und Beruf ....

  Wohnort ....

  Geburtsort, -tag, -monat und -jahr ....

  Sterbeort, -tag, -monat und -jahr ....

  Konfession (auch frühere Konfession) ....

Geburtsname der Großmutter (väterlicherseits).. ....

  Vornamen ....

  Geburtsort, -tag, -monat und -jahr ....

  Sterbeort, -tag, -monat und -jahr ....

  Konfession (auch frühere Konfession) ....

Name des Großvaters (mütterlicherseits) ......

Vornamen ....

Stand und Beruf ....

Wohnort ....

Geburtsort, -tag, -monat und -jahr ....

Sterbeort, -tag, -monat und -jahr ....

Konfession (auch frühere Konfession) ....

Geburtsname der Großmutter (mütterlicherseits)

Vornamen ....

Geburtsort, -tag, -monat und -jahr ....

Sterbeort, -tag, -monat und -jahr ....

Konfession (auch frühere Konfession) ....

5. § 4 des Gesetzes und Nr. 3 der Ersten Durchführungsverordnung vom 11. April 1933:

a) Welchen politischen Parteien haben Sie bisher angehört? Von wann bis wann?*)

b) Waren Sie Mitglied des Reichsbanners Schwarz-Rot-Gold, des republikanischen Richter- oder Beamtenbundes oder der Liga für Menschenrechte und, falls ja, von wann bis wann?*)

*) Die Erklärungen zu 5a und b können in verschlossenem Umschlag beigefügt werden.

Das Reichsgesetzblatt erscheint in zwei gesonderten Teilen — Teil I und Teil II —. **Fortlaufender Bezug** nur durch die **Postanstalten**. Bezugspreis vierteljährlich für Teil I = 1,10 *RM*, für Teil II = 1,50 *RM*. **Einzelbezug** jeder (auch jeder älteren) Nummer nur vom **Reichsverlagsamt**, Berlin NW 40, Scharnhorstr. 4 (Postscheckkonto: Berlin 96 200). Preis für den achtseitigen Bogen 15 *Rpf*, aus abgelaufenen Jahrgängen 10 *Rpf* ausschließlich der Postdrucksachengebühr. Bei größeren Bestellungen 10 bis 40 v. H. Preisermäßigung.

Herausgegeben vom Reichsministerium des Innern. — Gedruckt in der Reichsdruckerei, Berlin.

Anlage 6 und 7

1146 Reichsgesetzblatt, Jahrgang 1935, Teil I

Reichsbürgergesetz.
Vom 15. September 1935.

Der Reichstag hat einstimmig das folgende Gesetz beschlossen, das hiermit verkündet wird:

§ 1

(1) Staatsangehöriger ist, wer dem Schutzverband des Deutschen Reiches angehört und ihm dafür besonders verpflichtet ist.

(2) Die Staatsangehörigkeit wird nach den Vorschriften des Reichs- und Staatsangehörigkeitsgesetzes erworben.

§ 2

(1) Reichsbürger ist nur der Staatsangehörige deutschen oder artverwandten Blutes, der durch sein Verhalten beweist, daß er gewillt und geeignet ist, in Treue dem Deutschen Volk und Reich zu dienen.

(2) Das Reichsbürgerrecht wird durch Verleihung des Reichsbürgerbriefes erworben.

(3) Der Reichsbürger ist der alleinige Träger der vollen politischen Rechte nach Maßgabe der Gesetze.

§ 3

Der Reichsminister des Innern erläßt im Einvernehmen mit dem Stellvertreter des Führers die zur Durchführung und Ergänzung des Gesetzes erforderlichen Rechts- und Verwaltungsvorschriften.

Nürnberg, den 15. September 1935,
am Reichsparteitag der Freiheit.

Der Führer und Reichskanzler
Adolf Hitler

Der Reichsminister des Innern
Frick

Gesetz zum Schutze des deutschen Blutes und der deutschen Ehre.
Vom 15. September 1935.

Durchdrungen von der Erkenntnis, daß die Reinheit des deutschen Blutes die Voraussetzung für den Fortbestand des Deutschen Volkes ist, und beseelt von dem unbeugsamen Willen, die Deutsche Nation für alle Zukunft zu sichern, hat der Reichstag einstimmig das folgende Gesetz beschlossen, das hiermit verkündet wird:

§ 1

(1) Eheschließungen zwischen Juden und Staatsangehörigen deutschen oder artverwandten Blutes sind verboten. Trotzdem geschlossene Ehen sind nichtig, auch wenn sie zur Umgehung dieses Gesetzes im Ausland geschlossen sind.

(2) Die Nichtigkeitsklage kann nur der Staatsanwalt erheben.

Nr. 100 — Tag der Ausgabe: Berlin, den 16. September 1935

§ 2

Außerehelicher Verkehr zwischen Juden und Staatsangehörigen deutschen oder artverwandten Blutes ist verboten.

§ 3

Juden dürfen weibliche Staatsangehörige deutschen oder artverwandten Blutes unter 45 Jahren in ihrem Haushalt nicht beschäftigen.

§ 4

(1) Juden ist das Hissen der Reichs- und Nationalflagge und das Zeigen der Reichsfarben verboten.

(2) Dagegen ist ihnen das Zeigen der jüdischen Farben gestattet. Die Ausübung dieser Befugnis steht unter staatlichem Schutz.

§ 5

(1) Wer dem Verbot des § 1 zuwiderhandelt, wird mit Zuchthaus bestraft.

(2) Der Mann, der dem Verbot des § 2 zuwiderhandelt, wird mit Gefängnis oder mit Zuchthaus bestraft.

(3) Wer den Bestimmungen der §§ 3 oder 4 zuwiderhandelt, wird mit Gefängnis bis zu einem Jahr und mit Geldstrafe oder mit einer dieser Strafen bestraft.

§ 6

Der Reichsminister des Innern erläßt im Einvernehmen mit dem Stellvertreter des Führers und dem Reichsminister der Justiz die zur Durchführung und Ergänzung des Gesetzes erforderlichen Rechts- und Verwaltungsvorschriften.

§ 7

Das Gesetz tritt am Tage nach der Verkündung, § 3 jedoch erst am 1. Januar 1936 in Kraft.

Nürnberg, den 15. September 1935,
am Reichsparteitag der Freiheit.

Der Führer und Reichskanzler
Adolf Hitler

Der Reichsminister des Innern
Frick

Der Reichsminister der Justiz
Dr. Gürtner

Der Stellvertreter des Führers
R. Heß
Reichsminister ohne Geschäftsbereich

Das Reichsgesetzblatt erscheint in zwei gesonderten Teilen — Teil I und Teil II —. **Fortlaufender Bezug** nur durch die **Postanstalten.** Bezugspreis vierteljährlich für Teil I = 1,75 *RM*, für Teil II = 2,10 *RM*. **Einzelbezug** jeder (auch jeder älteren) Nummer nur vom **Reichsverlagsamt,** Berlin NW 40, Scharnhorststraße Nr. 4 (Fernsprecher: D 2 Weidendamm 9265 — Postscheckkonto: Berlin 96200). Einzelnummern werden nach dem Umfang berechnet. Preis **für den achtseitigen Bogen** 15 *Rpf*, aus abgelaufenen Jahrgängen 10 *Rpf*, ausschließlich der Postdrucksachengebühr. Bei größeren Bestellungen 10 bis 60 v. H. Preisermäßigung.
Herausgegeben vom Reichsministerium des Innern. — Gedruckt in der Reichsdruckerei, Berlin.

Anlage 8

Reichsgesetzblatt
Teil I

| 1935 | Ausgegeben zu Berlin, den 14. November 1935 | Nr. 125 |

Tag	Inhalt	Seite
14. 11. 35	Erste Verordnung zum Reichsbürgergesetz..........................	1333
14. 11. 35	Erste Verordnung zur Ausführung des Gesetzes zum Schutze des deutschen Blutes und der deutschen Ehre..........................	1334

Erste Verordnung zum Reichsbürgergesetz.
Vom 14. November 1935.

Auf Grund des § 3 des Reichsbürgergesetzes vom 15. September 1935 (Reichsgesetzbl. I S. 1146) wird folgendes verordnet:

§ 1

(1) Bis zum Erlaß weiterer Vorschriften über den Reichsbürgerbrief gelten vorläufig als Reichsbürger die Staatsangehörigen deutschen oder artverwandten Blutes, die beim Inkrafttreten des Reichsbürgergesetzes das Reichstagswahlrecht besessen haben, oder denen der Reichsminister des Innern im Einvernehmen mit dem Stellvertreter des Führers das vorläufige Reichsbürgerrecht verleiht.

(2) Der Reichsminister des Innern kann im Einvernehmen mit dem Stellvertreter des Führers das vorläufige Reichsbürgerrecht entziehen.

§ 2

(1) Die Vorschriften des § 1 gelten auch für die staatsangehörigen jüdischen Mischlinge.

(2) Jüdischer Mischling ist, wer von einem oder zwei der Rasse nach volljüdischen Großelternteilen abstammt, sofern er nicht nach § 5 Abs. 2 als Jude gilt. Als volljüdisch gilt ein Großelternteil ohne weiteres, wenn er der jüdischen Religionsgemeinschaft angehört hat.

§ 3

Nur der Reichsbürger kann als Träger der vollen politischen Rechte das Stimmrecht in politischen Angelegenheiten ausüben und ein öffentliches Amt bekleiden. Der Reichsminister des Innern oder die von ihm ermächtigte Stelle kann für die Übergangszeit Ausnahmen für die Zulassung zu öffentlichen Ämtern gestatten. Die Angelegenheiten der Religionsgesellschaften werden nicht berührt.

§ 4

(1) Ein Jude kann nicht Reichsbürger sein. Ihm steht ein Stimmrecht in politischen Angelegenheiten nicht zu; er kann ein öffentliches Amt nicht bekleiden.

(2) Jüdische Beamte treten mit Ablauf des 31. Dezember 1935 in den Ruhestand. Wenn diese Beamten im Weltkrieg an der Front für das Deutsche Reich oder für seine Verbündeten gekämpft haben, erhalten sie bis zur Erreichung der Altersgrenze als Ruhegehalt die vollen zuletzt bezogenen ruhegehaltsfähigen Dienstbezüge; sie steigen jedoch nicht in Dienstaltersstufen auf. Nach Erreichung der Altersgrenze wird ihr Ruhegehalt nach den letzten ruhegehaltsfähigen Dienstbezügen neu berechnet.

(3) Die Angelegenheiten der Religionsgesellschaften werden nicht berührt.

wie an den Rechtsanwalt selbst erfolgen. Ist eine Zustellung an den Zustellungsbevollmächtigten am Orte des Gerichts nicht ausführbar, so kann sie an den Rechtsanwalt durch Aufgabe zur Post erfolgen.

§ 105

Die Reichs-Rechtsanwaltskammer tritt mit dem Inkrafttreten dieses Gesetzes in alle vermögensrechtlichen Pflichten und Rechte der bisherigen Reichs-Rechtsanwaltskammer, der Anwaltskammern und ihrer sämtlichen Einrichtungen ein. Aus Anlaß dieses Übergangs von Pflichten und Rechten auf die Reichs-Rechtsanwaltskammern werden Steuern, Gebühren und andere Abgaben nicht erhoben; bare Auslagen bleiben außer Ansatz.

§ 106

Bis zur Berufung des ersten Präsidenten und des ersten Präsidiums der Reichs-Rechtsanwaltskammer führen der Präsident und das Präsidium der bisherigen Reichs-Rechtsanwaltskammer die Geschäfte fort. Bis zur Berufung der Präsidenten der Rechtsanwaltskammern führen die beim Inkrafttreten dieses Gesetzes amtierenden Vorsitzenden der Vorstände der Anwaltskammern deren Geschäfte. Bis zur Berufung der Mitglieder der Rechtsanwaltskammern nehmen die bisherigen Mitglieder der Vorstände der Anwaltskammern die Aufgaben der Mitglieder der Rechtsanwaltskammern wahr.

Der Ehrengerichtshof und die Ehrengerichte versehen in der bisherigen Besetzung ihr Amt bis zur Neubildung.

§ 107

Der Präsident der Reichs-Rechtsanwaltskammer kann anordnen, daß die Mitgliederbeiträge zur Reichs-Rechtsanwaltskammer im laufenden Geschäftsjahr nach den bisherigen Bestimmungen berechnet und eingezogen werden.

§ 108

Bei der ersten Berufung von ehrenamtlich tätigen Mitgliedern der Reichs-Rechtsanwaltskammer bestimmt der Reichsminister der Justiz deren Tätigkeitsdauer.

§ 109

Rechtsanwälte, die die deutsche Staatsangehörigkeit (Reichsangehörigkeit) nicht besitzen, können den im § 19 vorgesehenen Eid auf Wunsch dahin leisten,

dem Führer des Deutschen Reiches und Volkes Adolf Hitler Achtung zu erweisen und die Pflichten eines Rechtsanwalts gewissenhaft zu erfüllen.

§ 110

Die erste Satzung der Reichs-Rechtsanwaltskammer stellt der Reichsminister der Justiz fest. Sie wird in dem für amtliche Veröffentlichungen der Justizverwaltung bestimmten Organ bekanntgemacht.

§ 111

Eine Entschädigung wegen eines Schadens, der durch eine Maßnahme auf Grund dieses Gesetzes entsteht, wird nicht gewährt."

Artikel VII

(1) Der Reichsminister der Justiz wird ermächtigt, den Wortlaut der Rechtsanwaltsordnung im Reichsgesetzblatt neu bekanntzumachen und dabei etwaige Unstimmigkeiten des Gesetzestextes zu beseitigen.

(2) Er wird ferner ermächtigt, die zur Durchführung und Ergänzung dieses Gesetzes erforderlichen Anordnungen im Verordnungswege zu erlassen.

Berlin, den 13. Dezember 1935.

Der Führer und Reichskanzler
Adolf Hitler

Der Reichsminister der Justiz
Dr. Gürtner

Der Reichsminister der Finanzen
Graf Schwerin von Krosigk

Der Reichsminister des Innern
Frick

Der Reichswirtschaftsminister
Mit der Führung der Geschäfte beauftragt:
Dr. Hjalmar Schacht
Präsident des Reichsbankdirektoriums

Gesetz zur Verhütung von Mißbräuchen auf dem Gebiete der Rechtsberatung.
Vom 13. Dezember 1935.

Die Reichsregierung hat das folgende Gesetz beschlossen, das hiermit verkündet wird:

Artikel 1

§ 1

(1) Die Besorgung fremder Rechtsangelegenheiten, einschließlich der Rechtsberatung und der Einziehung fremder oder zu Einziehungszwecken abgetretener Forderungen, darf geschäftsmäßig — ohne Unterschied zwischen haupt- und nebenberuflicher oder entgeltlicher und unentgeltlicher Tätigkeit — nur von Personen betrieben werden, denen dazu von der zuständigen Behörde die Erlaubnis erteilt ist.

(2) Die Erlaubnis darf nur erteilt werden, wenn der Antragsteller die für den Beruf erforderliche Zuverlässigkeit und persönliche Eignung sowie genügende Sachkunde besitzt und das Bedürfnis nicht bereits durch eine hinreichende Zahl von Rechtsberatern gedeckt ist.

§ 2

Die Erstattung wissenschaftlich begründeter Gutachten und die Übernahme der Tätigkeit als Schiedsrichter bedürfen der Erlaubnis gemäß § 1 nicht.

Nr. 140 — Tag der Ausgabe: Berlin, den 17. Dezember 1935

(2) Die Ausführungsvorschriften zu Artikel 2 ergehen auf Grund der §§ 12 und 107a Absatz 5 der Reichsabgabenordnung.

Artikel 6

(1) Dieses Gesetz tritt mit dem Tage nach der Verkündung in Kraft.

(2) Personen, die die Besorgung fremder Rechtsangelegenheiten bereits vor diesem Zeitpunkt geschäftsmäßig betrieben haben, können ihre Tätigkeit nach Maßgabe der bisherigen Vorschriften bis zum 30. Juni 1936 fortsetzen. Dies gilt entsprechend für Personen, die vor dem Inkrafttreten dieses Gesetzes in Angelegenheiten der im Artikel 1 § 4 bezeichneten Art geschäftsmäßig Hilfe geleistet haben.

Berlin, den 13. Dezember 1935.

Der Führer und Reichskanzler
Adolf Hitler

Der Reichsminister der Justiz
Dr. Gürtner

Der Reichsminister der Finanzen
Graf Schwerin von Krosigk

Der Reichswirtschaftsminister
Mit der Führung der Geschäfte beauftragt:
Dr. Hjalmar Schacht
Präsident des Reichsbankdirektoriums

Verordnung zur Ausführung des Gesetzes zur Verhütung von Mißbräuchen auf dem Gebiete der Rechtsberatung.
Vom 13. Dezember 1935.

Auf Grund des Artikels 5 Abs. 1 des Gesetzes zur Verhütung von Mißbräuchen auf dem Gebiete der Rechtsberatung vom 13. Dezember 1935 (Reichsgesetzbl. I S. 1478) wird folgendes verordnet:

§ 1

(1) Die Erlaubnis nach Artikel 1 § 1 des Gesetzes wird grundsätzlich für einen bestimmten Ort erteilt. Sollen Zweigniederlassungen, auswärtige Sprechtage oder dergleichen unterhalten werden, so ist dazu eine besondere Erlaubnis einzuholen.

(2) Soweit die Betätigung im Schriftverkehr ausgeübt wird, unterliegt sie keinen örtlichen Begrenzungen.

§ 2

(1) Die Erlaubnis ist, sofern der Nachsuchende es beantragt oder dies nach Lage der Verhältnisse sachgemäß erscheint, unter Beschränkung auf bestimmte Sachgebiete zu erteilen.

(2) Die Erlaubnis kann auch unter bestimmten Auflagen erteilt werden.

§ 3

Bei juristischen Personen sowie bei offenen Handelsgesellschaften und ähnlichen Vereinigungen ermächtigt die Erlaubnis nur zur Berufsausübung durch die in der Erlaubnis namentlich bezeichneten Personen.

§ 4

Die Erlaubnis soll Personen, die das 25. Lebensjahr noch nicht vollendet haben, in der Regel nicht erteilt werden.

§ 5

Juden wird die Erlaubnis nicht erteilt.

§ 6

Ob der Nachsuchende die erforderliche Zuverlässigkeit besitzt, ist unter Berücksichtigung seines Vorlebens, insbesondere etwaiger Strafverfahren, zu prüfen, und zwar gleichgültig, ob ein Strafverfahren mit Einstellung, Nichteröffnung oder Verurteilung geendet hat. Die Erlaubnis ist in der Regel zu versagen, wenn der Nachsuchende nach dem Strafregister wegen eines Verbrechens verurteilt ist oder wegen eines Vergehens, das einen Mangel an Zuverlässigkeit hat erkennen lassen; dazu gehören insbesondere Vergehen gegen Vermögensrechte. Die Erlaubnis ist ferner zu versagen, wenn mit Rücksicht auf die Verhältnisse des Nachsuchenden und die Art seiner Wirtschaftsführung die Belange der Rechtsuchenden gefährdet werden würden.

§ 7

Personen, die infolge strafrechtlicher oder dienststrafrechtlicher Verurteilung aus dem Beamtenverhältnis oder infolge ehrengerichtlicher Verurteilung oder Zurücknahme der Zulassung aus der Rechtsanwaltschaft ausgeschieden sind, wird die Erlaubnis in der Regel nicht erteilt.

§ 8

Der Nachsuchende hat seine Sachkunde und Eignung durch genaue Angaben über seinen Ausbildungsgang und seine bisherige berufliche Tätigkeit darzulegen und, soweit möglich, durch Lehr- und Prüfungszeugnisse, Zeugnisse seiner bisherigen Arbeitgeber und dgl. zu belegen.

§ 9

(1) Die Frage des Bedürfnisses ist nach den Verhältnissen des Ortes, an dem der Nachsuchende seine Tätigkeit betreiben will, und des näheren Wirtschaftsgebiets, dem der Ort angehört, zu beurteilen. Es ist dabei einerseits auf Zahl, Art und Zusammensetzung der Bevölkerung und andererseits auf die bereits vorhandenen Möglichkeiten zur Befriedigung des Bedürfnisses Rücksicht zu nehmen. Daß der Nachsuchende Aussicht hat, sich durch Beziehungen und dgl. für seine Person ein hinreichendes Tätigkeitsfeld zu beschaffen, genügt nicht, um das Bedürfnis zu bejahen.

Anlage 11

Reichsgesetzblatt, Jahrgang 1935, Teil I

(4) Das Dienstverhältnis der Lehrer an öffentlichen jüdischen Schulen bleibt bis zur Neuregelung des jüdischen Schulwesens unberührt.

§ 5

(1) Jude ist, wer von mindestens drei der Rasse nach volljüdischen Großeltern abstammt. § 2 Abs. 2 Satz 2 findet Anwendung.

(2) Als Jude gilt auch der von zwei volljüdischen Großeltern abstammende staatsangehörige jüdische Mischling,

a) der beim Erlaß des Gesetzes der jüdischen Religionsgemeinschaft angehört hat oder danach in sie aufgenommen wird,

b) der beim Erlaß des Gesetzes mit einem Juden verheiratet war oder sich danach mit einem solchen verheiratet,

c) der aus einer Ehe mit einem Juden im Sinne des Absatzes 1 stammt, die nach dem Inkrafttreten des Gesetzes zum Schutze des deutschen Blutes und der deutschen Ehre vom 15. September 1935 (Reichsgesetzbl. I S. 1146) geschlossen ist,

d) der aus dem außerehelichen Verkehr mit einem Juden im Sinne des Absatzes 1 stammt und nach dem 31. Juli 1936 außerehelich geboren wird.

§ 6

(1) Soweit in Reichsgesetzen oder in Anordnungen der Nationalsozialistischen Deutschen Arbeiterpartei und ihrer Gliederungen Anforderungen an die Reinheit des Blutes gestellt werden, die über § 5 hinausgehen, bleiben sie unberührt.

(2) Sonstige Anforderungen an die Reinheit des Blutes, die über § 5 hinausgehen, dürfen nur mit Zustimmung des Reichsministers des Innern und des Stellvertreters des Führers gestellt werden. Soweit Anforderungen dieser Art bereits bestehen, fallen sie am 1. Januar 1936 weg, wenn sie nicht von dem Reichsminister des Innern im Einvernehmen mit dem Stellvertreter des Führers zugelassen werden. Der Antrag auf Zulassung ist bei dem Reichsminister des Innern zu stellen.

§ 7

Der Führer und Reichskanzler kann Befreiungen von den Vorschriften der Ausführungsverordnungen erteilen.

Berlin, den 14. November 1935.

Der Führer und Reichskanzler
Adolf Hitler

Der Reichsminister des Innern
Frick

Der Stellvertreter des Führers
R. Heß
Reichsminister ohne Geschäftsbereich

**Erste Verordnung
zur Ausführung des Gesetzes zum Schutze des deutschen Blutes und der deutschen Ehre.
Vom 14. November 1935.**

Auf Grund des § 6 des Gesetzes zum Schutze des deutschen Blutes und der deutschen Ehre vom 15. September 1935 (Reichsgesetzbl. I S. 1146) wird folgendes verordnet:

§ 1

(1) Staatsangehörige sind die deutschen Staatsangehörigen im Sinne des Reichsbürgergesetzes.

(2) Wer jüdischer Mischling ist, bestimmt § 2 Abs. 2 der Ersten Verordnung vom 14. November 1935 zum Reichsbürgergesetz (Reichsgesetzbl. I S. 1333).

(3) Wer Jude ist, bestimmt § 5 der gleichen Verordnung.

§ 2

Zu den nach § 1 des Gesetzes verbotenen Eheschließungen gehören auch die Eheschließungen zwischen Juden und staatsangehörigen jüdischen Mischlingen, die nur einen volljüdischen Großelternteil haben.

Anlage 12

Verordnung über Reisepässe von Juden.
Vom 5. Oktober 1938.

Auf Grund des Gesetzes über das Paß-, das Ausländerpolizei- und das Meldewesen sowie über das Ausweiswesen vom 11. Mai 1937 (Reichsgesetzbl. I S. 589) wird im Einvernehmen mit dem Reichsminister der Justiz folgendes verordnet:

§ 1

(1) Alle deutschen Reisepässe von Juden (§ 5 der Ersten Verordnung zum Reichsbürgergesetz vom 14. November 1935 — Reichsgesetzbl. I S. 1333), die sich im Reichsgebiet aufhalten, werden ungültig.

(2) Die Inhaber der im Abs. 1 erwähnten Pässe sind verpflichtet, diese Pässe der Paßbehörde im Inland, in deren Bezirk der Paßinhaber seinen Wohnsitz oder mangels eines Wohnsitzes seinen Aufenthalt hat, innerhalb von zwei Wochen nach Inkrafttreten dieser Verordnung einzureichen. Für Juden, die sich beim Inkrafttreten dieser Verordnung im Ausland aufhalten, beginnt die Frist von zwei Wochen mit dem Tage der Einreise in das Reichsgebiet.

(3) Die mit Geltung für das Ausland ausgestellten Reisepässe werden wieder gültig, wenn sie von der Paßbehörde mit einem vom Reichsminister des Innern bestimmten Merkmal versehen werden, das den Inhaber als Juden kennzeichnet.

§ 2

Mit Haft und mit Geldstrafe bis zu einhundertfünfzig Reichsmark oder mit einer dieser Strafen wird bestraft, wer vorsätzlich oder fahrlässig der im § 1 Abs. 2 umschriebenen Verpflichtung nicht nachkommt.

§ 3

Diese Verordnung tritt mit der Verkündung in Kraft.

Berlin, den 5. Oktober 1938.

Der Reichsminister des Innern

Im Auftrag

Dr. Best

Das Reichsgesetzblatt erscheint in zwei gesonderten Teilen — Teil I und Teil II —.
Fortlaufender Bezug nur durch die **Postanstalten**. Bezugspreis vierteljährlich für Teil I = 1,75 *RM*, für Teil II = 2,10 *RM*.
Einzelbezug jeder (auch jeder älteren) Nummer nur vom **Reichsverlagsamt**, Berlin NW 40, Scharnhorststraße Nr. 4 (Fernsprecher: 42 92 65 — Postscheckkonto: Berlin 96200). Einzelnummern werden nach dem Umfang berechnet. Preis für den achtseitigen Bogen 15 *Rpf*, aus abgelaufenen Jahrgängen 10 *Rpf*, ausschließlich der Postdrucksachengebühr. Bei größeren Bestellungen 10 bis 60 v. H. Preisermäßigung.

Herausgegeben vom Reichsministerium des Innern. — Gedruckt in der Reichsdruckerei, Berlin.

Reichsgesetzblatt
Teil I

| 1938 | Ausgegeben zu Berlin, den 14. Oktober 1938 | Nr. 165 |

Tag	Inhalt	Seite
27. 9. 38	Fünfte Verordnung zum Reichsbürgergesetz	1403
27. 9. 38	Dritte Verordnung über Angelegenheiten der Rechtsanwälte, Rechtsanwaltsanwärter und Verteidiger in Strafsachen in Österreich	1406
7. 10. 38	Verordnung über die Ausformung, Messung und Sortenbildung des Holzes in den Forsten des Landes Österreich	1407
14. 10. 38	Verordnung über die Rechtspflege in den sudetendeutschen Gebieten	1418
14. 10. 38	Berichtigung	1418

Fünfte Verordnung zum Reichsbürgergesetz.
Vom 27. September 1938.

Auf Grund des § 3 des Reichsbürgergesetzes vom 15. September 1935 (Reichsgesetzbl. I S. 1146) wird folgendes verordnet:

Artikel I
Ausscheiden der Juden aus der Rechtsanwaltschaft

§ 1

Juden ist der Beruf des Rechtsanwalts verschlossen. Soweit Juden noch Rechtsanwälte sind, scheiden sie nach Maßgabe der folgenden Vorschriften aus der Rechtsanwaltschaft aus.

a) Im alten Reichsgebiet:

Die Zulassung jüdischer Rechtsanwälte ist zum 30. November 1938 zurückzunehmen.

b) Im Lande Österreich:

1. Jüdische Rechtsanwälte sind spätestens bis zum 31. Dezember 1938 auf Verfügung des Reichsministers der Justiz in der Liste der Rechtsanwälte zu löschen.
2. Bei Juden, die in der Liste der Rechtsanwaltskammer in Wien eingetragen sind, kann jedoch, wenn ihre Familie seit mindestens fünfzig Jahren im Lande Österreich ansässig ist und wenn sie Frontkämpfer sind, von der Löschung vorläufig abgesehen werden. Den Zeitpunkt der Löschung bestimmt in diesem Falle der Reichsminister der Justiz.
3. Bis zur Entscheidung darüber, ob eine Löschung in der Rechtsanwaltsliste erfolgt, kann der Reichsminister der Justiz dem Rechtsanwalt die Ausübung seines Berufs vorläufig untersagen.

§ 2

(1) Dienstverträge, die ein nach dieser Verordnung aus der Rechtsanwaltschaft ausscheidender Jude als Dienstberechtigter geschlossen hatte, können von beiden Teilen unter Einhaltung einer Frist von drei Monaten zum Ende eines Kalendermonats auch dann gekündigt werden, wenn gesetzlich oder vertraglich eine längere Frist bestimmt oder das Dienstverhältnis für bestimmte Zeit eingegangen war.

(2) Die Kündigung nach Abs. 1 kann

a) im alten Reichsgebiet
nur zum 28. Februar 1939,

b) im Lande Österreich
nur für den ersten Termin erklärt werden, für den sie nach dem Zeitpunkt erfolgen kann, an dem der frühere Rechtsanwalt oder sein Angestellter (Dienstnehmer) von der Löschung in der Rechtsanwaltsliste Kenntnis erhält.

(3) Gesetzliche oder vertragliche Bestimmungen über eine kürzere als die im Abs. 1 vorgesehene Kündigungsfrist bleiben unberührt.

§ 3

(1) Wer auf Grund dieser Verordnung aus der Rechtsanwaltschaft ausscheidet, kann ein Mietverhältnis über Räume, die er für sich oder seine Familie ge-

Anlage 13,1

mietet hat, trotz entgegenstehender Vereinbarungen über die Dauer des Mietvertrages oder die Kündigungsfrist mit Einhaltung der gesetzlichen Kündigungsfrist kündigen. Das gleiche gilt für Angestellte (Dienstnehmer) eines Rechtsanwalts, die dadurch stellungslos werden, daß der Rechtsanwalt auf Grund dieser Verordnung aus der Rechtsanwaltschaft ausscheidet.

(2) Eine Kündigung nach Abs. 1 kann durch den Rechtsanwalt
   a) im alten Reichsgebiet
      nur zu dem ersten Termin erfolgen, zu dem sie nach dem 30. November 1938 zulässig ist,
   b) im Lande Österreich
      nur zu dem ersten Termin erfolgen, zu dem sie nach dem Zeitpunkt zulässig ist, in dem dem Rechtsanwalt die Löschung in der Rechtsanwaltsliste mitgeteilt wird.

(3) Der Angestellte (Dienstnehmer) kann eine Kündigung nach Abs. 1 nur zu dem ersten Termin aussprechen, für den die Kündigung nach Beendigung des Dienstverhältnisses zulässig ist.

(4) Im übrigen gelten für die Kündigung
   a) im alten Reichsgebiet
      die Vorschriften des § 6 des Gesetzes über die Zulassung zur Rechtsanwaltschaft vom 7. April 1933 (Reichsgesetzbl. I S. 188),
   b) im Lande Österreich
      die Vorschriften des § 13 der Verordnung zur Neuordnung des österreichischen Berufsbeamtentums vom 31. Mai 1938 (Reichsgesetzbl. I S. 607)

sinngemäß.

§ 4

a) Die Besorgung fremder Rechtsangelegenheiten ist dem auf Grund dieser Verordnung aus der Rechtsanwaltschaft ausgeschiedenen Juden nach Maßgabe des Artikels 1 § 8 des Gesetzes zur Verhütung von Mißbräuchen auf dem Gebiete der Rechtsberatung vom 13. Dezember 1935 (Reichsgesetzbl. I S. 1478) untersagt.

b) Im Lande Österreich gilt bis zum Inkraftsetzen des Gesetzes zur Verhütung von Mißbräuchen auf dem Gebiete der Rechtsberatung folgendes:

1. Wer auf Grund dieser Verordnung in der Liste der Rechtsanwälte gelöscht ist, darf fremde Rechtsangelegenheiten nicht mehr geschäftsmäßig besorgen; insbesondere ist ihm die gerichtliche oder außergerichtliche Vertretung, die Rechtsberatung und die Einziehung von Forderungen seiner Auftraggeber nicht gestattet.

2. Gerichte oder sonstige Behörden dürfen dem früheren Rechtsanwalt die Verwaltung oder Verwertung fremden Vermögens nicht übertragen. Ist ihm ein Auftrag dieser Art bereits erteilt, so hat die Stelle, die ihn ernannt hat, den Auftrag zu widerrufen; sie hat einem anderen Rechtsanwalt oder einer sonstigen geeigneten Person den Auftrag zu übertragen, soweit dies zur Verhütung von Rechtsnachteilen für die Beteiligten oder aus einem sonstigen Grunde erforderlich erscheint.

3. Die Vorschriften der Nrn. 1 und 2 gelten nicht für die Wahrnehmung von eigenen Angelegenheiten des früheren Rechtsanwalts und von Angelegenheiten seiner Ehefrau und seiner minderjährigen Kinder, soweit nicht Anwaltszwang besteht.

4. Wer den Vorschriften der Nr. 1 vorsätzlich zuwiderhandelt, wird mit Geldstrafe bestraft.

5. Für die Dauer einer vorläufigen Untersagung der Berufsausübung gelten die Vorschriften der Nrn. 1 bis 4 sinngemäß.

§ 5

Den auf Grund dieser Verordnung aus der Rechtsanwaltschaft ausgeschiedenen Juden können, soweit sie Frontkämpfer sind, aus den Einnahmen der jüdischen Konsulenten (§ 14) bei Bedürftigkeit und Würdigkeit jederzeit widerrufliche Unterhaltszuschüsse gewährt werden. Nach Maßgabe der eingehenden Beträge können unter den gleichen Voraussetzungen auch anderen auf Grund dieser Verordnung aus der Rechtsanwaltschaft ausgeschiedenen Juden, soweit sie seit dem 1. August 1914 in der Rechtsanwaltsliste eingetragen waren, Unterhaltszuschüsse dieser Art gewährt werden.

§ 6

(1) Frontkämpfer im Sinne dieser Verordnung ist, wer im Weltkrieg (in der Zeit vom 1. August 1914 bis 31. Dezember 1918) auf seiten des Deutschen Reichs oder seiner Verbündeten bei der fechtenden Truppe an einer Schlacht, einem Gefecht, einem Stellungskampf oder einer Belagerung teilgenommen hat. Es genügt nicht, wenn sich jemand, ohne vor den Feind gekommen zu sein, während des Krieges aus dienstlichem Anlaß im Kriegsgebiet aufgehalten hat.

(2) Der Teilnahme an den Kämpfen des Weltkriegs steht die Teilnahme an den Kämpfen gleich, die nach ihm im Baltikum, ferner gegen die Feinde der nationalen Erhebung und zur Erhaltung deutschen Bodens geführt worden sind.

Artikel II
Löschung der Juden in den Listen der Rechtsanwaltsanwärter und der Verteidiger im Lande Österreich

§ 7

(1) Juden werden in die Listen der Rechtsanwaltsanwärter und der Verteidiger in Strafsachen nicht mehr eingetragen. Soweit Juden in diesen Listen noch eingetragen sind, werden sie spätestens bis zum 31. Dezember 1938 auf Verfügung des Reichsministers der Justiz gelöscht.

Nr. 165 — Tag der Ausgabe: 14. Oktober 1938　　1405

(2) Die Vorschriften des Artikels 1 § 1 Buchstabe b Nr. 3, §§ 2 bis 4 dieser Verordnung gelten sinngemäß.

Artikel III
Rechtliche Beratung und Vertretung von Juden

§ 8

Zur rechtlichen Beratung und Vertretung von Juden läßt die Justizverwaltung jüdische Konsulenten zu.

§ 9

(1) Jüdische Konsulenten werden nur zugelassen, soweit ein Bedürfnis besteht.

(2) Die Zulassung erfolgt auf Widerruf. Zum Zwecke der Stellvertretung eines zugelassenen jüdischen Konsulenten kann die Zulassung auch auf Zeit erfolgen.

(3) Die jüdischen Konsulenten und ihre Stellvertreter sollen, soweit angängig, aus der Zahl der nach § 1 dieser Verordnung aus der Rechtsanwaltschaft ausscheidenden Juden entnommen werden; Frontkämpfer sind nach Möglichkeit bevorzugt zu berücksichtigen.

§ 10

Jüdische Konsulenten dürfen nur Rechtsangelegenheiten von Juden sowie von jüdischen Gewerbebetrieben, jüdischen Vereinen, Stiftungen, Anstalten und sonstigen jüdischen Unternehmen geschäftsmäßig besorgen; insbesondere dürfen sie nur für diese die rechtliche Beratung, die gerichtliche oder außergerichtliche Vertretung sowie die Einziehung von Forderungen übernehmen.

§ 11

(1) Den jüdischen Konsulenten wird ein bestimmter Ort für ihre berufliche Niederlassung zugewiesen. Die Unterhaltung von Zweigniederlassungen, auswärtigen Sprechtagen oder ähnlichen ständigen Einrichtungen an einem anderen Ort erfolgt nach näherer Bestimmung der Justizverwaltung.

(2) Soweit die jüdischen Konsulenten Rechtsangelegenheiten besorgen dürfen, können sie in einem von der Justizverwaltung zu bestimmenden Bezirk vor allen Gerichten und Verwaltungsbehörden sowie vor allen diesen übergeordneten Gerichten und Behörden auftreten und als Bevollmächtigte — auch gegenüber den Gegnern ihrer Auftraggeber — tätig werden. Dies gilt auch insoweit, als Rechtsanwälte in einem Verfahren nur tätig werden dürfen, wenn sie bei dem Gericht, vor dem das Verfahren schwebt, zugelassen sind; soweit sonstige einschränkende Vorschriften bestehen, gelten diese sinngemäß.

(3) Im übrigen unterliegt die Berufstätigkeit der jüdischen Konsulenten keinen örtlichen Beschränkungen.

§ 12

Jüdische Konsulenten können im Armenrecht, als Notvertreter (entsprechend § 38 der Reichs-Rechtsanwaltsordnung) oder als Pflichtverteidiger beigeordnet werden. Soweit verfahrensrechtliche Vorschriften, insbesondere § 91 Abs. 2, § 104 Abs. 2, §§ 135, 198, 212a der Reichs-Zivilprozeßordnung für Rechtsanwälte Vereinfachungen und sonstige Besonderheiten vorsehen, gelten sie für jüdische Konsulenten sinngemäß.

§ 13

Die jüdischen Konsulenten unterstehen der Aufsicht der Justizverwaltung.

§ 14

(1) Von ihren Auftraggebern erheben die jüdischen Konsulenten im eigenen Namen, jedoch für Rechnung einer vom Reichsminister der Justiz zu bestimmenden Ausgleichsstelle Gebühren und Auslagen nach Maßgabe der für Rechtsanwälte geltenden reichs- und landesrechtlichen Vorschriften. Von dem kostenpflichtigen Gegner des jüdischen Auftraggebers sind diese Beträge in gleicher Weise wie die Kosten eines Rechtsanwalts zu erstatten.

(2) Den jüdischen Konsulenten verbleibt als Vergütung für ihre Berufstätigkeit und als Entschädigung für Kanzleiunkosten — neben der Erstattung der notwendigen baren Aufwendungen für Reisen u. dgl. — ein Anteil an den aus ihrer Berufstätigkeit anfallenden Gebühren.

(3) Aus der der Ausgleichsstelle zufließenden Beträgen werden die nach § 5 dieser Verordnung zu leistenden Unterhaltszuschüsse gezahlt.

(4) Nähere Bestimmungen können durch allgemeine Verwaltungsanordnungen getroffen werden.

Artikel IV
Schluß- und Übergangsvorschriften

§ 15

(1) Wird in einer bürgerlichen Rechtssache der Rechtsanwalt einer Partei durch eine auf Grund dieser Verordnung getroffene Maßnahme unfähig, die Vertretung der Partei fortzuführen, so werden auch Verfahren, in denen eine Vertretung durch Rechtsanwälte nicht geboten ist, unterbrochen.

(2) Eine Unterbrechung des Verfahrens tritt jedoch nicht ein, wenn der Rechtsanwalt gleichzeitig mit seinem Ausscheiden aus der Rechtsanwaltschaft als jüdischer Konsulent zugelassen wird und als solcher seinen Auftraggeber weiterhin vertreten darf.

§ 16

Einer Partei, die in einer bürgerlichen Rechtssache oder in einer Strafsache einen Termin (eine Tagsatzung) oder eine befristete Prozeßhandlung versäumt, ist auf Antrag die Wiedereinsetzung in den vorigen Stand zu bewilligen, wenn sie durch die auf Grund dieser Verordnung getroffenen Maßnahmen am rechtzeitigen Erscheinen zu dem Termin (der Tagsatzung) oder an der rechtzeitigen Vornahme der Prozeßhandlung verhindert worden ist.

§ 17

(1) Tritt in der Besorgung einer Rechtsangelegenheit wegen des Ausscheidens eines Juden aus der Rechtsanwaltschaft auf Grund dieser Verordnung ein

Wechsel des Vertreters ein, so ist der kostenpflichtige Gegner des Auftraggebers des bisherigen jüdischen Rechtsanwalts zur Erstattung der durch den Vertreterwechsel entstehenden Mehrkosten nicht verpflichtet.

(2) Übernimmt ein jüdischer Konsulent eine bisher von einem jüdischen Rechtsanwalt besorgte Rechtsangelegenheit, so hat er seinem Auftraggeber die dem jüdischen Rechtsanwalt geschuldeten Gebühren gutzubringen. Der jüdische Konsulent und der frühere jüdische Rechtsanwalt haben im Wege gütlicher Vereinbarung einen Ausgleich über die dem früheren Rechtsanwalt angefallenen Gebühren herbeizuführen, wenn dies nach dem Umfang der von beiden in der Rechtssache geleisteten Arbeit der Billigkeit entspricht. Kommt eine Einigung nicht zustande, so kann auf Antrag eines Beteiligten über den Ausgleich im Verwaltungswege entschieden werden.

§ 18

Für ein Verfahren, das gegen einen Juden vor einem anwaltlichen Ehrengericht in dem Zeitpunkt anhängig ist, zu dem er nach dieser Verordnung aus der Anwaltschaft ausscheidet, gelten die Bestimmungen des § 2 der Verordnung zur Ergänzung der Vorschriften über das ehrengerichtliche Verfahren gegen Rechtsanwälte vom 31. August 1937 (Reichsgesetzbl. I S. 919) sinngemäß.

§ 19

Der Reichsminister der Justiz wird ermächtigt, die zur Durchführung und Ergänzung dieser Verordnung erforderlichen Rechts- und Verwaltungsvorschriften zu erlassen. Soweit der Reichsminister der Finanzen beteiligt ist, ergehen sie im Einvernehmen mit diesem.

Berlin, den 27. September 1938.

Der Führer und Reichskanzler
Adolf Hitler

Der Reichsminister der Justiz
Dr. Gürtner

Der Reichsminister des Innern
Frick

Der Stellvertreter des Führers
R. Heß

Der Reichsminister der Finanzen
In Vertretung
Reinhardt

Reichsgesetzblatt
Teil I

| 1938 | Ausgegeben zu Berlin, den 14. November 1938 | Nr. 189 |

Tag	Inhalt	Seite
12.11.38	Verordnung über eine Sühneleistung der Juden deutscher Staatsangehörigkeit...	1579
12.11.38	Verordnung zur Ausschaltung der Juden aus dem deutschen Wirtschaftsleben...	1580
12.11.38	Verordnung zur Wiederherstellung des Straßenbildes bei jüdischen Gewerbebetrieben...	1581
12.11.38	Verordnung zum Schutz gefährdeten landwirtschaftlichen Grundbesitzes in den sudetendeutschen Gebieten...	1581
12.11.38	Zweite Verordnung zur Änderung der Verordnung über Fleisch- und Wurstpreise	1582
14.11.38	Verordnung über die Polizeiverordnungen der Reichsminister...	1582

Im Teil II, Nr. 47, ausgegeben am 11. November 1938, sind veröffentlicht: Verordnung über die Änderung der preußisch-braunschweigischen Landesgrenze zwischen den Gemeinden Schwarme (Kreis Grafschaft Hoya) und Emtinghausen, Bahlum (Kreis Braunschweig). — Verordnung über die Regelung von Versorgungsfragen bei der Localbahn-Aktiengesellschaft in München. — Bekanntmachung über die Ratifikation eines Protokolls über die Verlängerung der Geltungsdauer des deutsch-finnischen Handelsvertrags. — Bekanntmachung über den Geltungsbereich des deutsch-litauischen Konsularvertrags (Ausdehnung auf Österreich).

Verordnung
über eine Sühneleistung der Juden deutscher Staatsangehörigkeit.
Vom 12. November 1938.

Die feindliche Haltung des Judentums gegenüber dem deutschen Volk und Reich, die auch vor feigen Mordtaten nicht zurückschreckt, erfordert entschiedene Abwehr und harte Sühne.

Ich bestimme daher auf Grund der Verordnung zur Durchführung des Vierjahresplans vom 18. Oktober 1936 (Reichsgesetzbl. I S. 887) das Folgende:

§ 1

Den Juden deutscher Staatsangehörigkeit in ihrer Gesamtheit wird die Zahlung einer Kontribution von 1 000 000 000 Reichsmark an das Deutsche Reich auferlegt.

§ 2

Die Durchführungsbestimmungen erläßt der Reichsminister der Finanzen im Benehmen mit den beteiligten Reichsministern.

Berlin, den 12. November 1938.

Der Beauftragte für den Vierjahresplan
Göring
Generalfeldmarschall

Verordnung
zur Ausschaltung der Juden aus dem deutschen Wirtschaftsleben.
Vom 12. November 1938.

Auf Grund der Verordnung zur Durchführung des Vierjahresplans vom 18. Oktober 1936 (Reichsgesetzbl. I S. 887) wird folgendes verordnet:

§ 1

(1) Juden (§ 5 der Ersten Verordnung zum Reichsbürgergesetz vom 14. November 1935 — Reichsgesetzbl. I S. 1333) ist vom 1. Januar 1939 ab der Betrieb von Einzelhandelsverkaufsstellen, Versandgeschäften oder Bestellkontoren sowie der selbständige Betrieb eines Handwerks untersagt.

(2) Ferner ist ihnen mit Wirkung vom gleichen Tage verboten, auf Märkten aller Art, Messen oder Ausstellungen Waren oder gewerbliche Leistungen anzubieten, dafür zu werben oder Bestellungen darauf anzunehmen.

(3) Jüdische Gewerbebetriebe (Dritte Verordnung zum Reichsbürgergesetz vom 14. Juni 1938 — Reichsgesetzbl. I S. 627), die entgegen diesem Verbot geführt werden, sind polizeilich zu schließen.

§ 2

(1) Ein Jude kann vom 1. Januar 1939 ab nicht mehr Betriebsführer im Sinne des Gesetzes zur Ordnung der nationalen Arbeit vom 20. Januar 1934 (Reichsgesetzbl. I S. 45) sein.

(2) Ist ein Jude als leitender Angestellter in einem Wirtschaftsunternehmen tätig, so kann ihm mit einer Frist von sechs Wochen gekündigt werden. Mit Ablauf der Kündigungsfrist erlöschen alle Ansprüche des Dienstverpflichteten aus dem gekündigten Vertrage, insbesondere auch Ansprüche auf Versorgungsbezüge und Abfindungen.

§ 3

(1) Ein Jude kann nicht Mitglied einer Genossenschaft sein.

(2) Jüdische Mitglieder von Genossenschaften scheiden zum 31. Dezember 1938 aus. Eine besondere Kündigung ist nicht erforderlich.

§ 4

Der Reichswirtschaftsminister wird ermächtigt, im Einvernehmen mit den beteiligten Reichsministern die zu dieser Verordnung erforderlichen Durchführungsbestimmungen zu erlassen. Er kann Ausnahmen zulassen, soweit diese infolge der Überführung eines jüdischen Gewerbebetriebes in nichtjüdischen Besitz, zur Liquidation jüdischer Gewerbebetriebe oder in besonderen Fällen zur Sicherstellung des Bedarfs erforderlich sind."

Berlin, den 12. November 1938.

Der Beauftragte für den Vierjahresplan

Göring

Generalfeldmarschall